Gerald Praschl
Roland Jahn

Gerald Praschl

Roland Jahn

Ein Rebell als Behördenchef

Ch. Links Verlag, Berlin

Die **Deutsche Nationalbibliothek** verzeichnet diese
Publikation in der Deutschen Nationalbibliografie;
detaillierte bibliografische Daten sind im Internet
über www.dnb.de abrufbar.

1. Auflage, September 2011
© Christoph Links Verlag GmbH
Schönhauser Allee 36, 10435 Berlin, Tel.: (030) 44 02 32-0
Internet: www.christoph-links-verlag.de;
mail@christoph-links-verlag.de
Umschlaggestaltung: KahaneDesign, Berlin,
unter Verwendung eines Fotos von Roland Jahn aus dem
Frühjahr 2011 (Foto: Nikola Kuzmanic)
Satz: Vincent Illner, Ch. Links Verlag, Berlin
Druck und Bindung: Druckerei F. Pustet, Regensburg

ISBN 978-3-86153-641-3

Inhalt

Geboren im Zentrum der Revolte

Die zwei Grenzbeamten im bayerischen Ludwigsstadt staunen nicht schlecht über die Entdeckung, die sie am 8. Juni 1983 im Interzonenzug machen, der gerade über die DDR-Grenze nach Westen gerollt kommt. Im letzten Waggon, einem Schlafwagen, hämmert ein junger Mann von innen an die Scheiben und ruft: »Holt mich hier raus!« Es ist morgens halb vier Uhr, und es dauert eine Weile, bis sie die Tür aufschließen können. Der Schlafwagenschaffner, ein Reichsbahn-Mitarbeiter aus der DDR, hatte ihnen schon einen Zettel in die Hand gedrückt. »Visum zur einmaligen Ausreise« steht darauf. Und ein Name: Roland Jahn.

Vielleicht ist Roland Jahn ein rebellischer Charakter schon in die Wiege gelegt worden. Geboren wurde er ausgerechnet am 14. Juli 1953, dem Jahrestag der Französischen Revolution von 1789 und im Jahr des Arbeiteraufstands in der DDR gegen das SED-Regime. Wenige Wochen vor seiner Geburt war Jahns Heimatstadt Jena neben Berlin, Leipzig und Görlitz eines der Zentren dieser Revolte. Am 17. Juni 1953 gegen halb neun Uhr morgens begannen Arbeiter der Außenstelle Süd des VEB Carl Zeiss Jena, SED-Parolen und Plakate von den Hauswänden zu reißen. Dann formierte sich ein Demonstrationszug Richtung Hauptwerk, wo Tausende Belegschaftsmitglieder wenig später ebenfalls in den Streik traten. Im Laufe des Vormittags schlossen sich dann auch noch viele Arbeiter der Schott-Glaswerke und des Arzneimittelbetriebs VEB Jenapharm an. Gegen zehn Uhr stürmten Aufständische das Jenaer Gefängnis. Sie befreiten dort insgesamt 49 Häftlinge, die meisten »Politische«, deren einziges Verbrechen darin bestand, dass sie sich als private Bauern gegen die Kollektivierung in der Landwirtschaft gewehrt hatten oder als Unternehmer oder selbständige Handwerker nicht ins Konzept des »beschleunigten Aufbaus des Sozialismus« passten, weshalb man sie wegen »Warenhortung« und angeblicher Schwarzmarktgeschäfte verurteilt hatte. Die SED-Führung wollte auf diese Weise echte oder vermeintliche Gegner mundtot machen und ihres Eigentums berauben. Eberhardt Pfeiffer, damals ein 18-jähriger Jenaer Oberschüler, erinnert sich: »Die zur Verstärkung herbeigeeilten Volkspolizisten wurden umringt, ihre Wagen umgekippt und, obwohl sie Pistolen zogen, wurden sie von den Menschen entwaffnet und bis auf die Unterwäsche ausgezogen. Auf einmal ging das Gefängnistor auf und die ersten Gefangenen kamen frei.« Am späteren Vormittag stürmten die Aufständischen dann auch die Jenaer Kreisdienststelle der Staatssicherheit und die Jenaer SED-Kreisleitung. Karteikarten, Kaderakten und Pamphlete der SED wurden aus dem Fenster geworfen. Nur ein großes Spruchband blieb hängen, darauf war zu lesen: »Für die Wiedervereinigung Deutschlands«. Gegen Mittag hatten die Aufständischen fast die ganze Stadt in ihrer Hand. Ein Arbeiterrat wählte drei Vertreter, die mit dem Chef der SED-Kreisleitung, Merx, über die Forderungen der Streikenden verhandeln sollten: freie Wahlen, Verbesserungen der sozialen Lage, Wiedervereinigung. Für einen kurzen Moment schien die SED-Diktatur Geschichte. Doch gegen 14 Uhr rollten die ersten Sowjetpanzer heran. Es waren die Waffen der Besatzungsmacht, die die junge DDR vor einem schnellen Tod retteten. Der 26-jährige Jenaer Autoschlosser Alfred Diener, einer der drei vom Streikrat gewählten Arbeitervertreter, war unter den etwa 100 Aufständischen in der DDR, die ihre Teilnahme an der Revolte mit dem Leben bezahlten. Nur einen Tag nach seiner Festnahme am 18. Juni wurde er von einem sowjetischen Militärtribunal als einer der Organisatoren des »konterrevolutionären Aufstands« in Jena zum Tode durch Erschießen verurteilt und hingerichtet.

Dass Widerstand gegen das SED-Regime schreckliche persönliche Folgen haben konnte, musste in den 50er Jahren auch eine Gruppe von Oberschülern und Studenten aus dem Städtchen Eisenberg in der Nähe von Jena erfahren. Sie verbreiteten Flugblätter, in denen sie gegen systematische Wahlfälschungen protestierten, und sie verübten einen Brandanschlag auf einen Schießstand der paramilitärischen Gesellschaft für Sport und Technik (GST), um gegen die fortschreitende Militarisierung der ostdeutschen Gesellschaft zu protestieren. Durch einen Spitzel flogen sie auf, 24 junge Leute wurden verhaftet und 1958 zu hohen Haftstrafen verurteilt. Darunter auch der Anführer des »Eisenberger Kreises«, Thomas Ammer, der 15 Jahre Zuchthaus erhielt, von denen er sechs bis zu seinem Freikauf durch die Bundesrepublik 1964 absitzen musste.

Viele Menschen verlassen in dieser Zeit die sowjetische Besatzungszone, bis zum Mauerbau 1961 sind es etwa drei Millionen. In Jena, wo Roland Jahn seine Kindheit verlebt, herrscht eine besondere Atmosphäre. Es gibt viele selbstbewusste Arbeiter und Ingenieure, was mit der Geschichte der Stadt zu tun hat. Die 1889 von Ernst Abbe (1840–1903) gegründete Carl-Zeiss-Stiftung, Eigentümer der in Jena ansässigen Carl Zeiss AG und der Schott Glaswerke, weltweit führend im Bereich der optischen Industrie und in der Herstellung von feuerfestem Glas und größter Arbeitgeber der Stadt, hat sich frühzeitig die Erfüllung sozialer Pflichten gegenüber ihren zahlreichen Mitarbeitern auf die Fahnen geschrieben. Der Einsatz von bei der Stiftung auflaufenden Gewinnen der beiden Großunternehmen für soziale Zwecke und für gemeinnützige Einrichtungen zugunsten der arbeitenden Bevölkerung ist ausdrücklicher Stiftungszweck. Stiftungsgründer Abbe, der selbst aus kleinen Verhältnissen stammte und an der Seite von Firmengründer Carl Zeiss zum Industriemagnaten aufstieg, handelte nicht nur aus einer humanitären, sondern auch aus einer politischen Motivation heraus, als er und später auch Schott-Gründer Otto Schott (1851–1935) ihre großen Vermögen in die gemeinnützige Stiftung einbrachten. Diese großzügige Stiftung sollte den immer zahlreicher werdenden Industriearbeitern helfen, aus ihrer elenden Lage herauszukommen und gebildete, vollwertige Mitglieder der Gesellschaft zu werden, so Abbes erklärte Absicht. Wie 1953 und auch 1989 zu erleben war, ist dieses Konzept in Teilen durchaus aufgegangen.

Roland Jahn kommt im Sommer 1953 als Sohn der Büroangestellten Lieselotte Jahn und des Technischen Zeichners Walter Jahn zur Welt. Zur Familie gehören die sechs Jahre älteren Zwillinge Jürgen und Christine. Walter, geboren 1927, und Lieselotte, geboren 1923, freuen sich, dass ihre drei Kinder zu Friedenszeiten aufwachsen und nicht – so wie sie selbst – mit den Erinnerungen an die Kriegszeit leben müssen. Walter Jahn teilt das Schicksal einer ganzen Generation junger Männer, die von den Nazis als Kanonenfutter missbraucht wurden. Als Hitler an die Macht kam, war er sechs Jahre alt, wuchs mit der braunen Propaganda auf und kam wie alle auch zur Hitlerjugend. Kurz vor Kriegsende, mit 17, hatte ihn die Wehrmacht Ende 1944 eingezogen. Die Ostfront, an die Walter Jahn geschickt wurde, war zu diesem Zeitpunkt nur noch ein paar hundert Kilometer von Jena entfernt, in Schlesien. Walter kämpfte in Breslau, wo im Januar 1945 rund 700 000 Menschen, fast die gesamte Zivilbevölkerung der viertgrößten Stadt im Deutschen Reich, vor den anrückenden Sowjettruppen evakuiert wurden. Tausende kamen dabei um, denn sie erfroren bei minus 20 Grad unterwegs auf der Flucht. Die zurückbleibenden Wehrmachtssoldaten, unter ihnen Walter Jahn, sollten auf Hitlers Befehl die »Festung Breslau« verteidigen. Um das Vorrücken der Sowjets aufzuhalten, ließ Hitlers Statthalter, »Gauleiter« Karl Hanke, weite Teile der Innenstadt sprengen. Walter Jahn hatte Glück im Unglück, er wurde bereits zu Beginn der Straßenkämpfe verwundet und ausgeflogen. Dies rettete sein Leben. Mitte Februar war die »Festung Breslau« vollständig von der Roten Armee eingekesselt, viele der noch verbliebenen Wehrmachtssoldaten wurden in dem folgenden, fast dreimonatigen Häuserkampf getötet. Ausgerechnet Kampfkommandant Hanke, von Hitler kurz vor seinem Tod noch zum »Reichsführer-SS« ernannt, der allen Soldaten und Zivilisten den »Kampf bis zum letzten Atemzug« befohlen hatte, floh Anfang Mai 1945 mit einem Kleinflugzeug und gilt bis heute als verschollen.

Ein typischer »Ossi« – die Jugend in Jena

Walter Jahn kam zwar mit dem Leben davon, aber er verlor ein Bein, das ihm die Ärzte amputieren mussten. Am heimischen Küchentisch der Jahns sitzt ein Kriegsinvalide, der nicht nur unter Phantomschmerzen leidet, sondern auch daran, dass sein erträumtes Leben als Fußballspieler verloren ist. Seinen Kindern gibt er mit auf den Weg, sich von der Politik fernzuhalten. Wozu das führe, wenn man sich nicht daran halte, könne man ja an seinem amputierten Bein sehen.

Anfang der 50er Jahre beginnt er beim VEB Carl Zeiss Jena, der aus den Trümmern des traditionsreichen Zeiss-Betriebs unter schwierigen Bedingungen neu entsteht, zu arbeiten. Viele der leitenden Angestellten und besten Techniker sind zu dieser Zeit schon weg, entweder sind sie in den Westen geflohen oder sie wurden von den US-Truppen, die Thüringen im Sommer 1945 noch vor den Sowjets für kurze Zeit besetzt hatten, in die amerikanische Besatzungszone mitgenommen. Sie sollen helfen, mit ihrem Wissen bei der Carl Zeiss AG in Oberkochen (Baden-Württemberg) und der Schott AG in Mainz neue Produktionslinien aufzubauen. Dies bietet Chancen für nachrückende Mitarbeiter in Jena, so auch für Walter Jahn. Aus dem Technischen Zeichner wird später ein Konstrukteur. Mutter Lieselotte hat eine Anstellung als Sekretärin an der Universität Jena gefunden.

1961 wird in Berlin die Mauer gebaut, das letzte offene Schlupfloch für Fluchtwillige in den Westen geschlossen. Ein Ereignis, das der Erstklässler Roland Jahn in seiner Tragweite natürlich nicht wahrnimmt. Fast genau 50 Jahre später wird er dies bei einer Veranstaltung der Berliner Mauergedenkstätte so reflektieren: »Für mich war es eine Situation, dass die Menschen angefangen haben, sich einzurichten hinter dieser Mauer. Dass sie mit der Abgrenzung gelebt haben. Die Beschränkung, in der wir dabei lebten, war uns doch allen gar nicht klar. Viele waren ja sogar begeisterte Befürworter dieses Mauerbaus.«

Roland Jahn in einer Jugendmannschaft des
FC Carl Zeiss Jena, um 1965

Roland Jahn ist ein guter Schüler. Nach dem Ende der zweiten Klasse wechselt er 1962 in die Adolf-Reichwein-Oberschule, mit erweitertem Russischunterricht. Stolz ist Vater Walter, dass sein Sohn besonders in Mathematik gute Leistungen aufweist. Vielleicht könnte aus ihm ja ein guter Ingenieur werden. Doch in der achten Klasse schreibt ein Lehrer ins Zeugnis von Roland: »Er neigt dazu, in Opposition zu treten.« Jahns Jugend ist bestimmt von dem Hin und Her zwischen Anpassung und Aufbegehren. Besonders viel Freiraum lässt die enge, kleine und intolerante DDR nicht. Schnell eckt man an. Ein anderer Lehrer bescheinigt ihm im Zeugnis, er müsse sich noch stärker um einen »gefestigten Klassenstandpunkt« bemühen. Jahn will im »Arbeiter-und-Bauern-Staat« noch etwas werden. Er strengt sich in der Schule an und wird Mitglied des sozialistischen Jugendverbandes, der Freien Deutschen Jugend (FDJ). Er will dazugehören, und auch für sein künftiges Abitur ist es wichtig, »dabei« zu sein. In einer Rede, die er 2010 in seiner Heimatstadt Jena hält, bekennt Jahn: »Auch ich war einmal ein Rädchen, das sich drehte im Mechanismus der Diktatur. Ich erinnere mich, wie ich in der achten Klasse am ersten Mai 1968 im Blauhemd der staatlichen Jugendorganisation, der Freien Deutschen Jugend, im Block der Adolf-Reichwein-Oberschule an der Ehrentribüne vorbeimarschierte. Wir alberten herum, und mehr so aus Spaß schrien wir laut: Ruft uns die Partei, wir sind dabei. Die SED-Funktionäre nahmen unser Bekenntnis dankbar entgegen. Ich war mit dabei, an diesem ersten Mai.« Auch wenn er sich am realen Sozialismus reibt, noch will er im Sozialismus leben.

Roland Jahn gehört Anfang der 70er Jahre zur ersten Generation junger Erwachsener, die in ihrem Leben nichts anderes kennengelernt hat als den real existierenden Sozialismus. Sie alle sind seit frühester Kindheit der Indoktrination des Bildungswesens ausgesetzt, das einen neuen Menschen mit sozialistischen Idealen formen will. Dies beginnt schon im Kindergarten, wo die »Erziehung zu einer sozialistischen Persönlichkeit« im Vordergrund steht. Mit dem Beitritt zu den »Thälmann-Pionieren«, mit neun oder zehn Jahren, schwören die Kinder: »Als Thälmann-Pionier gelobe ich, so zu leben, zu lernen und zu kämpfen, wie es Ernst Thälmann lehrt, getreu unserem Gruß bin ich: Für Frieden und Sozialismus immer bereit!« 1959 sind bereits mehr als die Hälfte aller Schüler in der DDR Mitglieder der Pionierorganisation, am Ende der DDR werden es sogar fast alle jungen Schüler sein. Wer nicht dazugehört, steht im gesellschaftlichen Abseits.

Auch die in Jena verbreiteten Medien, ob das DDR-Fernsehen oder die Regionalzeitung »Volkswacht«, das Blatt der Geraer Bezirksleitung der SED, verstehen sich als Teil dieses sozialistischen Erziehungs- und Agitationsapparates. Roland Jahn erinnert sich, er habe, wie sicherlich die meisten Ostdeutschen, seit frühester Jugend im Bewusstsein gelebt, dass die DDR-Medien ihn nicht ausreichend informieren. Neben dem West-Fernsehen ist er wie viele junge Menschen in der DDR intensiver Hörer der beiden in West-Berlin ausgestrahlten RIAS-Sender (»Rundfunk im amerikanischen Sektor«). Besonders gern hört er die Sendung »Treffpunkt« auf RIAS II, in der

Roland Jahn (links) mit Freunden, 1968

es viele Informationen über die DDR gibt. Anders als in den drögen DDR-Sendern wird hier auch die »richtige« Musik gespielt: Rolling Stones oder Led Zeppelin.

In der Schule hören Roland Jahn und seine Klassenkameraden von ihren Lehrern die Parolen vom Staat der Klassenfeinde im Westen, der dekadent und imperialistisch sei – voller Drogenabhängiger, Arbeitsloser und Ausbeuter. Und sie sollen lernen, dass ihre sozialistische Heimat ein Hort des Friedens, des Glücks und der Demokratie ist. Gehen sie abends ins Kino, dann laufen dort nicht selten Filme, die ihnen nahebringen sollen, dass die Kommunisten die einzigen ehrlichen und legitimen Anführer aller Antifaschisten waren und dass es mit deren Herrschaft in der DDR, festgeschrieben in der Verfassung als »führende Rolle der Partei«, seine absolute Richtigkeit habe. Da laufen auch Filme wie »Four eyes only«, ein Stasi-Spionagefilm, der die Heldentaten der eigenen »Kundschafter« im Westen glorifizieren soll. Oder der DEFA-Film »Die Glatzkopfbande«, in dem es um eine westlich inspirierte Rockerbande geht, die auf einem idyllischen DDR-Zeltplatz an der Ostsee Randale macht. Die Volkspolizei macht deren Treiben schnell ein Ende. Der Film, der 1963 erscheint, soll seinen jungen Zuschauern vor allem noch einmal die Notwendigkeit des Mauerbaus zwei Jahre zuvor deutlich machen. Der »antifaschistische Schutzwall« sei nötig, um den jungen Sozialismus nicht nur vor feindlichen Angriffen vermeintlicher Nazis und Imperialisten aus dem Westen zu schützen, sondern auch vor falschen Einflüssen, vor Schiebern und Schmugglern. Allgegenwärtige Propaganda, die selbst bei kritischen Jugendlichen eine gewisse Wirkung entfaltet.

»Wir konnten nur in den Kategorien denken, die wir vorfanden«, erinnert sich zum Beispiel Roland Jahns Jugendfreund und Schulkamerad Siegfried Reiprich. Auch wenn sie sich an der Intoleranz des Systems reiben, so meinen sie doch, mit dem Sozialismus auf der richtigen Seite zu sein. Sie leben zwar im ärmeren deutschen Staat, aber dafür im moralisch überlegenen, so ihr Selbstverständnis. Auch wenn dieser Staat ihnen dauernd Vorschriften macht, was sie zu denken haben, welche Musik sie zu hören haben, sogar wie ihre Frisuren auszusehen haben. Da fangen die Konflikte schon an.

Weil ihm die Lehrer verbieten wollen, lange Haare zu tragen, setzt sich der 18-jährige Roland Jahn 1971 in den Zug nach Ost-Berlin, meldet sich dort in der Pförtnerloge des für die Schulen zuständigen DDR-Volksbildungsministeriums und bittet darum, mit der Ministerin Margot Honecker persönlich sprechen zu dürfen. Ein Referatsleiter empfängt ihn und lässt sich von Roland Jahn in freundlichen Worten dessen Beschwerde vortragen. Kaum zurück in Jena, dürfen tatsächlich alle Schüler auf einmal lange Haare tragen. Jahn erinnert sich an das erhebende Gefühl damals. Auch wenn natürlich unklar ist, ob wirklich sein dreistes Vorsprechen im Berliner Ministerium den Sinneswandel ausgelöst hat, so behält er als Erfahrung doch zurück, dass man sich auch in der DDR beschweren kann.

Noch wähnt er sich der jungen »Generation Sozialismus« zugehörig, von denen viele als »Kinder der DDR« den ihnen vorgelebten

Der Langhaarige: Roland Jahn als 18-Jähriger, 1971

Sozialismus ernst nehmen, an seinen Ansprüchen messen und zu verbessern suchen. Viele werden daran scheitern, resignieren, sich in private Nischen oder in staatsferne Karrieren zurückziehen, flüchten oder ausreisen. Wenige von ihnen werden bis zuletzt und zum Teil bis heute überzeugt und beseelt bleiben vom sozialistischen Ideal, das man ihnen nahegebracht hat. Andere werden zu Unangepassten und Protestierern. Roland Jahn wird einer davon.

Nach Abschluss der zehnten Klasse bekommt er den erstrebten Abiturplatz an der Erweiterten Oberschule »Johannes R. Becher«. So eine Zulassung zum Abitur ist damals begehrt. Nur zwei bis vier Schüler pro Klasse werden in die weiterführende Oberschule aufgenommen. Gute Noten sind, genau wie im Westen Deutschlands, natürlich ein wichtiges Kriterium, in der Regel wird ein Zensuren-

16

durchschnitt besser als 1,7 vorausgesetzt. Zusätzlich gibt es aber auch politische Kriterien. Erwartet werden die Mitgliedschaft in der FDJ, die Teilnahme an der sozialistischen Jugendweihe und ein auch ansonsten »positives Bekenntnis zum Sozialismus«. Wer keinen »sozialistischen Klassenstandpunkt« zeigt, hat in den Augen des Systems keine höhere Bildung und schon gar keinen Aufstieg verdient. 1972 macht Roland Jahn sein Abitur.

Politisierung nach der Armeezeit

Sommer 1972: Vormittags überreichen sie ihm feierlich sein Abschlusszeugnis, nachmittags ist er bereits »auf der Piste«. Mit dem Rucksack ziehen er und seine Freunde los. In einem Interview mit der Regisseurin Freya Klier berichtet er davon: »Wo man geschlafen hat? Darüber hat man sich überhaupt keine Platte gemacht, das hat sich irgendwie ergeben. Man hatte eine Decke bei sich, mehr nicht. Manche sparten kräftig, um sich bei den Tschechen oder Polen einen Schlafsack zu kaufen, so was gab es zu der Zeit in der DDR nicht. In Dresden, daran erinnere ich mich, war ich mal zu einem Rockkonzert und hatte dort keine Bleibe, also habe ich mich mit meiner dünnen Decke irgendwo in eine Bahnhofsecke gehockt, das war natürlich saukalt. Das Trampen hat trotzdem viel Spaß gemacht. Obwohl, es konnte schon mal passieren, dass einen die Trapo aufgriff [die Transportpolizei, die in der DDR unter anderem für die Sicherung der Bahnhöfe zuständig war]. Dann wurde man festgehalten für zwei, drei Stunden und ausgefragt. Als ich zum Beispiel mal in Karl-Marx-Stadt an der Autobahn stand, wurde ich von der Polizei mitgenommen zum Verhör, und die meinten: Was willst du hier in dieser Gegend. Du bist nicht mehr allzu weit entfernt vom Grenzgebiet! Die redeten dich einfach mit Du an und ermahnten dich, ja nicht zu nahe an die Grenze zu kommen. Trotz kleiner Schikanen machte das Herumtrampen aber viel Spaß.« Dreieinhalb Monate trampt er durch die DDR, durch Polen und Tschechien, das ist, neben Ungarn, Rumänien und Bulgarien, damals schon fast der ganze eingeschränkte Aktionsradius eines DDR-Bürgers, der die Welt sehen will. Trotzdem: »Auch in einer Diktatur scheint die Sonne«, erinnert sich Jahn.

Im Herbst 1972 wird er dann zum Militärdienst einberufen. Es ist der tiefste Einschnitt in sein bisheriges Leben. Eineinhalb Jahre lang muss er den Grundwehrdienst im thüringischen Rudolstadt ableisten – bei der Bereitschaftspolizei. Es ist jene kasernierte Polizeitruppe, die bei inneren Unruhen eingesetzt wird und deren Knüppel dann im Oktober 1989 in Berlin auf Demonstranten niedergehen

Jahn (rechts) als Tramper unterwegs, um 1976

und die mit schweren Einsatzfahrzeugen in Plauen durch die Massen der Demonstranten fahren. In Manövern lernt Bereitschaftspolizist Jahn, wie Studentendemos zerschlagen werden. Die Polizisten postieren sich an den Ausfallstraßen und sollen »Unruhestifter« verfolgen, die sich in die Jenaer Berge geflüchtet haben, sie zusammentreiben und mit Wasserwerfern außer Gefecht setzen. Da dämmert es Roland Jahn, was los ist: »Mir wurde klar, dass ich da faktisch den Einsatz gegen mich selbst übte«, erinnert er sich später. Abstoßend findet er die Offiziere, die ihn mit ihren Reiterhosen und Schulterriemen an die NS-Schergen erinnern, die im Kino die Kommunisten im KZ quälen.

Er hätte den Dienst an der Waffe auch verweigern können. Anders als in der Bundesrepublik gibt es in der DDR zwar keinen Zivildienst, aber seit Mitte der 60er Jahre einen »Bausoldatendienst«, einen 18-monatigen Militärdienst ohne Waffe und ohne Kampfausbildung. Doch der ist damals eine sichere Karrierebremse, wenn man nicht, wie zum Beispiel der Berliner Bausoldat und spätere Bürgerrechtler Rainer Eppelmann, Theologie studieren und Pfarrer werden will. Auf jeden Fall ist es ein komplizierter Weg, so wie für den katholisch erzogenen Leipziger Komponistensohn und späteren Bundesverkehrsminister Wolfgang Tiefensee, der es nach seinem Bausoldatendienst noch mühsam über ein Abendstudium zum Diplomingenieur für Elektrotechnik bringt. Generell gilt aber, wer nicht bereit ist, den Sozialismus mit der Waffe in der Hand zu verteidigen, der ist im System nicht willkommen und wird nicht gefördert. Das will Roland Jahn vermeiden. Er will unbedingt studieren, Wirtschaftswissenschaften, und er träumt davon, so ähnlich wie später die West-68er in der Bonner Republik, mit einem »Marsch durch die Institutionen« die DDR zu verbessern. Nach dem Studium wäre ihm auf jeden Fall eine Karriere in der volkseigenen Wirtschaft sicher, vielleicht sogar in der Politik. Er denkt: »Wenn du eines Tages etwas durchsetzen willst, dann musst du eben Kompromisse eingehen. Und manchmal auch schweigen.«

Wer nicht schweigt, dem drohen Gefängnis und Verfolgung. Diese Konsequenz wird Jahn zum ersten Mal Anfang 1975, kurz nach dem Ende seines Militärdienstes klar. Am 18. Januar 1975 ist er mit seiner damaligen Freundin Gudrun bei Freunden. Eine Feier in der Jenaer Gartenstraße Nummer 7. Das ist eine Art Kommune, eine winzig kleine Wohnung mit nur 40 Quadratmetern, die sich seine Freunde Wolfgang und Maria Diete nach langem Kampf von der Wohnungsverwaltung erobert haben und in der immer viel los ist, ein Treffpunkt der alternativen Jugend von Jena. An diesem Abend sind rund 40 junge Leute da, hören Musik, rauchen, trinken Wein und Bier, zu Essen gibt es mitgebrachte Salate. Roland Jahn schaut nur kurz vorbei, ist gegen neun Uhr abends schon wieder weg. So entgeht er durch Zufall der Polizeiaktion. Gegen halb zehn steht die Volkspolizei mit mehreren Mannschaftswagen vor der Tür, rund 15 Uniformierte drängen in die überfüllte Wohnung. Die Veranstaltung sei aufgelöst, erklären sie, man nehme jetzt die Personalien aller Anwesenden auf, die Nachbarn hätten sich wegen der »Ruhestörung« beschwert. Es gibt Gedränge und Geschubse, die Situation eskaliert, »Gummiknüppel raus«, befiehlt der Einsatzleiter. Rund 15 junge Leute werden an den Haaren aus der Wohnung gezerrt, in die Mannschaftswagen geprügelt und aufs Revier gebracht. Erst Stunden später werden sie wieder freigelassen.

Das Ganze hätte an dieser Stelle auch zu Ende sein können. Aber fünf Betroffene, darunter Maria Diete, wollen den fragwürdigen und brutalen Einsatz nicht einfach so hinnehmen. Sie verfassen »Eingaben«, Beschwerden an die Behörden, das Volkspolizeikreisamt, die SED-Kreisleitung, den Staatsrat der DDR in Berlin. Antworten erhalten sie keine, dafür steht wenige Tage später die DDR-Staatssicherheit vor ihren Türen. Sie werden festgenommen und kommen in Untersuchungshaft. Mehrere davon, darunter Maria Diete, stehen schon wenige Wochen später, am 14. Februar 1975, in Gera vor Gericht, Vorwurf »Öffentliche Herabwürdigung«. Roland Jahn fährt mit vielen anderen hin, will Zeuge der Verhandlung werden. Doch sie lassen ihn und alle anderen Jenaer Jugendlichen nicht in den Saal. Um Geld für ihre Verteidigung zu sammeln, haben Jahn und seine Freundin Gudrun, die bei der Forstverwaltung tätig ist, eine Solidaritätsaktion organisiert. Rund hundert Jenaer Jugendliche helfen im Saaletal bei Dornburg beim Weidenschneiden, der Lohn, zusammen 398 Mark, geht in eine Soli-Kasse, mit der die Anwälte bezahlt werden sollen. Am Ende kommen drei der Angeklagten, darunter Roland Jahns Freund Peter Rösch, mit Geldstrafen davon. Vier müssen ins Gefängnis. Die 18-jährige Maria Diete für neun Monate, drei junge Männer bekommen zwischen sechs und zwölf Monaten Haft – wegen angeblicher Widerstandshandlungen bei ihrer Festnahme.

Nach dieser von vielen Jenaer Jugendlichen als schreiendes Unrecht wahrgenommenen Demonstration der Staatsmacht stellen einige Ausreiseanträge. Bei vielen, die bleiben wollen, auch bei Roland Jahn, setzt eine zunehmende Politisierung ein, die sie nicht, wie vom Staat beabsichtigt, einschüchtert, sondern eher radikalisiert.

Unter diesem Eindruck beginnt Roland Jahn im September 1975 sein Studium an der Friedrich-Schiller-Universität Jena. Da ist der Rauswurf des drei Jahre älteren Psychologiestudenten Jürgen Fuchs, der einige Jahre später in West-Berlin sein engster Freund werden wird, gerade mal drei Monate her. Im Juni 1975 war Fuchs, der nach vier Jahren Psychologiestudium kurz vor seinem Abschluss stand, »wegen Schädigung des Ansehens der Universität in der Öffentlichkeit« erst aus der SED, dann von der Uni geflogen. Jahn schweigt dazu. Er schweigt auch weiter, als sein Freund Siegfried Reiprich, der in Jena Philosophie studiert, wegen seiner Kritik am SED-Staat und seinem Protest gegen den Rauswurf von Jürgen Fuchs im März

Gruppenfoto mit Freunden in Jena, 1976; ganz hinten Roland Jahn, vorne sitzend, dritte von links, seine damalige Freundin Gudrun Zöllner

1976 ebenfalls von der Uni gewiesen wird. »Ich solidarisierte mich zwar mit ihm persönlich, aber einen öffentlichen Protest bekundete ich nicht. Ich hatte Angst, der Nächste zu sein, der Nächste, der aus dem Studium fliegt«, bekennt Jahn. Ein Jahr noch geht es gut, das Leben im Spagat zwischen der angestrebten akademischen Karriere im SED-Staat und seinen Freunden, den Langhaarigen, Trampern, »Kunden« aus der alternativen Szene, den Beat- oder Bluesfans, den Armeeverweigerern und oppositionell gesinnten Geistern, die zunehmend seine Freizeit dominieren.

Neben dem offiziellen Klub der FDJ in Jena, dem »Rosengarten« in der Johannisstraße, und vielen Privatwohnungen ist ein verfallenes Hinterhaus gleich in der Nähe einer der gemeinsamen Treffpunkte, auch wenn Jahn und die meisten seiner Freunde mit dem christlichen Glauben ansonsten wenig am Hut haben. Es ist die »Junge Gemeinde Stadtmitte«. Das sind offiziell von der Evangelischen Kirche betreute Treffen, die eigentlich der christlichen Jugendarbeit dienen sollen. Viele der jungen Leute treibt aber weniger die Suche nach Gott dorthin, als vielmehr ihr Traum von einem alternativen Leben. Die Kirche bietet mehr Freiraum als der Staat. Die

Junge Gemeinde Stadtmitte ist auch ein Anlaufpunkt für Jugendliche aus besonders angepassten Elternhäusern, die es zu Hause mit ihren SED-treuen Eltern nicht mehr aushalten. Weil sie zumeist kein christliches Bekenntnis abgeben wollen, sondern einfach nur einen höchst weltlichen Zufluchtsort suchen, freuen sie sich über die »Offene Arbeit« der Jungen Gemeinde, bei der auch Atheisten willkommen sind.

Initiator dieser in der Kirchenleitung umstrittenen »offenen sozialdiakonischen Jugendarbeit« mit bekennenden Ungläubigen ist der Thüringer Pfarrer Walter Schilling, den viele der drangsalierten Jugendlichen wie einen Übervater verehren. Dass der sich für diese oft aus politischen Gründen an den Rand Gedrängten einsetzt, hat Schilling vermutlich von seinen Eltern übernommen. Diese waren in der Bekennenden Kirche aktiv, die sich im Widerstand gegen das NS-Regime engagierte. Karriere macht man mit so einer Haltung in der Evangelischen Kirche der DDR nicht. Ihm wurde eine kleine Dorfpfarrei zugewiesen, tief in der Thüringer Provinz, in Braunsdorf im Kreis Rudolstadt. Schilling baut dort aus einem alten Stallgebäude ein »Rüstzeitheim«, das zum Treffpunkt von Jugendgruppen aus der ganzen DDR wird – eine Oase der Freiheit in der realsozialistischen Wüste. Sein Ansatz findet bald Nachahmer in der ganzen DDR, auch in Jena, wo nach Schillings Vorbild ein junger Diakon der Evangelischen Kirche, Thomas Auerbach, seit Mitte der 70er Jahre die »Offene Arbeit« im Haus der Jungen Gemeinde in der Johannisstraße betreut.

Viele der jungen Leute, die dort verkehren, sind »Aussteiger«. Sie haben sich, statt eine Karriere anzustreben, Gelegenheitsjobs besorgt als Friedhofsgärtner, Kraftfahrer oder Briefträger. Sie organisieren Lesungen von Werken oppositioneller Schriftsteller und laden kritische Liedermacher ein. Die angesagteste Musik aber kommt aus dem Westen, es sind die Anarchorocker von »Ton, Steine, Scherben«, ihr Idol ist der »Scherben«-Sänger Rio Reiser. Er singt: »Uns fehlt nicht die Hoffnung, uns fehlt nicht der Mut. Uns fehlt nicht die Kraft, uns fehlt nicht die Wut. Was wir wollen, können wir erreichen. Wenn wir wollen, stehen alle Räder still. Wir haben keine Angst zu kämpfen, denn die Freiheit ist unser Ziel. Denn die Freiheit ist unser Ziel. Alles, was uns fehlt, ist die Solidarität.« Aber auch kritische Bands aus der DDR gehören zu ihren Helden, vor allem die Gruppe »Renft«, deren Gründer Klaus Renft in Jena geboren wurde. Deren Texte sprechen ihnen aus den Herzen und deren Lieder sind näher dran an den Problemen im real existierenden Sozialismus. Zitat »Renft«: »Das Leben ist wie Lotto, doch die Kreuze macht ein Funktionär.«

Für die SED-Funktionäre ist nicht nur die »Rockballade vom kleinen Otto« eine »Beleidigung der Arbeiterklasse« und eine Falschdarstellung der »sozialistischen Wirklichkeit«, die rebellische Kraft dieser Musik soll unterbunden werden. 1975 wird »Renft« verboten – ein Anschlag auf das Lebensgefühl der jungen DDR-Generation, der bei vielen zu Distanz oder Ausstieg führt. Noch nicht bei Roland Jahn, der von seinen Freunden »Gag« genannt wird, weil er oft den Schalk im Nacken hat und sich gerne mit provokanter Ironie über die »Verhältnisse« lustig macht.

Biermann und die Folgen

Zum ersten »Casus belli« zwischen Roland Jahn und dem Staat wird der Fall Biermann. Im November 1976 hat die SED-Führung den Liedermacher, der sich selbst als Kommunisten bezeichnet und der mit aufmüpfigen Texten für viele Jugendliche der alternativen Szene ein Vorbild ist, kurzerhand »ausgebürgert«. Nach einem Konzert im Westen darf er nicht mehr in die DDR zurückreisen, die DDR-Staatsbürgerschaft wird ihm aberkannt. Ein drastischer Schritt, denn seit der Nazi-Diktatur, für die »Ausbürgerungen« ein gängiges Mittel zur Verfolgung politischer Gegner war, gab es keinen Fall, bei dem einem Deutschen gegen seinen Willen die Staatsbürgerschaft entzogen wurde. Bereits in den elf Jahren zuvor hatte Biermann Auftrittsverbot, nur in Privatwohnungen und Kirchenräumen konnte er noch spielen. Seine frechen Balladen zirkulierten aber, auf Tonbänder kopiert oder mit Durchschlagpapier auf Schreibmaschine vervielfältigt, in der ganzen Republik. Seine Wohnung in der Berliner Chausseestraße 131 war bis zu seiner Ausbürgerung ein Treffpunkt der DDR-Opposition. Die Verbindung zwischen der Jenaer und der Berliner »Szene« erfolgte durch den gerade von der Jenaer Universität geflogenen Jürgen Fuchs. Der war nach seinem Rauswurf mit Frau und Kind nach Grünheide bei Berlin in das Gartenhaus des DDR-Dissidenten Robert Havemann gezogen, zu Biermanns väterlichem Freund und Mentor. Havemanns Tochter Sybille, Biermanns zeitweilige Freundin, studiert Mitte der 70er Jahre in Jena Psychologie, und so ist auch Wolf Biermann, stets beobachtet von einem Großaufgebot der Stasi, bis zu seiner Ausbürgerung häufig Gast in Jena. In der dortigen »Szene« rund um die Junge Gemeinde in der Johannisstraße hat er viele Anhänger. Auch Roland Jahn ist begeistert von Biermann und seinen Liedern, da sie in ihrer direkten Art seinem Wunsch nach Offenheit und Meinungsfreiheit aus der Seele sprechen:

Wolf Biermann: Ermutigung

Du, lass dich nicht verhärten,
in dieser harten Zeit.
Die allzu hart sind, brechen
Die allzu spitz sind, stechen
Und brechen ab sogleich.

Du, lass dich nicht verbittern
in dieser bittren Zeit.
Die Herrschenden erzittern
– sitzt du erst hinter Gittern –
doch nicht vor deinem Leid.

Du, lass dich nicht erschrecken
in dieser Schreckenszeit.
Das wolln sie doch bezwecken
Dass wir die Waffen strecken
schon vor dem großen Streit.

Du, lass dich nicht verbrauchen,
gebrauche deine Zeit.
Du kannst nicht untertauchen,
du brauchst uns und wir brauchen
grad deine Heiterkeit.

Wir wolln es nicht verschweigen
in dieser Schweigezeit.
Das Grün bricht aus den Zweigen,
wir wolln das allen zeigen,
dann wissen sie Bescheid

Diese Zeilen begleiten Jahn und viele andere junge Oppositionelle durch die DDR-Zeit. Sie seien für ihn zum »Lebensmotto« geworden, erinnert er sich in seiner Antrittsrede als Stasi-Akten-Hü-
ter 2011. Mit Biermanns Ausbürgerung 1976 ist wieder ein Stück
der Hoffnung, dass der Sozialismus lockerer und toleranter werden

könnte, zerstoben. Und wieder einmal begegnen die SED-Funktionäre ihren Kritikern statt mit Argumenten mit harter Repression. Sie sind, was nur wenige ahnen, wild entschlossen, mit allen abzurechnen, die sich mit Biermann solidarisieren, ohne Rücksicht auf Verluste. Auch kurz zuvor noch gefeierte Stars des DDR-Kulturbetriebs werden nicht verschont. Zwei Tage nach Biermanns Ausbürgerung nutzt Jurek Becker einen Auftritt bei einer Lesung in Jena zu einer Solidaritätsbekundung für den Liedermacher. Roland Jahn und viele andere sind begeistert. Becker gehört zu den Erstunterzeichnern einer Erklärung prominenter Künstler, die gegen die Ausbürgerung Biermanns protestieren und SED-Chef Erich Honecker diplomatisch auffordern, »die beschlossenen Maßnahmen zu überdenken«. Den zwölf Initiatoren schließen sich schnell Hunderte Schauspieler, Schriftsteller, Regisseure, Musiker und andere Prominente an. Es folgen ähnliche Resolutionen zahlreicher DDR-Bürger aus allen Teilen des Landes. Der Staat geht gegen nahezu alle vor, aber höchst unterschiedlich.

Viele Künstler werden beruflich kaltgestellt, woraufhin ein Großteil in den darauffolgenden Jahren frustriert die DDR verlässt. Dazu gehören Manfred Krug, der Frank Sinatra der DDR, Nina Hagen, die Rockröhre, die Schauspieler Armin Mueller-Stahl und Katharina Thalbach, die Schriftsteller Klaus Schlesinger und Jurek Becker. Manfred Krug darf bei seiner Ausreise sogar seine Antiquitätensammlung nebst Oldtimern mitnehmen, Nina Hagen, Tochter der Schauspielerin Eva-Maria Hagen und Ziehtochter von Biermann, wird vom Chef der Stasi-Hauptabteilung XX/7, Oberst Karl Brosche, im Januar 1977 persönlich zum Bahnhof gen Westen gebracht. Man will die Störenfriede ohne großes Aufsehen möglichst schnell loswerden. Gegen die »kleineren Fische« zeigt der SED-Apparat jedoch eine andere, wesentlich härtere Gangart. Einer der davon Betroffenen ist Jürgen Fuchs, der fünf Tage nach Biermanns Ausbürgerung verhaftet wird. Nach neun Monaten in Stasi-Untersuchungshaft im Gefängnis Berlin-Hohenschönhausen stimmt er schließlich seiner Abschiebung nach West-Berlin zu. Die Liedermacher Gerulf Pannach und Christian Kunert, die zuvor in der Renft-Combo aktiv waren und von Roland Jahn und seinen Freunden bewundert wurden, ereilt dasselbe Schicksal: Sie werden eingesperrt und später in den Westen abgeschoben.

Auch in Jena beginnt wenige Tage nach der Biermann-Ausbürgerung die Verhaftungswelle. Nach der Lesung von Jurek Becker haben sich mehrere Dutzend junger Leute in den Räumen der Jungen Gemeinde in der Johannisstraße zu einer spontanen Protestversammlung eingefunden. Lieder von Biermann werden gespielt, seine Texte rezitiert. 58 Anwesende unterschreiben die Protestresolution der Berliner Schriftsteller und Künstler, von Jürgen Fuchs wenige Stunden vor seiner Verhaftung telefonisch von Berlin nach Jena durchgegeben. Am nächsten Tag haben die Stasi-Spitzel den Protest in Jena bereits gemeldet und schon am frühen Morgen ist das Verhaftungskommando unterwegs. Wer unterzeichnet hat, wird abgeholt. Auch Roland Jahns Freund Matthias Domaschk und dessen hochschwangere Freundin Renate befinden sich unter den Verhafteten. In der U-Haftanstalt der Staatssicherheit in Gera, die auch Roland Jahn schon in wenigen Jahren kennenlernen wird, trennen sie das junge Paar. Stundenlang wird Matthias Domaschk verhört. Als er nicht reden will, schalten sie draußen ein Tonband ein, darauf die Schreie einer Frau, sie kommen aus Richtung der Zelle, in die sie seine Freundin Renate gebracht haben. Domaschk bricht zusammen und fängt an zu reden. Erst nach seiner Entlassung erfährt er, dass Renate wohlauf ist. Offenbar, weil die Verhör-Offiziere Angst hatten, dass die Geburt in der Haftanstalt beginnt, wurde sie schließlich entlassen. Domaschks Tochter Julia kommt am 6. Dezember 1976 im Jenaer Uni-Klinikum zur Welt.

Acht junge Jenaer Oppositionelle bleiben für längere Zeit in Stasi-Haft und werden später erpresst. Um einer langen Gefängnisstrafe zu entgehen, stimmen sie schließlich ihrer Ausreise zu. Darunter ist im September 1977 auch Diakon Thomas Auerbach von der Jungen Gemeinde Stadtmitte. Fast alle reisen nach West-Berlin aus – eine Stadt, die für viele weitere Jenaer schon bald eine große Rolle spielen wird.

Roland Jahn, der nicht mehr schweigen will, kann also ahnen, dass er damit ins offene Messer läuft. Eine Woche nach Biermanns Ausbürgerung und kurz nach Beginn der Verhaftungswelle in Jena bringt er an der Uni im Seminar Marxismus-Leninismus den Fall Biermann zur Sprache. Er sagt, dass er die Ausbürgerung des Regimekritikers für einen Fehler halte, der rückgängig gemacht wer-

Ministerrat der Deutschen Demokratischen Republik
Ministerium für das Hoch- und Fachschulwesen

STUDIENBUCH
(Hochschulen)

für

Roland Jahn
Vor- und Zuname in Blockschrift

Fakultät: Sozialistische Betriebswirtschaft

Fachrichtung: Wirtschaftswissenschaften

Hochschulnr. *46355*

Tag der Ausstellung	Ort
1.9.75	*Jena*

Studienbuch, ausgestellt beim Eintritt in die Jenaer Universität im September 1975

den müsse, und dass das SED-Zentralorgan »Neues Deutschland« den Sachverhalt verfälscht darstelle. Ein paar wohlmeinende Kommilitonen warnen ihn: »Pass auf, sonst drehen die dir noch ein Ding rein!« Ein weniger wohlmeinender Kommilitone schreibt alles mit und schwärzt ihn bei der Universitätsleitung an. Die organisiert daraufhin seinen Rauswurf, und zwar so, dass es möglichst nicht nach Repression seitens der Obrigkeit aussieht, sondern als Ergebnis der Empörung seiner Kommilitonen. Offiziell stellt die FDJ einen Antrag auf seine Exmatrikulation. Jeden Einzelnen in Jahns Seminargruppe setzen die Funktionäre unter Druck: Sie sollen an sich und ihren Studienplatz denken, sagt man ihnen. Da am nächsten Tag nicht in den West-Zeitungen stehen soll, dass man in Jena einen Studenten gegen den Willen seiner Kommilitonen rausschmeiße, werden die anderen Studierenden ermahnt, dem Klassenfeind kein Futter für dessen Propaganda zu liefern.

Am Abend vor der entscheidenden Sitzung sichern noch alle Mitstudenten Roland Jahn ihre Unterstützung zu. Am nächsten Tag stimmen dann aber doch dreizehn von vierzehn Kommilitonen für seinen Rauswurf, nur einer traut sich, offen dagegen zu sein. »Das war auch ein Beispiel dafür, dass es ein bisschen zu einfach ist, nur die Stasi für die Diktatur verantwortlich zu machen«, sagt Jahn heute dazu. »Es gab auch die vielen kleinen Rädchen, die ihr Stück dazu beigetragen haben, die kleine Steine in der Mauer dieses großen Gefängnisses waren. Da schließe ich mich auch ein, denn auch ich habe bis zu einem gewissen Punkt mitgespielt. Ich war in der FDJ, wollte dazugehören. Habe meinen Wehrdienst gemacht, weil ich studieren wollte. Und als sie meinen Freund Siegfried Reiprich aus dem Studium warfen, hab ich geschwiegen, weil ich Angst hatte, der Nächste zu sein.«

Zu einer wirklichen breiten Solidaritätswelle für Wolf Biermann kommt es nicht. Zum einen ist er außerhalb der Künstlerszene kaum bekannt, zum anderen finden ihn einige zu provokant und großspurig-frech. Für so einen, der ohnehin jetzt im goldenen Westen sitzt, will man sich in der eingemauerten DDR nicht die Existenz kaputt machen. Auch Roland Jahns Eltern sind der Meinung, dass es besser wäre, den Mund zu halten.

Eine Familie vor der Zerreißprobe

Walter und Lieselotte Jahn machen ihrem Sohn ernste Vorwürfe. Wie er sein Studium und seinen beruflichen Werdegang nur so einfach wegwerfen könne. Und nicht nur das, auch die Karriere des Vaters stehe durch sein rebellisches Verhalten auf dem Spiel. »Wegen so einem Liedermacher zerstörst du unser Leben!«, wirft ihm der Vater an den Kopf. Lieselotte meint: »Hör doch damit auf, das bringt doch nichts. Du bringst uns alle in Gefahr.« Irgendwas werde schon dran sein, meint sie, wenn der Staat diese Oppositionellen verfolge. Erst als ein paar Jahre später ihr eigener Sohn »dran« ist, wird sie die Sache anders sehen ...

Besonders Walter Jahn hat Sanktionen des Regimes zu fürchten, denn er hat einiges zu verlieren. In drei Jahrzehnten ist er beim VEB Carl Zeiss Jena vom kleinen Technischen Zeichner in dem Hochtechnologie-Unternehmen zum Konstrukteur aufgestiegen. Er steht im Zenit seines beruflichen Weges. In den 70er Jahren ist er an der Entwicklung der Multispektralkamera MKF 6 beteiligt, die der DDR-Kosmonaut Sigmund Jähn an Bord der sowjetischen Raumstation »Saljut 6« im All zum Einsatz bringen wird. Die MKF 6 ist ein bedeutender Beitrag der DDR zum Interkosmos-Programm, dem gemeinsamen Raumfahrtprojekt der sozialistischen Staaten. Sie gilt damals als weltweit beste Weltraumkamera, einige Exemplare sind bis heute im Einsatz. Kurz vor dem Start des ersten Deutschen ins All steckt Walter Jahn bei einem Treffen Sigmund Jähn, mit dem er sich gut versteht, einen Wimpel des FC Carl Zeiss Jena zu, den Jähn heimlich mit ins All nimmt.

Der Fußball und sein berühmter Klub in Jena ist Walter Jahns zweite große Leidenschaft. Schon seit 1948 ist er in Jena Jugendtrainer, baut den FC Carl Zeiss Jena, der anfangs als Betriebssportgemeinschaft Zeiss firmiert, mit zu einem der führenden Fußballklubs der DDR auf, ist in den 70er Jahren Leiter der Jugendabteilung des Vereins. Für Walter Jahn ist sein Engagement auch Ersatz für die eigenen Träume, ein großer Fußballer zu werden, die er als Kriegsinvalide begraben musste. Gerne würde er sehen, wenn ei-

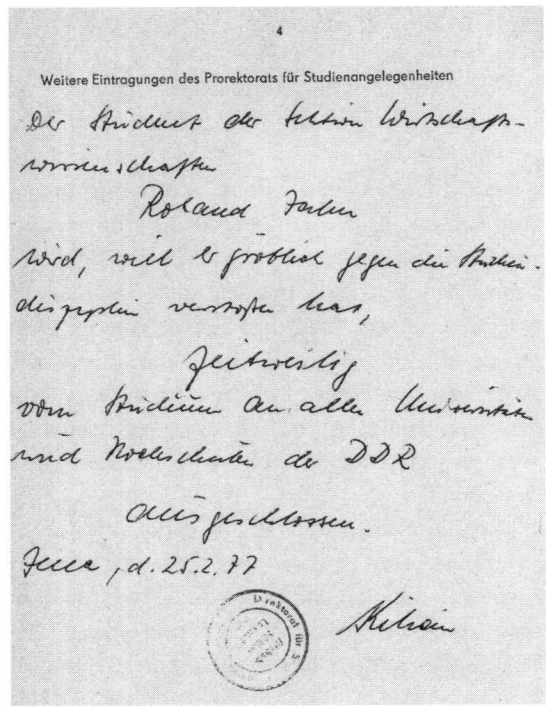

Die »zeitweilige« Verbannung von allen Universitäten und
Hochschulen der DDR, vermerkt im Studienbuch 1977

ner seiner Söhne eine Fußballkarriere machte. So trainiert er auch
Roland, schon mit zehn fängt der an zu spielen, mit 18 kickt er
in der Junioren-Oberliga der DDR. Vielleicht hätte er den Sprung
zur höchsten Klasse schaffen können. Doch irgendwann wird ihm
das Trainieren zu viel. Fünfmal die Woche, jeden Nachmittag, dazu
am Wochenende die Spiele. So hört er wieder auf, Vater Walter ist
schwer enttäuscht. Bei anderen Schützlingen ist die Jugendabteilung
des FC Carl Zeiss Jena unter Walter Jahn erfolgreicher. Einer von
ihnen, Bernd Schneider, Jahrgang 1973, wird es im wiedervereinten
Deutschland zum Nationalspieler bringen. 1979 erhält Walter Jahn
für seine Verdienste um den Fußball die »Goldene Ehrennadel« des
FC Carl Zeiss, und 1980, im Alter von 53 Jahren, wird er sogar zum
Ehrenmitglied des Vereins ernannt. Das alles wird schon bald keine

Rolle mehr spielen, er wird ein Opfer der Sippenhaft, so wie er und Lieselotte es bereits 1976 befürchten.

Zunächst ist lediglich die kurze DDR-Karriere ihres Sohns Roland zu Ende. Er soll sich nach seinem Rauswurf aus der Uni »in der Produktion, in den Reihen der Arbeiterklasse bewähren«, sagt ihm zum Abschied der Vorsitzende des Disziplinarausschusses der Jenaer Universität.

Vielleicht nehme man ihn später wieder auf. So sucht er sich eine Anstellung als Transportarbeiter im Zeiss-Kombinat. Der neue Job ist nicht allzu schwer, er muss dafür sorgen, dass bestimmte Maschinen zu anderen Einsatzorten gelangen. Da hat er es besser als sein Freund Siegfried Reiprich, der nach dem Rauswurf aus der Uni zur »Bewährung« in die Rohrhütte des Schott-Glaswerks gekommen ist, wo er als einfacher Arbeiter unter Staub, Lärm und Hitze leidet und sich in der Glasschneider-Brigade »Roter Oktober« fast den Finger absägt. Jahn dagegen hat nach der Arbeit noch Energie und Zeit, sich um das zu kümmern, was ihm eigentlich wichtig ist: um seine Freunde, kritische Literatur, gute Konzerte, Trampen durch den Ostblock. Und um die Liebe. 1978 lernt er Petra Falkenberg kennen, sie arbeitet als Medizinisch-Technische Assistentin in der Universität. Sie erinnert sich: »Wir lernten uns über gemeinsame Freunde kennen. Er hatte Charme, und mit viel Ausdauer hat er mich erobert. Wir gingen nachts in einem Brunnen baden, einmal trug er mich, verrückt, auf den Fuchsturm, eine Ausflugsgaststätte auf einem Berg am Stadtrand. Bald war ich schwanger. Wir brauchten dringend eine Wohnung. Als junger Mensch hatte man ja kaum eine Chance, eine eigene Wohnung zu bekommen. Rolands Wohnung, am Markt 24, mit Plumpsklo, war für drei auch viel zu klein, zum Waschen gab es dort nur ein Becken im Hausflur.«

So geht sie aufs Wohnungsamt, fordert eine eigene Wohnung, monatelang vergeblich. »Wenn ich nicht bald etwas bekomme, komme ich heute Abend zu ihnen zum Duschen mit nach Hause«, droht sie dem Chef vom Wohnungsamt. Doch auch das hilft natürlich gar nichts. Ende April 1979, sie ist schon im sechsten Monat, schreibt sie Protestbriefe ans Wohnungsamt, an ihre Arbeitsstelle und, am wichtigsten, an die Eingabestelle des SED-Kreissekretärs: »Ich bin als Schwangere obdachlos. Wenn ich jetzt keine Wohnung bekom-

Mit diesem Foto, verbreitet auf selbstgemachten Postkarten, protestiert Roland Jahn gegen seine Exmatrikulation

me, dann mache ich den Kampftag der Arbeiterklasse [1. Mai] zu meinem eigenen Kampftag.« Diese Drohung wirkt offenbar. Ein paar Tage später holen sie sie im Auto von der Arbeit ab und zeigen ihr eine Wohnung, die sie haben könne. Die ist zwar völlig heruntergekommen, aber besser als nichts. Nach ein paar Wochen, in denen Roland Jahn dort renoviert, sieht sie schon viel besser aus, und das junge Paar zieht ein.

Die Exmatrikulation lässt ihm keine Ruhe. Der monotone Transportarbeiterjob füllt ihn nicht aus, eine klare Zusage zur Rückkehr in die Universitätsbildung gibt es nicht. Gemeinsam mit Freunden produziert er Protestkarten, die mit der Post in die ganze DDR verschickt werden, ein paar auch an prominente Vertreter des SED-Systems, wie den Schriftstellerverbandschef Hermann Kant. Eine der

Postkarten zeigt ein Jahn-Porträtfoto, auf dem sein Mund mit einem Tuch geknebelt ist, auf dem »Bildungsverbot« steht.

Nach drei Jahren der »Bewährung in der Produktion« läuft 1979 schließlich seine DDR-weite Universitätssperre ab. Jetzt dürfte er theoretisch wieder ein Studium aufnehmen. Doch die Universität Jena lehnt seinen Antrag ab. Man bietet ihm lediglich ein Fernstudium an. Unter Verweis darauf, dass er die Rechtmäßigkeit der Exmatrikulation von 1976 nicht anerkenne und das begonnene Studium fortsetzen wolle, lehnt er das Fernstudium ab. Er sucht jetzt die Auseinandersetzung und will keine faulen Kompromisse mehr eingehen. Als Teil einer »Widerstandsgruppe«, so erinnert er sich, habe er sich dennoch nicht gefühlt, er wollte vor allem seinen eigenen Weg gehen, sich nicht schikanieren lassen, auch Spaß haben. Darin unterscheidet er sich nicht von vielen seiner Altersgenossen im Westen Deutschlands, nur dass er es mit einem Regime zu tun hat, das kaum Freiräume duldet und alle Menschen auf die sozialistische Idee einschwören möchte, getreu dem Motto »Wer nicht für uns ist, ist gegen uns.«

Zum Glück ist Ende der 70er Jahre die Zeit der besonders brutalen Verfolgung von Andersdenkenden vorbei. Das weiß auch Roland Jahn. Nach der Unterzeichnung der Schlussakte von Helsinki im Jahre 1975 muss keiner mehr damit rechnen, wie noch Ende der 40er Jahre, in Lager verschleppt zu werden oder in der Sowjetunion zu verschwinden. Anders als nach dem Volksaufstand vom 17. Juni 1953 wird in der Honecker-Ära niemand mehr standrechtlich verurteilt und an die Wand gestellt, wie das damals dem jungen Jenaer Alfred Diener passiert ist. Und anders als in Ulbrichts DDR der 50er und 60er Jahre kommt man auch nicht mehr ohne Weiteres für ein paar regimekritische Texte siebeneinhalb Jahre ins Zuchthaus nach Bautzen, wie 1957 der sächsische Schriftsteller Erich Loest. Aus politischen Gründen verhaftet und eingesperrt wird jedoch weiterhin. Der Freikauf der Häftlinge durch die Bundesrepublik hat sich zu einem devisenbringenden Geschäft für die DDR entwickelt. Ein oder zwei Jahre gibt es für »versuchte Republikflucht«, zwei Jahre für »staatsfeindliche Hetze« – ein in den Westen »verkaufter« Häftling bringt dem SED-Regime in der Regel mehr als 50 000 DM ein, Ende der 80er Jahre sind es durchschnittlich sogar 90 000 DM. Die Verhältnisse in den DDR-Gefängnissen sind zwar nicht mehr so schlimm wie in den 50er Jahren, als es im Zuchthaus Bautzen sogar zu Hungeraufständen kam, doch es reicht immer noch, um viele für ihr ganzes Leben zu zerstören. Zellen mit mehr als 20 Insassen, viele Kriminelle, die sich einen Spaß daraus machen, politische Häftlinge zu schikanieren, Kontaktsperren, Besuchsverbote, Isolationszellen, schlechte Ernährung und Zwangsarbeit gehören dort zum Alltag.

Bei bekannteren politischen Gegnern zieht die Stasi inzwischen andere Register, sie werden nach Möglichkeit nicht eingesperrt, man fürchtet schlechte Presse im Westen. In wirtschaftlich schwieriger Zeit sucht die DDR – jenseits ihrer eigenen Propaganda – nach einem pragmatischen Umgang mit der anderen Seite. Kritiker werden daher perfiden »Zersetzungsmaßnahmen« ausgesetzt. Die Staatssicherheit intrigiert über ihre Inoffiziellen Mitarbeiter und organisiert Verleumdungen, Ärger im Beruf, Ehekräche, Scheidungen, Streit im Freundeskreis, Konflikte in der Familie, Geldnot, Wasserrohrbrüche, Telefonterror, Wohnungsbrände. Damit sollen die Widerspenstigen beschäftigt und von politischen Aktivitäten abgehalten und außerdem psychisch zermürbt werden. Einige finden abends in ihrer Wohnung die Schrankwand plötzlich auf der anderen Seite des Wohnzimmers, fein säuberlich eingeräumt, als wäre nichts gewesen. Sie sollen an sich selbst zweifeln oder irre werden. Die Historikerin Sandra Pingel-Schliemann beschreibt in ihrem Buch »Zersetzen – Strategie einer Diktatur« all diese perfiden Methoden, die auch gegen zahlreiche Kontaktleute von Roland Jahn angewendet werden. Auch er selbst wird bald Zielobjekt solcher »Zersetzungsmaßnahmen«.

Matthias Domaschk: Ein Freund stirbt in der Stasi-Zelle

Forscherin Sandra Pingel-Schliemann fand bei ihren Recherchen in den Stasi-Akten Belege dafür, dass die Staatssicherheit einzelne Oppositionelle mit dem Psychoterror der »Zersetzung« bis in den Selbstmord getrieben hat. Sechs Selbstmordversuche unter jungen Oppositionellen im Umfeld der Jenaer Jungen Gemeinde registrierte die Staatssicherheit allein im ersten Halbjahr 1981, zwei davon mit tödlichem Ausgang. Einer der beiden Toten war ein junger Mann, der aus politischen Gründen ein Jahr im Gefängnis war und den die Staatssicherheit nach seiner Entlassung in einer ihm völlig fremden Stadt ansiedelte, nur mit wenigen Kilometern erlaubter Bewegungsfreiheit. Er war dort absolut isoliert. Nach ein paar Monaten drehte er den Gashahn auf. Im zweiten Fall ist bis heute äußerst zweifelhaft, ob es sich wirklich um Selbstmord handelte oder ob die Staatssicherheit aktiver als »nur« mit Zersetzungsmaßnahmen mitwirkte.

Es ist der Fall Domaschk. Roland Jahn und Matthias Domaschk sind im Jena der 70er Jahre Freunde und haben vieles gemeinsam. Domaschks Vater Gerhard arbeitet wie Jahns Vater beim VEB Carl Zeiss Jena, er ist dort Ingenieur für Feinwerktechnik und Optik. Auch er hat Angst um seine Karriere und macht dem Sohn Vorhaltungen, er möge doch endlich Ruhe geben. Das Vater-Sohn-Verhältnis ist zerrüttet. Genau wie Jahns Vater ist Gerhard Domaschk Kriegsinvalide, als jugendlicher Soldat im Zweiten Weltkrieg hat er ebenfalls ein Bein verloren. Beide, Roland und Matthias, sind junge Väter. Domaschks Tochter Julia wird Ende 1976 geboren, Jahns Tochter Lina ist drei Jahre jünger. In einem Interview mit der in Berlin erscheinenden Zeitschrift »Horch und Guck« im Jahr 2003 erinnert sich Roland Jahn an seinen Freund Matthias: »Seine Wohnung war immer offen in dem Sinne, dass du immer klingeln konntest und immer eingeladen wurdest auf einen Tee. Er war stets gesprächsbereit. Ich entsinne mich, wie er geholfen hat, unsere Wohnung zu tapezieren. Er war einfach da, wenn man ihn brauchte, ein richtig guter Freund.« Genau wie Jahn zahlt Domaschk für sein Aufbegehren einen hohen Preis. Nach einer ersten Verhaftung nach den Biermann-Protesten Ende 1976 wird er zwar wieder freigelassen, vier Wochen vor der Abschlussprüfung jedoch wegen angeblicher »gesellschaftlicher Unreife« aus dem Abiturkurs geworfen. Das macht ihn nicht kleinlaut, sondern provoziert ihn. Mit Freundin Renate ist Domaschk 1978 in Prag, um dort Kontakte mit der gerade gegründeten Oppositionsgruppe »Charta 77« zu knüpfen. »Charta«-Sprecher Petr Uhl beherbergt die beiden jungen Leute aus Jena ein paar Tage in seiner Wohnung, und sie haben viel Zeit, die tschechoslowakischen Oppositionellen, deren Ziele und Strategien näher kennenzulernen. In der Tschechoslowakei gibt es, nur ein Jahrzehnt nach der blutigen Niederschlagung des »Prager Frühlings«, wieder eine höchst aktive Opposition, die neben Dichterlesungen und der Publikation politischer Schriften und zensurfreier Bücher auch sogenannte »fliegende Universitäten« im Untergrund organisiert. In ihrer 1977 veröffentlichten Protestresolution »Charta 77« greift sie das kommunistische Regime frontal an: Die angebliche Meinungsfreiheit in der Tschechoslowakei sei eine Illusion, Hunderttausende Bürger lebten in Angst, ihre Existenz zu verlieren, wenn sie ihre Meinung sagten, unzähligen jungen Menschen würde Bildung verweigert, wenn sie nicht die gewünschte sozialistische Weltanschauung zeigten. Arbeiter würden daran gehindert, sich in unabhängigen Gewerkschaften zu organisieren und mit Streiks für ihre Interessen einzutreten. Menschenrechte existierten nur auf dem Papier. Das alles kennen Matthias und Renate auch – aus ihrem eigenen Land.

Petr Uhl gibt den beiden Ostdeutschen den Rat, möglichst viele Kontakte zu West-Medien zu knüpfen, das sei der einzige Weg, die Öffentlichkeit zu erreichen. Dieses Vorgehen ist in Oppositionskreisen der DDR jedoch umstritten. Das Anliegen, den Sozialismus von innen heraus zu reformieren, soll durch solche Kontakte nicht diskreditiert werden. Rüdiger Rosenthal, einer von Jahns damaligen Weggefährten, erinnert sich: »Wir debattierten oft darüber, wie mit dem Westen umzugehen ist. Wir waren uns einig, dass auch dort militärisch aufgerüstet wird. Wir sahen, wie der vermeintlich freiheitlich gesinnte Westen Diktaturen wie die Militärjunta in Chile, die Contras in Nicaragua oder die Apartheid in Südafrika unterstützte, wenn es ihm politisch nützlich schien. Aber an Punkten wie der

Matthias Domaschk mit Tochter Julia, 1977

Vereinigungs-, der Presse- und Versammlungsfreiheit, bei geheimen Wahlen und auch bei der Reisefreiheit sahen wir Vorteile im Westen. Uneinigkeit und Konflikte gab es nicht selten bei der Frage, wie man mit den West-Medien umgehen sollte. Nicht wenigen unserer oppositionellen Freunde erschienen unsere zunehmenden Kontakte zu den West-Medien nicht koscher. Sie wollten vom SED-Regime nicht als ›Fünfte Kolonne des Klassenfeindes‹ diffamiert, sondern als innere Opposition unabhängiger DDR-Bürger wahrgenommen werden, die konstruktive Kritik am realen Sozialismus üben. Nicht wenige sahen unsere Verbindungen zu den in der DDR akkreditierten West-Journalisten als Gefährdung ihrer klandestinen Parallelwelt. Da gab es später Veränderungen, stark beeinflusst durch Personen wie Robert Havemann und Stefan Heym, deren DDR-Kritik fast ausschließlich über die West-Medien in die DDR gelangte.« Während ihres Prag-Aufenthalts begreifen Matthias Domaschk und Renate, dass die Opposition in Tschechien bereits ein ganzes Stück weiter ist als in der DDR. Dies wird auch Roland Jahn beeinflussen.

Inoffizielle Mitarbeiter der Staatssicherheit, die Zugang zur Jenaer Jungen Gemeinde gefunden haben, schildern Matthias Domaschk als einen besonders gefährlichen Typen, auf den man entsprechend achtgeben müsse. Er gehöre »zum engsten Kreis« und sei maßgeblich an den »konterrevolutionären Ausschreitungen« nach der Biermann-Ausbürgerung beteiligt gewesen. Er habe »umfangreiche Kontakte zu negativen und feindlichen Kräften innerhalb und außerhalb der Republik«. Angeblich plane er sogar terroristische Anschläge in der DDR. West-Kontakte hat Matthias damals tatsächlich viele. Doch in den Rucksäcken, die seine Freundin Renate von geheimen Treffen mit durchreisenden Westlern von Ost-Berliner Bahnsteigen zurück nach Jena bringt, sind keine explosiven Stoffe, sondern lediglich in der DDR verbotener Lesestoff, politische Literatur, die Domaschk in Jena verbreitet. Alexander Solschenizyns »Archipel Gulag« über den stalinistischen Lagerterror in der Sowjetunion, Wolfgang Leonhards »Die Revolution entläßt ihre Kinder«, George Orwells Schlüsselroman »1984« über die Schrecken totalitärer Systeme. Und ein 1977 in der Bundesrepublik erschienenes Buch des Exjenaers Jürgen Fuchs. »Gedächtnisprotokolle« heißt es, darin analysiert der studierte Psychologe detailgenau die Methoden, mit denen ihn seine Stasi-Vernehmer in Berlin-Hohenschönhausen psychisch fertigmachen wollten. Wie die Praktiken funktionieren, mit denen die Stasi-Offiziere Menschen zum Reden bringen, mit der sie Menschen auch in den Wahnsinn oder sogar in den Selbstmord treiben können. Matthias Domaschk und Roland Jahn lesen dieses Buch sehr genau. Wie andere auch ahnen sie, dass sie dieses Wissen vielleicht schon bald gut brauchen können.

Im Sommer 1980 ist Matthias Domaschk mit Freunden beim Camping in Polen, als dort die Streiks der unabhängigen Gewerkschaft »Solidarność« auf der Danziger Lenin-Werft und bald im ganzen Land beginnen. Er fährt sofort nach Danzig und wird Augenzeuge der Proteste. Zurück in Jena, berichtet er begeistert von dem, was er dort erlebt hat. Fast alle in Jena, auch Roland Jahn, verfolgen gebannt die Ereignisse in ihrem Nachbarland, die meisten Informationen bekommen sie aus dem West-Fernsehen, einige haben auch direkte Kontakte nach Polen und sprechen etwas Polnisch. Schlagartig weichen die Depressionen, die sich nach den Ausbürgerungen vieler kritischer Intellektueller und Künstler Ende der 70er Jahre unter den DDR-Oppositionellen breitgemacht haben, einem neuen Hochgefühl. Diesmal kommen die Hoffnungen aus dem

Osten. Es scheint, als ließe sich doch etwas verändern, wenn man nur entschlossen genug ist. Angesteckt von den Nachrichten aus Polen, kauft sich Jahn eine polnische Fahne, die gerade einmal acht Pfennige kostet, und befestigt sie am Gepäckträger seines Fahrrads. Mit der Fahne will er seine Sympathie mit der »Solidarność« zeigen, ohne dem Staatssicherheitsdienst eine Handhabe zu geben, ihn zu verhaften. Eine polnische Fahne zu zeigen, könne nicht strafbar sein, denkt er. Er ist noch naiv genug, zu glauben, dass es um Recht und Gesetz ginge im »sozialistischen Rechtsstaat« und dass die Behörden tatsächlich irgendeinen handfesten Straftatbestand beweisen müssten, um jemanden einzusperren. Die Provokation steigert er noch, indem er auf sein Fähnchen schreibt: »Solidarität mit dem polnischen Volk«. Dies natürlich auf Polnisch: »Solidarność z polskim narodem«. Und das Ganze in der berühmten flattrigen Schriftart der »Solidarność«. Zunächst bleibt er noch unbehelligt. Auf dem Werksgelände des VEB Carl Zeiss Jena, wo er nun häufig mit seinem »Solidarność«-Fahrrad unterwegs ist, sprechen ihn Kollegen manchmal darauf an, bei ihnen heißt der Verrückte mit dem »polnischen Fahrrad« bald nur noch »Solidarność«. Viele reagieren nicht so solidarisch, wie Jahn sich das erhofft. Ein paar Kollegen sind gar der Meinung, die Polen sollten nicht demonstrieren, »sondern endlich mal richtig arbeiten«.

Am Freitag, den 10. April 1981, holen DDR-Transportpolizisten Matthias Domaschk aus dem D-Zug. Gemeinsam mit seinem Freund Peter Rösch, den alle »Blase« nennen, ist er auf dem Weg nach Berlin. Die beiden können sich ihre Festnahme zunächst nicht erklären, denn sie reisen zu einer privaten Geburtstagsfeier in die Hauptstadt. Staatssicherheitsoffiziere bringen sie nach Gera in die Untersuchungshaftanstalt, verhören sie, werfen ihnen »staatsfeindliche Kontakte« vor. Einer der Vernehmer deutet auf ein Bild an der Wand und fragt Peter Rösch: »Wissen Sie, wer das ist? Das ist Feliks Dzierżynski, der Gründer der Tscheka. Der hätte nicht so viel Federlesen mit euch gemacht. Sondern euch gleich unten im Hof erschossen!« Die beiden werden schließlich getrennt und weiter verhört, kurz in Zellen gebracht, dann wieder abgeholt, alles ohne Schlafpause. Schließlich hat Domaschk fast 48 Stunden keinen Schlaf. Dann ist er plötzlich tot. Selbstmord durch Erhängen mit seinem Hemd am Heizungsrohr, so lautet die offizielle Version. Gerade habe man ihn entlassen wollen, man könne sich die Tat auch nicht erklären, sagen bis heute die Stasi-Offiziere, die ihn verhaftet und verhört haben. Ein Strafverfahren, das Matthias' Lebensgefährtin Renate und Tochter Julia nach dem Mauerfall gegen die Offiziere anstrengen, verläuft im Sande. 19 Jahre nach diesem Todesfall, im Jahr 2000, findet in Gera eine Gerichtsverhandlung statt. Darin werden die beteiligten Stasi-Offiziere zu Geldstrafen verurteilt, wegen Freiheitsberaubung. Mehr ist ihnen nicht nachzuweisen. Wie Domaschk zu Tode kommt, lässt sich nicht endgültig klären. Tatsache ist, dass ein junger, oppositionell denkender Mann am 10. April 1981 von der Staatssicherheit verhaftet wird und zwei Tage später tot ist.

Viele glauben, und manches deutet auch darauf hin, dass Domaschks Tod ein getarnter Mord ist. Andere vermuten, dass er unter dem physischen und psychischen Druck gesundheitlich zusammengebrochen ist. Roland Jahn und seine Freunde von der Jungen Gemeinde sind schockiert. Plötzlich wird ihnen bewusst, dass das alles kein Spiel ist. Es ist kein spaßiges Kräftemessen mit einem Staat, der alles überwachen, kontrollieren und bestimmen will. Sondern es ist bitterer Ernst, es geht auch um Leben und Tod. Morgen könnte es schon den Nächsten treffen. »Es ist mir erstmals richtig bewusst geworden, dass wir, mein politisches Umfeld in Jena, in großer Gefahr waren«, erinnert sich Jahn 20 Jahre später im Interview mit der Zeitschrift »Horch und Guck«. Zugleich habe ihn der Tod seines Freundes wachgerüttelt. »Wenn wir uns nicht wehren, kann es jedem passieren. Wer sich nicht in Gefahr begibt, der kommt darin um, das hatte schon Wolf Biermann gesungen. Selbst Leute wie Matthias, die den Staat nicht einmal frontal herausgefordert haben, sind auf der Strecke geblieben.« Vier Tage nach Domaschks Tod findet auf dem Jenaer Nordfriedhof die Trauerfeier statt. Die rund dreihundert Trauergäste, darunter auch Roland Jahn, passieren auf dem Weg zur Friedhofskapelle ein ganzes Spalier von Stasi-Leuten, die sich links und rechts postiert haben. Am Friedhofseingang stehen mehrere Mannschaftswagen der Volkspolizei. Es wird eine stille Demonstration der Wut und der Ohnmacht. Allen fehlen die Worte. Später ärgert sich Jahn über sich selbst. Wieso hat er kein Transparent dabei, auf dem er Aufklärung fordert, warum haben sie aus dem stillen keinen lauten Protest gemacht? Vorerst sitzt der Schock

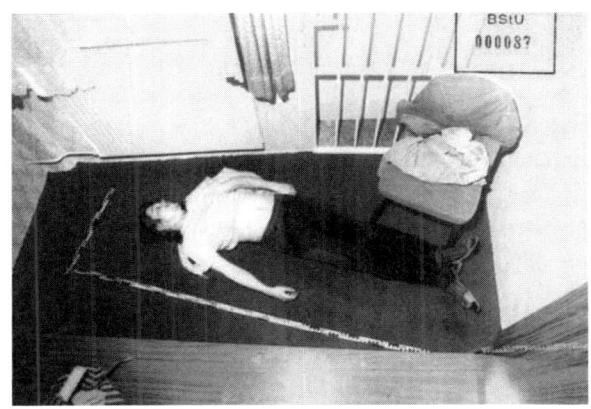

Der tote Matthias Domaschk in der Stasi-Zelle in Gera

über den Tod des Freundes zu tief. Wieder breitet sich Depression aus, trotz der immer noch aufmunternden Nachrichten aus Polen. Viele wollen jetzt abhauen, Ausreiseanträge stellen und diese bleierne Diktatur endlich hinter sich lassen, offensichtlich hat alles keinen Zweck. Auch Peter Rösch, der gemeinsame Freund »Blase«, geht in den Westen. Der Tod von Domaschk hat ihn verstört, zudem wird er von der Stasi regelmäßig zu Verhören abgeholt, zu jeder Tages- und Nachtzeit, er kann nicht mehr. Sein Ausreiseantrag wird schnell bearbeitet, man will ihn loswerden. Er geht nach West-Berlin, wo schon viele andere aus der Jenaer »Szene« ihr Exil gefunden haben: Jürgen Fuchs und seine Familie, Thomas Auerbach, Siegfried Reiprich und seine Frau Christina. Roland Jahn zieht aus dem Tod seines Freundes Matthias einen anderen Schluss: »Jetzt erst recht! Diesen Tod nehmen wir nicht hin«, so erinnert er sich an die Gedanken, die ihm damals durch den Kopf gingen. Der Tod von Matthias Domaschk, sagt er, habe ihn stark verändert und weiter radikalisiert in seinem Kampf gegen die SED-Diktatur. Er will in der DDR bleiben und widerstehen.

Schon der erste Todestag von Matthias Domaschk 1982 soll nicht ohne Protest vorübergehen. Aber was tun? Flugblätter drucken? Dann kommt ihm eine Idee: Lassen wir die SED doch die Flugblätter selbst drucken. In der »Volkswacht«, der Zeitung der

SED-Bezirksleitung Gera, gibt er, mit dickem schwarzen Rand, die Todesanzeige auf: »Wir gedenken unseres Freundes Matthias Domaschk, der im vierundzwanzigsten Lebensjahr aus dem Leben gerissen wurde. Jena, im April 1982. Seine Freunde.« Am Morgen des Erscheinens fährt er durch die Stadt und kauft an vielen Kiosken die Zeitungen, immer nur ein paar, um nicht aufzufallen. Am Ende hat er einen dicken Packen von rund hundert Exemplaren. Eine Bekannte, die Zeitungsausträgerin ist, hat einen weiteren Stapel für ihn abgezweigt. Gemeinsam mit seiner Freundin Petra schneidet Jahn die Todesanzeigen fein säuberlich aus und zieht in der Nacht zum 12. April 1982, dem Jahrestag des Todes von Domaschk, durch Jena und klebt mit solidem Handwerkerleim die Anzeigen auf Laternenpfähle und an Bushaltestellen. Gleichzeitig informiert er telefonisch die ausgereisten Jenaer in West-Berlin. Darunter auch Thomas Auerbach, der die Medien von der Protestaktion in Jena informiert. Am nächsten Morgen ist die Stasi nicht nur wegen der Todesanzeigen an den Laternenpfählen in heller Aufregung. Sondern vor allem auch, weil der West-Berliner Radiosender RIAS, der in weiten Teilen der DDR zu empfangen ist, darüber informiert. Den Bericht über seine eigene Protestaktion im West-Radio zu hören, in »seiner« RIAS-2-Sendung »Treffpunkt«, die er schon seit seiner Jugendzeit hört, hat eine enorme Wirkung auf Roland Jahn. Zum ersten Mal registriert er, wie sinnvoll es sein kann, die Medien direkt zu informieren. Schnell ist auch die Stasi da, um ihn zu holen, es ist ja leicht zu ermitteln, wer die Todesanzeige aufgegeben hat. In den Verhören schweigt er beharrlich, das hat er aus den »Gedächtnisprotokollen« von Jürgen Fuchs gelernt. Er hat sich eingeprägt: Alles was du sagst, werden sie gegen dich verwenden, also schweige lieber völlig. Trotzdem ist er bald wieder frei.

Wenig später stellen er und zwei Freunde, darunter der Bildhauer Michael Blumhagen, eine von Blumhagen aus Stein gehauene große Domaschk-Gedenkplastik auf dem kleinen Friedhof nahe der Uni-Mensa auf. Es dauert zwei Tage, dann fahren ein Kommando der Staatssicherheit und Mitarbeiter der Stadtverwaltung mit einem Auto auf den Friedhof, hieven die 200 Kilogramm schwere Steinplastik auf einen Anhänger, transportieren sie ab und lassen sie für immer verschwinden. Durch Zufall, er macht in der Nähe gerade mit Freundin Petra einen Spaziergang, wird Roland Jahn Zeuge der

Aktion. Mit einem Fotoapparat, den er dabei hat, dokumentiert er den Vorgang. Die Fotos lässt er nach West-Berlin schmuggeln und wenig später erscheinen sie im Hamburger Nachrichtenmagazin »Der Spiegel«, zusammen mit einem Bericht über die Vertuschungsaktion der Staatssicherheit.

Das fordert natürlich wieder ein Opfer, diesmal aber nicht Roland Jahn. Es erwischt den Bildhauer Blumhagen, der kurzerhand zum Reservedienst bei der Armee einberufen wird. Weil er sich jedoch weigert, den DDR-Staat mit der Waffe in der Hand zu verteidigen, wird er zu sechs Monaten Gefängnis verurteilt. Und weil das noch nicht reicht, wird das Haus in der Nähe von Jena, in dem er lebt und in dem er sein Atelier hat, kurzerhand für baufällig erklärt. Seine hochschwangere Freundin Sabine muss das Haus kurzfristig räumen und sich eine andere Unterkunft suchen. Das ist nicht ganz einfach, denn aus Angst, dass ihnen ähnliches widerfährt, verweigern ihr erst einmal mehrere Bekannte, die sie fragt, die Aufnahme. Ein Abrisskommando rückt an und verwandelt Blumhagens Haus in einen Schutthaufen.

Öffentlichkeit als Waffe

Die West-Presse, da ist sich Jahn inzwischen sicher, ist der einzig mögliche Weg, um »ihnen« weh zu tun und Öffentlichkeit für das tägliche Unrecht zu schaffen. Doch auch in Jena will er Gegenöffentlichkeit aufbauen. Dafür gibt es bereits einige Vorläufer. So einen Anfang der 70er Jahre von Lutz Rathenow in Jena initiierten Lyrikzirkel. Hinzu kommen Ausstellungen kritischer Maler und Fotografen, Lesungen in verschiedenen Wohnungen aus verbotenen Büchern, heimlich kopierte Tonbänder mit Liedern von Wolf Biermann oder Gerulf Pannach. Um das im Osten verbotene Buch »Die Alternative« des Dissidenten Rudolf Bahro bekannt zu machen, setzt sich Jahns Freund Siegfried Reiprich mit einem aus dem Westen eingeschmuggelten Exemplar des Buches an die Schreibmaschine und tippt es mit Durchschlagpapier mehrfach ab. Manchmal helfen auch Sekretärinnen in den Staatsbetrieben oder kirchliche Mitarbeiter, die Zugang zu einfachen Kopiergeräten haben und die kurze politische Texte heimlich vervielfältigen können. Das dabei eingesetzte »Ormig«-Verfahren erlaubt einige Dutzend lesbarer Kopien. Die begrenzte Wirkung solcher Aktionen reicht Roland Jahn schon bald nicht mehr. Im Interview mit dem Historiker Ilko-Sascha Kowalczuk sagt er 2001: »Mir war das nicht genug, ich hatte es schon lange satt, immer im gleichen Saft zu schmoren, immer nur diejenigen zu erreichen, die ohnehin Gleichgesinnte waren, die also nicht mehr aufgerüttelt oder gar überzeugt werden mussten, dass die DDR auf einem Irrweg ist. Ich suchte die Öffentlichkeit in großer Breite, wozu auch ganz besonders Demonstrationen auf der Straße zählten. Ich wollte rein in die Gesellschaft. Entscheidend für mich war immer, dass ich sagte, wir dürfen nicht warten bis uns demokratische Grundrechte gegeben werden, wir dürfen sie auch nicht nur fordern, sondern wir bedienen uns ihrer einfach, als wären sie vorhanden.«

Am 1. Mai 1982 stellt er sich bei der Mai-Demonstration in die Nähe der SED-Prominenten-Tribüne, mit einer sarkastischen und zugleich anklagenden Verkleidung. Er trägt ein kleinkariertes Ja-

Halb Stalin-Schnauzer, halb Hitler-Bart, Protestaktion zur 1 -Mai-Demonstration 1982

ckett, eine rote Krawatte und im Gesicht links einen Stalin-Schnauzer und rechts ein Hitlerbärtchen. Kollegen aus seinem Betrieb erkennen ihn und fragen, was sein ungewöhnliches Aussehen bedeutet. Sie sollen sich einfach überlegen, wem sie so zujubeln, sagt er. Wenig später produzieren er und seine Freunde Protestpostkarten auf Fotopapier, die ihn mit Hitler- und Stalinbärtchen zeigen, die verschicken sie anonym an viele Adressen und einige DDR-Prominente. Im Nachhinein sagt Jahn: »Ich war damals noch der Meinung, ich könne aussehen wie ich wolle, das ist strafrechtlich nicht fassbar. Die können mir juristisch nichts anhängen. Das war natürlich naiv. Als ob es in der DDR einen Rechtsstaat gegeben hätte, an dessen Prinzipien SED und Staatssicherheit sich hätten halten müssen. Wenn sie wollten, durften sie alles.« Und sie werden bald wol-

*Jahns Lebensgefährtin Petra Falkenberg und
die gemeinsame Tochter Lina, 1982*

len, denn Jahn und seine Freunde tanzen ihnen schon viel zu lange auf der Nase herum.

Von der Aktion am 1. Mai und auch von den Urhebern der Protestpostkarten bekommt die Staatssicherheit zunächst nichts mit. Trotzdem macht ihm die Staatsmacht zunehmend zu schaffen. Immer öfter wird er zu Verhören abgeholt, von zu Hause, von seiner Arbeitsstelle. Oder er wird »zur Klärung eines Sachverhalts« vorgeladen. Einmal packen sie ihn während des Verhörs, reißen ihm die Hose auf und stopfen ein Tuch hinein, als Geruchsprobe, wie sie die Staatssicherheit von fast allen Oppositionellen nimmt, damit die Hunde sie für den Fall einer Menschenjagd aufspüren können. Stets verweigert er kategorisch jede Aussage, das zehrt auch an den Nerven der Stasi-Leute. Einmal platzt dem Vernehmer der Kragen, er

Wenige Wochen vor der Verhaftung: Roland Jahn und Tochter Lina beim Strandurlaub an der Ostsee, August 1982

schreit: »Du bist wie Gift. Und Gift gehört in den Giftschrank.« Wegen der polnischen Fahne an seinem Fahrrad wird er im Juli 1982 festgenommen, nach einem Abend auf der Dienststelle der Volkspolizei lassen sie ihn aber wieder laufen, was Jahn zunächst in dem Irrglauben bestärkt, sie könnten ihn nicht einsperren, wenn er nicht gegen Gesetze verstoße. Doch es liegt in der Luft, dass sie ihn bald holen.

Im Sommer 1982 stürmen Stasi-Leute frühmorgens die Wohnung des jungen Paars. Hastig versucht Petra Falkenberg noch, irgendwelche Fotos hinter die Schränke zu werfen, einen unentwickelten Film aus Rolands Kamera drückt sie kurzerhand in die Blumenerde im Kaktustopf. Tochter Lina guckt verwundert über die vielen fremden Männer, ihre Mutter versucht, sie zu beruhigen, tut so, als sei das alles ganz normal, als seien die Stasi-Offiziere will-kommener Besuch, um das Kleinkind nicht noch mehr zu verängs-tigen. Zum Glück wird Roland nur zum Verhör geholt und kommt nach einiger Zeit wieder frei.

Die Beziehung bröckelt, auch wenn das Paar politisch in seiner oppositionellen Haltung zum SED-Regime auf einer Wellenlänge ist. Petra Falkenberg beschließt im Sommer 1982, sich von Jahn zu trennen. Sie erinnert sich: »Wir hatten ein ziemlich anstrengendes Leben. Und das lag eben nicht nur daran, dass wir, wie viele junge Leute, gern gefeiert haben. Roland war viel unterwegs, um irgendet-was zu regeln in seiner politischen Arbeit. Dann gab es öfter größere Treffen bei uns zu Hause, mit vielen Leuten. Unsere kleine Tochter war oft krank.«

In Stasi-Haft: »Dem hacken wir die Beine spitz«

Am 1. September 1982 fährt Roland Jahn wieder einmal mit seiner kleinen polnischen Fahne am Fahrrad durch die Jenaer Straßen. Bisher ist nie was passiert, doch jetzt macht die Stasi Ernst. Er wird vom Fahrrad gezerrt, festgenommen und nach Gera in die Untersuchungshaftanstalt, den Ort von Domaschks Tod, gebracht. Jahn ahnt, dass es diesmal nicht glimpflich abgehen wird. Auch wenn der gegen ihn erhobene Vorwurf lächerlich klingt: Missachtung staatlicher Symbole. Ein Fähnchen, noch dazu von einem »sozialistischen Bruderland«, am Fahrrad, das kann doch kein Staatsverbrechen sein.

In den Verhören verweigert er die Aussage, jedes Mal, wenn sie ihn aus der Zelle holen, spottet er: »Schafft euch doch einen Stempel an: Aussage verweigert!« Dann werden die psychologischen Daumenschrauben fester angezogen. Jahns Tochter Lina ist drei Jahre alt. Die werde er wohl bis zu ihrer Einschulung nicht wiedersehen, sagt sein Vernehmer von der Abteilung IX, der Untersuchungsabteilung des Geraer Staatssicherheitsdienstes. Die IX ist eine Juristentruppe, die auf Verhöre von Regimegegnern spezialisiert ist. Einer von Jahns Vernehmern sagt, man könne auch gleich noch ein paar andere einsperren, zum Beispiel Jahns Freund, den Künstler Frank Rub, der habe nicht ein Kind wie er, sondern bekanntlich gleich drei. »Dem hacken wir die Beine spitz, und Sie sind dran schuld. Wollen Sie das?«, grinst der Vernehmer ihn an. »Oder wir holen Ihre Freundin, was wird dann mit Ihrem Kind?«

Am 16. September 1982 steht die Staatssicherheit tatsächlich bei Petra Falkenberg vor der Tür, die Offiziere in Zivil dringen, ohne zu klopfen oder zu klingeln, in die Wohnung ein. Sie solle sofort zur Vernehmung mitkommen, wird ihr angewiesen. Als sie empört nach den Gründen fragt, antworten sie: »Wir sind von der Staatssicherheit, wir dürfen alles.« Zufällig ist eine Bekannte zu Besuch, die sich der Tochter Lina annimmt, während man die junge Mutter abführt.

*»Solidarität mit dem polnischen Volk«. Das Original der 1982 bei Jahn beschlag-
nahmten polnischen Fahne hat, abgeheftet in einer Stasi-Akte, die Zeit überdauert.*

Zehn Stunden wird sie verhört. Sie solle vernünftig sein und kooperieren, an ihre Tochter denken, die ansonsten ins Heim komme, drohen ihr die Vernehmer, bevor sie wieder freikommt.

Aus dem Gefängnis darf Roland Jahn ihr ein paar Briefe schreiben. Auszug:

»Gera, den 4. Oktober 1982.
Liebe Petra! Auch wenn Du es nicht möchtest, so mache ich
mir doch Sorgen um Euch. Dies geht von den großen, wie den
schweren Belastungen aus, denen Du ausgesetzt warst, bis zu
den kleinen, wie dass Du genug Brennholz hast, dass es schön
warm wird. (...) Ich möchte da sein und helfen, wo es nur geht.«

Hartnäckig verweigert Jahn jede Aussage. Dass die Vorwürfe gegen
ihn nur konstruiert sind, räumt auch sein Vernehmer ein. Die Geschichte mit der Polenfahne am Rad, das sei nur »Kompott«, eine
Nebensache, stellt der Vernehmer klar. »Sie wissen doch ganz genau,
um was es wirklich geht. Um alle Ihre Aktivitäten.« Da schwant Roland Jahn, dass die Staatssicherheit beschlossen hat, ihn endgültig

auszuschalten und für längere Zeit einzusperren. Es ist eine Beobachtung, die er auch bei anderen politischen Verfahren gegen DDR-Oppositionelle gemacht hat: Es geht nicht um irgendeinen formalen juristischen Vorwurf, sondern um eine grundsätzliche Abrechnung mit der betroffenen Person. Jahn: »In der DDR wurdest du halt verhaftet, wenn das Maß voll war. Irgendetwas findet man dann schon.« Auch bei ihm werden sie fündig, durchsuchen Wohnungen, beschlagnahmen ein paar seiner Protestpostkarten, darunter die mit dem Stalin-Hitler-Bärtchen und die über sein Bildungsverbot.

Den Stasi-Vernehmern gefällt gar nicht, was sich außerhalb der Gefängnismauern tut. In West-Zeitungen erscheinen Artikel über den verhafteten Jenaer. Jahn erfährt in der Haft durch einen Brief von Freundin Petra davon, eine versteckte Zeile, die ihnen durch die Zensur gerutscht ist. Sie schreibt ihm darin, wie viele herrlich bunte Blätter der große Baum vor dem Haus jetzt habe und wie schade es sei, dass er das nicht sehen könne, er würde sich so darüber freuen. Aber – vor Petras Wohnungsfenster steht gar kein Baum. Roland Jahn versteht die Anspielung sofort: Die vielen Blätter, über die er sich freuen würde, sind die West-Zeitungen, die über seine Inhaftierung berichten.

Die ersten Berichte sehen die Stasi-Vernehmer noch nicht als dramatisch an, mit einer gewissen »Begleitmusik« haben sie gerechnet. Dafür hat Jahn jetzt keine Gelegenheit mehr, laufend »schädliche Nachrichten« an die West-Presse zu geben. Dann nimmt sich jedoch Amnesty International des Falls an. Auch Jahns Freunde in Jena machen mobil. Im November treffen sich 80 junge Leute, die meisten aus dem Umfeld der Jungen Gemeinde, zu einer Schweigeminute im Stadtzentrum. Sie fassen sich an den Händen und bilden ein Kreis. Sie tragen Schilder, auf denen nur ein Wort steht: »Frieden«. Weil Staatssicherheit und Volkspolizei von der Aktion völlig überrascht sind, greift niemand ein, und die Demonstranten kommen ungeschoren davon. Die Vernehmer sehen das gelassen, ein direkter Bezug zu Roland Jahn war für Außenstehende nicht erkennbar. Doch im Westen wird erneut berichtet, Jahns Freundin Petra hat dafür gesorgt. Sollen die Stasi-Offiziere jetzt alle Demonstranten verhaften lassen? Das trauen sie sich nicht, sie wollen nicht noch mehr Wirbel.

Die Geraer Stasi-Offiziere wollen erreichen, dass Jahn seine »Schuld« gesteht, um eine Rechtfertigung für ihr Vorgehen zu haben.

Anschließend wollen sie ihn endgültig und möglichst elegant loswerden. Ideal wäre, wenn er »freiwillig« seiner Ausreise zustimmt. Obwohl schon viele seiner Freunde in West-Berlin sind, kommt das für Jahn nicht in Frage. »Ich war bekannt als notorischer Dableiber, Jena war meine Heimat«, erinnert er sich. Und er weiß, dass er unschuldig ist, und nimmt sich vor, alles durchzustehen.

In den DDR-Gefängnissen der 80er Jahre wird nicht mehr geprügelt wie in den Jahrzehnten zuvor, es geht subtiler zu. »Wie lange Sie hier sitzen, das bestimmen wir«, heißt es schon zur Begrüßung. »Und wann und ob Sie einen Anwalt sehen, auch.« Weil Jahn beharrlich schweigt, sperren sie ihn vier Wochen in eine Einzelzelle und holen ihn kein einziges Mal zum Verhör. Nach vier Wochen klingelt er den Schließer herbei und fordert: »Ich möchte gerne zum Vernehmer.« Als er dort ankommt, empfängt ihn der Stasi-Offizier triumphierend: »Sehen Sie, ich habe doch gesagt, Sie kommen ganz von alleine.« Da schaut Jahn ihn an und sagt nur: »Ich wollte Sie eigentlich bloß mal sehen. Das gibt mir wieder ein bisschen moralische Überlegenheit, das reicht für die nächsten vier Wochen.« Der Vernehmer lächelt, und weil er dieses Lächeln unentwegt zur Schau trägt, als Zeichen seiner vermeintlichen Stärke, nennen ihn die Häftlinge den »Lächler«. Als Jahn ihm eines Tages an den Kopf wirft, er solle sich doch abends vor dem Einschlafen mal fragen, was er hier in diesem Gefängnis eigentlich so treibe und ob er das vor seinen Kindern verantworten könne, ändert sich die Situation. »Irgendwann komm ich hier wieder raus«, sagt Jahn, »und dann erzähle ich Ihren Kindern, was Sie hier getrieben haben. Können Sie ihnen dann noch in die Augen schauen?« Damit trifft er ins Schwarze, für einen Moment erlischt das Lächeln im Gesicht des »Lächlers«.

Er darf eine Person benennen, die ihn in der Haft besuchen kann, er entscheidet, dass es Petra sein soll. Doch die Stasi-Leute lassen die Mutter seiner Tochter nicht zu ihm. Nur seine Mutter Lieselotte darf ihn besuchen, auch dies nicht aus humanitären, sondern lediglich aus »operativen« Gründen. Die Stasi-Offiziere hoffen, dass die Mutter ihm seinen hartnäckigen Widerstand ausredet oder ihn zumindest verunsichert. Während sie ihn drinnen im Besucherraum sehen darf, muss Petra draußen vor der Tür bleiben. Mutter Jahn hat selbstgebackenen Kuchen dabei, Schokolade. Und ein Lebkuchenherz mit einem aufgeklebten Foto von Lina. Sie berichtet, dass sie ihren Mann, der gerade einen Herzinfarkt erlitten hat, im Fußballverein unter Druck setzen, sich von seinem Sohn zu distanzieren, ansonsten müsste man auch gegen ihn vorgehen. Sie schildert die Last, die auf der gesamten Familie liegt, seit Roland verhaftet wurde.

Zurück in der Zelle, gerät Jahn in die vom Stasi-Vernehmer herbeigewünschte Krise, und er fragt sich, ob es das alles wirklich wert ist. Kann ich meinen Eltern und meiner Tochter das alles antun? Wann werde ich sie wiedersehen? Kann es tatsächlich sein, dass ich hier jahrelang im Gefängnis sitze und sie da draußen ohne mich aufwachsen muss? Es ist eine der dunkelsten Stunden in seinem Leben, erinnert er sich später: »Da saß ich nun mit dem Foto von Lina auf dem Lebkuchenherz und habe geflennt und geflennt. Und die Stasi-Leute da draußen freuten sich und dachten, jetzt haben sie mich so weit, dass ich klein beigebe.« Aber er macht sich bewusst, dass es nichts bringt, mit »denen« zu kooperieren.

Auch für Petra ist es eine schwere Zeit. »Papa ist im Krankenhaus, wir können ihn leider nicht besuchen«, erzählt sie Tochter Lina. Doch die glaubt das bald nicht mehr. Für viele Freunde Jahns, die wissen wollen, was in der Haft in Gera vor sich geht, ist Petra Falkenberg die erste Anlaufadresse, so auch für Lutz Rathenow, der die West-Medien auf dem Laufenden hält, die weiter über den Fall berichten. So gerät auch Petra Falkenberg zunehmend ins Visier der Staatssicherheit und muss fürchten, ebenfalls inhaftiert zu werden. Um zu verhindern, dass ihre Tochter in diesem Fall von den Stasi-Leuten in ein Kinderheim gebracht wird, zieht sie in die kleine Wohnung ihrer Mutter. Da ist es eng, auch ihr Bruder, dessen Frau und kleine Tochter leben dort. Aber immerhin würden sie mitbekommen, wenn man Petra verhaften würde, und könnten sich um Tochter Lina kümmern.

Ein paar Tage nach seinem Zusammenbruch hat sich Roland Jahn wieder gefangen und schreibt an seine Eltern: »Es war schön, mal wieder einem Menschen zu begegnen, der mir gut ist und der mir nah ist. Dazu noch die Grüße von meinen Liebsten, die Blumen, das Herz und die Bilder, das alles hat mich ganz schön aufgewühlt. In einer Zeit eisiger Kälte spürte ich für eine halbe Stunde Wärme, und die hat mich weich gemacht. Sie löste für kurze Zeit meine Schutzhaut, die ich angelegt habe, damit man mich nicht formen kann wie Knete, so wie man mich braucht. Dort, wo manche nur einen harten Stein haben, fühlte ich mein Herz schlagen. Dieses Schwachsein, wenn es um Gefühle geht, die Fähigkeit zu empfinden, ist es ja, was unsere Not geschaffen hat. Doch es verleiht uns auch Größe, die uns über den Dingen stehen lässt, auch wenn wir scheinbar am Boden liegen und die Gefahr besteht, getreten zu werden. Es gibt uns Kraft, Mut, auch Heiterkeit und Hoffnung, um alles zu überstehen. Und wenn du sagst: Kopf hoch, mein Junge!, so sei beruhigt, ich trage ihn höher als es manchem recht ist. Macht euch keine Sorgen um mich, dann ist es für beide Seiten einfacher. (...) Lasst es euch gut gehen und genießt das Leben. Bleibt gesund! Euer Roland.«

Am 17. Januar 1983 soll die Gerichtsverhandlung stattfinden. Zuvor hat sich Jahn wochenlang nicht rasiert, die Stasi-Leute ahnen wohl, was er vorhat mit seinem inzwischen buschigen Schnauzbart. Wenn er schon wegen einem Hitler-Stalin-Bärtchen verurteilt werden soll, dann will er den wenigstens auch vor Gericht tragen, denkt er. Im Interview mit »Horch und Guck« erinnert er sich: »Die Herren von der Stasi wollten auf keinen Fall, dass ich im Prozess mit Hitler-Stalin-Bart auftrete. Da hat man mich in eine Zelle geführt, Rasierzeug hingelegt und gesagt, ich solle den abrasieren. Ich habe mich geweigert. Dann hat man mich gepackt, von hinten, hat zugelangt, unter anderem am Hals zugedrückt, gewürgt, und für eine gewisse Zeit verlor ich das Bewusstsein. Als ich wieder zu mir kam, war der Bart ab. Aber noch viel erschreckender für mich war der erste Gedanke, der mir durch den Kopf schoss: So kann das auch bei Matthias Domaschk gewesen sein. Irgendjemand dreht durch, irgendjemand langt zu und schon ist es vorbei. Du bist in ihrer Macht und ihren Klauen ausgesetzt. (...) Das war eigentlich die furchtbarste Szene, die ich in diesem halben Jahr Knast, in dieser Untersuchungshaftanstalt, wo Matthias Domaschk zu Tode gekommen ist, erlebt habe. Da drin bist du allein, du weißt nicht, wann es das nächste Mal passiert. Du bist ihnen ausgeliefert. Du kannst dich mit Händen und Füßen wehren, sie sind in der Überzahl. Du bist eingesperrt, und sie machen die Tür hinter dir zu, du kannst nicht raus. Aber sie kommen auch rein und krallen dich und tun das, was sie wollen, mit deinem Körper. Ganz abgesehen von den psychischen Methoden, mit denen sie dich kaputtmachen wollen.«

»Es geht nicht darum, wer recht hat, sondern wer die Macht hat«

Dann gelingt es ihm doch, die Wächter hereinzulegen. Kurz vor der Gerichtsverhandlung bittet er seine Mutter, ihm zur Verhandlung der Würde des Gerichts angemessene Bekleidung mitzubringen, sein kleinkariertes Jackett und den roten Binder, eben jene Sachen, die er bei der 1.-Mai-Demonstration getragen hat. Er erhält die Kleidungsstücke, und damit angezogen steht er vor Gericht. Offiziell ist die Verhandlung öffentlich und vor dem Gebäude verlangen seine Freunde Einlass. Doch ihnen wird entgegnet, es sei bereits alles voll, wie sich Rüdiger Rosenthal erinnert. Einige Freunde Jahns waren extra aus Berlin angereist und stehen jetzt ohnmächtig vor dem Geraer Gerichtsgebäude. Gefüllt ist der Saal mit SED-Funktionären und Mitarbeitern der Staatssicherheit, selbst Jahns Mutter und seine Freundin Petra werden nicht hineingelassen. Auf die Anwürfe des Gerichts antwortet Jahn, er könne an seinem Aussehen am 1. Mai und den Fotos auf den Postkarten nichts Anstößiges finden, links sehe er halt aus wie Charlie Chaplin und rechts wie Maxim Gorki. Am Ende wird er wegen »Öffentlicher Herabwürdigung der staatlichen Ordnung« zu 22 Monaten Gefängnis verurteilt.

»Öffentliche Herabwürdigung« ist einer jener Willkürparagraphen, den der »sozialistische Rechtsstaat« gerne bemüht, um Kritiker mundtot zu machen. In den Augen der Richter war es »Herabwürdigung«, am 1. Mai einen Hitler-Stalin-Bart zu tragen.

§ 220 Strafgesetzbuch der DDR
Öffentliche Herabwürdigung
(1) Wer in der Öffentlichkeit die staatliche Ordnung oder staatliche Organe, Einrichtungen oder gesellschaftliche Organe, Einrichtungen oder gesellschaftliche Organisationen oder deren Tätigkeit oder Maßnahmen herabwürdigt, wird mit Freiheitsstrafe bis zu drei Jahren oder mit Verurteilung auf Bewährung, Haftstrafe, Geldstrafe oder mit öffentlichem Tadel bestraft.

S 450/82
221 - 39/82

Leu.

U r t e i l

IM NAMEN DES VOLKES !

In der Strafsache

g e g e n   den Arbeiter
Roland   J a h n
geb. am 14. 7. 1953 in Jena
PKZ: 140753419315
wohnhaft in 6900 Jena, Käthe-Kollwitz-Str.
seit dem 7. 9. 1982 in der BHA Gera

w e g e n   Mißachtung staatlicher Symbole in Tateinheit
mit mehrfacher öffentlicher Herabwürdigung

hat die Strafkammer des Kreisgerichts Gera-Stadt in der Haupt-
verhandlung am 17. und 18. 1. 1983, an der teilgenommen haben:

Direktor Thaut
als Vorsitzender

als Schöffen

Staatsanwalt Frau Schulz
als Vertr. des Staatsanwaltes
des Bezirkes Gera

Rechtsanwalt Schaur,
als Verteidiger

Justizangestellte
als Protokollführer

für   R e c h t   erkannt:

1. Der Angeklagte wird wegen mehrfacher öffentlicher Herabwürdigung
und wegen Mißachtung staatlicher und gesellschaftlicher Symbole
- Vergehen gem. §§ 220 Abs. 1, 222 und 63 Abs. 2 StGB -
zu einer Freiheitsstrafe von

1 - einem - Jahr und 10 - zehn - Monaten

verurteilt.

2. Gem. § 56 StGB werden eingezogen:
    2.1. 1 Kontaktabzug "Bildungsverbot"
    2.2. 1 Negativstreifen Farbfilm Hitler-Stalin-Darstellung
    2.3. 28 Fotos im Postkartenformat
    2.4. 32 Papierfahnen
    2.5. 1 Blatt A 4 mit 3 aufgeklebten Farbfotos
    2.6. 13 Farbfotos Hitler-Stalin-Darstellung

3. Die Auslagen des Verfahrens hat der Angeklagte zu tragen.

Das Urteil des Kreisgerichts Gera-Stadt vom Januar 1983

(2) Ebenso wird bestraft, wer Schriften, Gegenstände oder Symbole, die geeignet sind, die staatliche und öffentliche Ordnung zu beeinträchtigen, das sozialistische Zusammenleben zu stören oder die staatliche oder gesellschaftliche Ordnung verächtlich zu machen, verbreitet oder in sonstiger Weise anderen zugänglich macht.

Es ist ein Paragraph mit einer unrühmlichen Tradition. Schon wer einst den Kaiser Wilhelm schmähte, konnte wegen »Majestätsbeleidigung« im Karzer landen. In der DDR ist dieser Straftatbestand, den alle Diktaturen so oder ähnlich gemeinsam haben, weit umfassender formuliert. Es macht sich nicht nur strafbar, wer die »Majestäten« im SED-Staat angeblich beleidigt. Mit Strafe bewehrt ist jede Kritik an staatlichen oder gesellschaftlichen Repräsentanten. Zwar kommen nur wenige DDR-Bürger, die auf die Obrigkeit schimpfen, deshalb auch ins Gefängnis. Angewendet wird der Paragraph aber dann, wenn es der SED und ihrem »Schild und Schwert«, dem Staatssicherheitsdienst, opportun erscheint.

Für politische Fälle hält das Strafgesetzbuch der DDR noch weitere, praktisch universell anwendbare »Gummi«-Paragraphen bereit. Paragraph 106 zum Beispiel droht bis zu fünf Jahre Haft für »Staatsfeindliche Hetze« an.

§ 106 Strafgesetzbuch der DDR
Staatsfeindliche Hetze
Wer mit dem Ziel, die sozialistische Staats- oder Gesellschaftsordnung der Deutschen Demokratischen Republik zu schädigen oder gegen sie aufzuwiegeln,
1. Schriften, Gegenstände oder Symbole, die die staatlichen, politischen, ökonomischen oder anderen gesellschaftlichen Verhältnisse der Deutschen Demokratischen Republik diskriminieren, einführt, herstellt, verbreitet oder anbringt;
2. Verbrechen gegen den Staat androht oder dazu auffordert, Widerstand gegen die sozialistische Staats- oder Gesellschaftsordnung der Deutschen Demokratischen Republik zu leisten;
3. Repräsentanten oder andere Bürger der Deutschen Demokratischen Republik oder die Tätigkeit staatlicher oder gesellschaftlicher Organe und Einrichtungen diskriminiert;

4. den Faschismus oder Militarismus verherrlicht, wird mit Freiheitsstrafe von einem Jahr bis zu fünf Jahren bestraft.

Roland Jahn wird aber nicht nach § 106 verurteilt, sondern neben § 220 noch nach § 222, der die Missachtung staatlicher Symbole unter Strafe stellt. Dies wendet man an, um die polnische Fahne an seinem Fahrrad als Missbrauch zu kriminalisieren.

Zuständig für die Verfolgung von »Straftaten« mittels dieser universell einsetzbaren »Gummi«-Paragraphen ist die Abteilung IX der DDR-Staatssicherheit, die Untersuchungsabteilung, in der viele studierte Juristen tätig sind. Sie entscheiden je nach »operativer Notwendigkeit« darüber, ob, wann und gegen wen der »Hetze«- und wann der »Herabwürdigungs«-Paragraph gegen Regimegegner angewendet wird.

Nach dem Gerichtsverfahren kommt der Stasi-Vernehmer noch einmal zu Roland Jahn in die Zelle. Er sagt: »Na, Herr Jahn, haben Sie gesehen, es kommt nicht darauf an, wer recht hat, sondern wer die Macht hat. Und die Macht haben wir. Im Interesse der Arbeiterklasse. Wer zuletzt lacht, der lacht am besten.«

Eine unrühmliche Rolle in dem Verfahren spielt Jahns Verteidiger Wolfgang Schnur, Mitglied der Synode des Bundes der Evangelischen Kirchen in der DDR. In den ersten Monaten der Untersuchungshaft wird Jahn zunächst jeglicher Kontakt mit einem Anwalt verweigert. Dann wird ihm ein Geraer Anwalt vorgeschlagen, den er nicht kennt und bei dem ihm bereits nach dem ersten Gespräch klar ist, dass dieser Verteidiger nicht die Interessen des Beschuldigten vertritt, sondern die des Staates. Schnur hingegen, der eine Anwaltskanzlei in Rostock hat, gilt als Vertrauensmann der Evangelischen Kirche und hat einen Ruf als beherzter Verteidiger vieler in der DDR Bedrängter. Dass Wolfgang Schnur in Wirklichkeit ein geschickt getarnter langjähriger Inoffizieller Mitarbeiter der Staatssicherheit ist und den Decknamen »Torsten« trägt, ahnt niemand. Warum sich der – nach eigener Aussage – gläubige Christ darauf einlässt, seine Mandanten, darunter Wehrdienstverweigerer, Ausreiseantragsteller und Bürgerrechtler wie Roland Jahn sowie später Freya Klier und Stephan Krawczyk, an die Stasi zu verraten, liegt bis heute im Dunkeln. Denkbar ist, dass er sich vor allem wichtig machen will, bei vielen Stasi-Spitzeln ist Geltungssucht eines der Motive für ihre geheime Verbindung mit der Staatsmacht.

Auch im Fall Jahn wird Wolfgang Schnur im Sinne der DDR-Staatssicherheit aktiv. Unmittelbar nach der Verurteilung zu 22 Monaten Gefängnis besucht Schnur seinen Mandanten Jahn noch einmal in der Untersuchungshaft. Er sagt: »Roland, das hat alles keinen Sinn, deine Freunde stellen alle Ausreiseanträge, wenn du hier rauskommst, holt dich niemand mehr ab. Die sind dann alle schon im Westen.« Dass einige seiner Freunde draußen vor dem Gericht stehen, sagt Schnur ihm nicht. Die Worte seines Anwalts lösen bei Jahn tatsächlich Zweifel aus, daran erinnert er sich noch 30 Jahre später: »Dann bist du schon an einem Punkt, wo du überlegst, was macht das für einen Sinn, ein paar Jahre im Gefängnis zu bleiben, und wenn du rauskommst, ist nicht mehr das da, was dir den Halt gegeben hat in deiner Stadt, in deinem Land, nämlich deine Freunde.« An diesem Abend fällt ihm auch die Postkarte ein, die ihm eine ausgereiste Freundin aus Paris geschickt hat, darauf ein Foto mit dem Eiffelturm: »Lieber Roland, ich hoffe, dass du auch bald so schöne Sachen machen kannst wie wir«, schrieb sie. Die Gedanken schießen durch seinen Kopf: »Zelle oder Eiffelturm? Wie hoch ist eigentlich der Preis, den du hier zahlst? Es gibt doch noch ein anderes Leben als das hier in der DDR.« Die »Zersetzung« wirkt, und am Ende ist er so weit, auch gegen seine ursprüngliche Überzeugung zu sagen: Okay, ich gehe weg. Er unterschreibt den Ausreiseantrag, der schon bereitliegt. »Fürsorglich« hat Anwalt Schnur den Text vorformuliert, es soll ja schließlich schnell gehen. »Vielleicht ist die Sache für dich damit schon in 14 Tagen erledigt«, verspricht Wolfgang Schnur.

Klopfzeichen in der Zelle –
die dunkelsten Wochen

Zeitgleich mit dem Jahn-Prozess werden Mitte Januar 1983 in Jena zehn weitere Oppositionelle verhaftet. Schon lange rechnet auch Petra Falkenberg mit ihrer Festnahme.

Sie erinnert sich: »Ein paar Tage nach Rolands Verurteilung wummerten sie morgens um sechs an die Tür und brüllten: ›Aufmachen, Staatssicherheit!‹ Als wir nicht öffneten, gingen sie tatsächlich wieder weg. Mein Bruder schlug noch vor, ich sollte mich irgendwo verstecken, aber das war natürlich absurd. Wie hätte ich mich denn verstecken sollen? Ich flüchtete durch ein Kellerfenster, mein Bruder fuhr mich in die Uni-Mensa, wo meine Mutter arbeitete, ich verabschiedete mich dort von ihr. Dann fuhr ich in meine Wohnung, Geschwister-Scholl-Straße, da warteten sie schon auf mich. Sie brachten mich in einem Auto in die Stasi-U-Haft nach Gera. Das war ein schlimmes Gefühl, als dort das schwere Stahltor hinter uns ins Schloss fiel. Ich sollte mich ausziehen, duschen. Eine Wärterin schnitt mir meine Perlenkette mit einer Kneifzange ab. Dann drückten sie mir einen Korb in die Hand, mit Bettwäsche drin, einem Trainingsanzug und Schuhen ohne Schnürsenkel. Und anschließend führten sie mich zu meiner Zelle, ein Gang wie durch irgendwelche Katakomben in Rom, dicke Wände, kein Laut war zu hören. In der Zelle gab es kein Fenster, nur Glasbausteine, durch die etwas Licht hereinfiel. Hinter mir verriegelten sie die Tür. Ich dachte, ich ersticke da drin. Wenigstens war ich nicht alleine in der Zelle, da war noch eine Frau. Die versuchte, mich zu beruhigen, meinte, Mädel, du musst ganz ruhig atmen, ganz ruhig. Die war mir ein großer Trost, auch wenn mir natürlich schon bewusst war, dass sie vielleicht ein Zellenspitzel sein könnte. In den Verhören fragten sie mich alles Mögliche. Ich wollte natürlich nichts verraten, aber das war schwer zu machen, die waren psychologisch geschult, versuchten mich mit Stress, Schlafentzug, kein Freigang und immer wieder Verhören weichzuklopfen. Die spielten böser Bulle, guter Bulle. Erst verhörte mich der ›Lächler‹, das war ein ganz fieser Typ. Dann setzten sie mir einen anderen hin, der einen auf verständnisvoll machte. Das habe ich ja noch durchschaut, weil ich solche Verhörmethoden schon aus Jürgen Fuchs' Buch über seine Stasi-Haft kannte. Mich quälte die Sorge um die Lieben draußen, um meine Tochter Lina sowieso und um meine tolle Mama, die verbotene Materialien von uns auf ihrer Arbeitsstelle im Safe versteckt hatte. Im Nachhinein bewundere ich Roland, der tatsächlich bei den Verhören jede Aussage verweigerte. Der hatte doch bestimmt genauso viel Angst wie ich. Woher nahm er nur die Kraft, dem zu widerstehen?«

Die Staatssicherheit hatte beschlossen, endlich »reinen Tisch« zu machen und ähnlich wie 1977 den gesamten nachgewachsenen Kreis der neuen Jenaer Opposition zu inhaftieren, mit der Androhung langer Gefängnishaft zu erpressen und so zur »freiwilligen« Ausreise in den Westen zu drängen. Formaler Vorwand ist die Schweigedemonstration vom November 1982 sowie eine weitere, die am Heiligabend stattfinden sollte, jedoch vorab von einem Spitzel verraten wurde. Am 24. Dezember 1982 sind die Jenaer Straßen voller Aufpasser in Zivilbekleidung, und auch die paramilitärische Kampfgruppe des Zeiss-Kombinats ist in Alarmbereitschaft versetzt. Die Demo-Gruppe kommt nicht weit, die Teilnehmer werden mehrfach kontrolliert und auseinandergedrängt. Zwar bleiben die gestoppten Demonstranten zunächst auf freiem Fuß, aber sie ahnen schon, dass sie vermutlich bald verhaftet werden. Dass sie zu Weihnachten mit Kerzen in der Hand schweigend auf dem Marktplatz stehen wollten, um ein Zeichen gegen die atomare Hochrüstung in Ost und West und zugleich für Meinungs- und Versammlungsfreiheit zu setzen, will die Staatsmacht nicht hinnehmen.

Als es schließlich zur Verhaftung kommt, bemühen die Stasi-Juristen in Gera noch einen anderen Grund: Die Berichte in den West-Medien über die Aktivitäten der Jenaer Opposition werden als »Landesverräterische Nachrichtenübermittlung« eingestuft. Damit wird Bezug auf einen weiteren, 1979 noch einmal verschärften »Gummi«-Paragraphen genommen, der eine besonders hohe Strafandrohung enthält:

§ 99 Strafgesetzbuch der DDR
Landesverräterische Nachrichtenübermittlung
Wer der Geheimhaltung nicht unterliegende Nachrichten zum
Nachteil der Interessen der Deutschen Demokratischen Republik an die im § 97 genannten Stellen oder Personen übergibt, für
diese sammelt oder ihnen zugänglich macht, wird mit Freiheitsstrafe von zwei bis zu zwölf Jahren bestraft.

Die »Landesverräterische Nachrichtenübermittlung« konstruie-
ren die Stasi-Juristen aus der Tatsache, dass einige der Verhafteten
Lutz Rathenow, den inzwischen in Ost-Berlin lebenden Schriftsteller aus Jena, und auch einige Exjenaer in West-Berlin über die geplante Protestaktion informiert haben, damit die West-Medien darüber berichteten. Diese Informationen unterlägen zwar nicht der
Geheimhaltung, seien aber dazu angetan, zum Nachteil der DDR
verwendet zu werden.

Gleich zu Beginn der Verhöre wird Petra Falkenberg damit konfrontiert, dass angeblich andere Festgenommene gegen sie ausgesagt hätten und ihr nun bis zu zwölf Jahre Haft drohten. Wenn sie
jedoch alles gestehe, verringere sich ihr Strafmaß. Kurz vor sieben
Uhr abends verlässt der erste Vernehmer den Raum, ein anderer
kommt herein. Der setzt sich kommentarlos an seinen Schreibtisch
und schaltet »Radio DDR« an. Petra hört die Melodie des »Sand-
männchens«, es ist die beliebteste Kindersendung in der DDR, die
auch Tochter Lina mag und die sie gewöhnlich jeden Abend zusammen mit ihrer Mutter im Radio hört. »Da wäre ich beinahe zusammengebrochen«, erinnert sich Petra Falkenberg 20 Jahre später
in einem Gespräch mit der Historikerin Sandra Pingel-Schliemann.
»Das Ministerium für Staatssicherheit setzte in der Untersuchungshaft ein wohldurchdachtes System psychischen Drucks ein, dessen
wesentliche Elemente Isolation, Verunsicherung, Zermürbung sowie systematische Desinformation der Inhaftierten waren«, schreibt
Pingel-Schliemann in ihrem 2002 erschienenen Buch über die Zer-
setzungsstrategien des MfS. Hauptziel, so die Wissenschaftlerin,
sei die Demontage der Identität der Opfer gewesen. In zahlreichen
»Operativen Vorgängen« und Haftakten, die sie durchgesehen hat,
stieß sie immer wieder auf Beispiele von Oppositionellen, die bereits

durch die Art der Verhaftung so stark eingeschüchtert wurden, dass sie schon im ersten Verhör umfassende Aussagen machten. Andere wurden durch zahlreiche »spurlose, psychophysische Extrembelastungen« zermürbt. Einige Methoden zielten auf eine Spaltung der Persönlichkeit mit dem Ziel einer Identifizierung mit dem Vernehmer und dessen Sichtweise. Die dabei eingesetzte Klaviatur war vielfältig. Sie reichte vom strikten Verbot, Besuch zu empfangen, Briefe zu schreiben und Bücher oder Zeitungen zu lesen, bis zu wochen- oder monatelanger Isolationshaft. Pingel-Schliemann: »Des Weiteren gaben die Offiziere den Betroffenen in den Verhören immer nur bestimmte Informationen weiter, die ihre Angst erhöhen sollten, wie zum Beispiel, dass andere Gruppenmitglieder verhaftet worden seien und diese über sie ausgesagt hätten. In derselben Absicht kamen die Vernehmer oft auf die Lage der Familien der Inhaftierten und die Kinder zu sprechen und legten ihnen Briefe und Fotos von den Frauen und den Kindern auf den Tisch, um ihnen ihre verzweifelte Situation vor Augen zu führen.«

Die Vernehmungsoffiziere lassen sich bei Petra Falkenberg immer neue Schikanen einfallen. Sie drohen mit der Verhaftung ihrer Mutter und so indirekt damit, Tochter Lina ins Kinderheim zu stecken. Petra wird von ihrer Familie völlig isoliert und darf keinen Anwalt sprechen. Auch zu ihren inhaftierten Freunden, die in derselben U-Haftanstalt sitzen, hat sie keinerlei Kontakt. Mal werden ihr fünf Jahre Haft angedroht, mal sieben. »Wenn Sie wieder rauskommen, wird Ihre Tochter Sie gar nicht mehr erkennen«, drohen die Vernehmer. Nach vier Wochen machen sie ihr das Angebot: Haft oder Ausreise.

Petra Falkenberg erinnert sich: »Der Westen war für mich fernes Ausland, mein Deutschland war in Jena, trotz der ganzen Schikanen. Aber als ich mir vorstellte, fünf Jahre im Gefängnis zu sein, hatte ich Angst, meine Tochter würde mich vielleicht gar nicht mehr erkennen, wenn ich wieder rauskomme. Ihretwegen habe ich den Ausreiseantrag dann schweren Herzens unterschrieben.«

Roland Jahn erfährt über Umwege und mit Verspätung von Petras Verhaftung. Da sitzt er bereits im Gefängnis in Cottbus, wohin sie ihn am Tag nach der Urteilsverkündung zur Haftverbüßung gebracht haben. Es sind düstere Wochen für ihn im Januar und Februar 1983. Doch dann wendet sich überraschend das Blatt. Am

Die Einfahrt zur Stasi-Untersuchungshaftanstalt Gera

15. Februar wird er von Cottbus in die Geraer U-Haftanstalt zurücktransportiert, in der noch immer Petra Falkenberg und die anderen jungen Jenaer inhaftiert sind. Er ahnt, dass etwas Besonderes bevorsteht. Nachts, in der Zelle, gibt er Klopfzeichen, morst seinen Namen über das Heizungsrohr in die Nachbarzellen. »H-I-E-R I-S-T G-A-G«, »Gag«, sein Spitzname. Und er kann es kaum glauben, als jemand antwortet: P-E-T-R-A. In dem Buch von Jürgen Fuchs, das sie beide gelesen haben, steht die Gebrauchsanleitung für dieses »Knastalphabet«. Für »A« einmal klopfen, für »B« zweimal, und so weiter. Dann morst er K-L-O und hofft, dass sie ihn versteht. Auch die Anleitung für das »Knasttelefon« ist im Buch von Fuchs erklärt: Mit dem Lappen das Wasser aus der Toilette winden und sich dann über das Abwasserrohr unterhalten. Das ist natürlich etwas eklig, denn um etwas zu verstehen, muss man den Kopf hineinstecken. Aber das zählt nicht. Nach fast sechs Monaten können die beiden zum ersten Mal wieder miteinander reden, tief in der Nacht, von Zelle zu Zelle, von Kloschüssel zu Kloschüssel. Petra Falkenberg erinnert sich: »Wir redeten ganz schnell, aus Angst, dass die Wachen uns erwischen. Ich sagte ihm, dass ich einen Ausreiseantrag gestellt

habe, dass sie mir eine lange Haft angedroht hätten. Er meinte, wir sollten ruhig bleiben, wir kämen bald alle miteinander raus. Für mich war das kaum zu glauben.« Schließlich stürmt ein Bewacher in Jahns Zelle, drückt die Toilettenspülung und Petra hört es eine Etage tiefer nur noch dunkel rauschen.

Wenige Tage später werden sie zusammen mit den anderen Inhaftierten von einer Stunde auf die andere tatsächlich entlassen und sind plötzlich frei. Die offizielle Begründung: Zwar hätten alle Verhafteten Gefängnisstrafen verdient, doch sei die Gesellschaft der DDR inzwischen so weit entwickelt, dass es einer Vollstreckung der Strafen nicht mehr bedürfe. In Wahrheit wird der DDR-Führung der politische Preis für die Inhaftierung der Jenaer Oppositionellen inzwischen zu hoch. Mehrere Gruppen von Amnesty International in der Bundesrepublik, in Frankreich, Schweden und sogar Neuseeland haben sich des Schicksals der Eingesperrten angenommen und Protestaktionen organisiert. Sie schicken sogar Hilfspakete.

Aber mehr noch als Amnesty International hassen die SED-Funktionäre schlechte Presse im Westen, zumal man auf finanzielle Unterstützung von dort angewiesen ist und gerade im Hintergrund die Verhandlungen mit Franz Josef Strauß über einen Milliardenkredit laufen. Informiert von Jahns Freunden, vor allem Lutz Rathenow, hatte die West-Presse seit Jahns Verhaftung immer wieder über seinen Fall berichtet. Sowohl in der »Bild«-Zeitung als auch im »Stern« und im »Spiegel« war darüber zu lesen. Die »Morgenpost« hatte außerdem gemeldet, Jahn befinde sich in der Haft im Hungerstreik, was so gar nicht stimmte. In der »Süddeutschen Zeitung« erschien unter dem Titel »Eine Radtour, die ins Gefängnis führte« ein großer Bericht von DDR-Korrespondent Helmut Lölhöffel über Jahns Schicksal. Besonders weh tat den SED-Oberen eine Sendung im Politmagazin »Report« in der ARD, die im Februar 1983 detailliert und unter Nennung aller Namen der Inhaftierten die Vorgänge in Jena deutschlandweit publik macht. West-Zeitungen konnte man in der DDR nicht lesen, aber das Fernsehen war nahezu überall zu empfangen. Teile der westdeutschen Friedensbewegung, allen voran die Grünen-Mitgründerin Petra Kelly, setzten sich vom Westen aus ebenfalls medienwirksam für Jahn und die anderen verhafteten Jenaer ein. Das alles passte der SED-Führung überhaupt nicht.

Die Schwäche des Staates und die neue Kraft der Opposition

Im Januar 1983 hatte Erich Honecker gemeinsam mit allen Staatschefs des Warschauer Pakts dem Westen »Abrüstung und Gewaltverzicht« angeboten. Im Februar legt er noch einmal nach, indem er Bundeskanzler Helmut Kohl eine »atomwaffenfreie Zone« in ganz Mitteleuropa vorschlägt, was den Abzug aller amerikanischen und sowjetischen Atomraketen bedeuten würde. Der Ostblock versucht, aus der Hochrüstung auszusteigen, die Mittel werden an anderer Stelle gebraucht. Zum einen ist der technologische Rückstand der DDR-Wirtschaft zunehmend größer geworden, zugleich gibt es in der DDR-Industrie einen stetig wachsenden Reparaturstau, in manchen Kombinaten ist bereits ein Fünftel der Belegschaft mit Reparaturarbeiten beschäftigt. Ein besonders schwerer Schlag ist, dass die Sowjetunion 1981 der DDR und den anderen »Bruderländern« die vergünstigten Erdöl-Lieferungen kürzt. Die DDR hatte bislang mehr Öl geliefert bekommen, als sie für den Eigenbedarf benötigte, und sich mit der Weiterverarbeitung zu Benzin und dessen West-Export wertvolle Devisen hinzuverdient. Damit ist nun Schluss. Vergeblich protestiert Honecker bei Sowjetführer Leonid Breschnew und fragt ihn, »ob es zwei Millionen Tonnen Erdöl wert sind, die DDR zu destabilisieren und das Vertrauen unserer Menschen in die Partei- und Staatsführung zu erschüttern«. Doch Breschnew, selbst wirtschaftlich mit dem Rücken zur Wand, bleibt hart. Um dringend benötigte D-Mark zu erwirtschaften, die die DDR für technische Anlagen und den Import von Lebensmitteln braucht, ist die SED-Führung zunehmend auf Hilfe aus dem Westen angewiesen. Der reguläre Außenhandel, etwa der Export von Werkzeug- oder Druckmaschinen, reicht nicht mehr. Schon lange lebt die angeblich »zehntgrößte Volkswirtschaft der Welt« auch davon, dass die Beschäftigten in der Textil-, Holz-, Porzellan- oder Fleischindustrie Produkte für den Westen herstellen. Im Osten sind vor allem jene Waren erhältlich, die im Westen schlecht abzusetzen sind.

Weil die Planwirtschaft immer schlechter läuft und sich die wirtschaftliche Schere zum Westen zunehmend öffnet, schreckt die SED-Führung auch vor illegalen Geschäften nicht zurück. Der Devisenbeschaffungsapparat des DDR-Staatssekretärs Alexander Schalck-Golodkowski, die Abteilung »Kommerzielle Koordinierung« (KoKo), entwickelt allerlei dubiose und zum Teil kriminelle Handelsgeschäfte mit Antiquitäten, militärischem Gerät, Spenderblut, Schmuggelzigaretten oder Embargotechnik. Auf der Kanareninsel Fuerteventura betreibt die DDR sogar ein Feriendorf für West-Touristen, hinzu kommen Firmen in der Bundesrepublik und der Schweiz, die dort als kapitalistische Unternehmen Devisen für den klammen Sozialismus erwirtschaften.

Wie ökonomisch wackelig das Regime in Ost-Berlin ist, gegen das die jungen Jenaer angehen, ahnen sie nicht, als sie 1983 in der ersten Frühjahrssonne unerwartet vor dem Geraer Gefängnis stehen und wieder das Licht der Freiheit erblicken. Sie sind überrascht, welche Wirkung insbesondere die Berichte in den West-Medien und die Proteste von Amnesty International in ihrem Fall hatten. Welchen wirtschaftlichen Hintergrund die ganze Angelegenheit hat und unter welchen finanziellen Zwängen und unter welchem Anerkennungsdruck das SED-Regime inzwischen steht, das begreifen sie erst Jahre später. Roland Jahn erinnert sich in einem Gespräch mit dem Jenaer Historiker Udo Scheer: »Wir hatten gewonnen. Wir hatten einen Staat in die Knie gezwungen. Ich habe noch nie einen so großen Freiraum in der DDR verspürt wie in diesen Wochen. Wir haben uns gesagt, wir waren in den letzten Wochen in der ARD zu sehen, wir sind bekannt, wir haben die Chance, wir nehmen uns das Recht auf Demonstrationsfreiheit.« Mit seiner überraschenden Entlassung ist Jahn nun erneut entschlossen, die DDR auf keinen Fall zu verlassen, sondern dazubleiben und sich weiter gegen die SED-Diktatur zu engagieren.

Unmittelbar nach ihrer Entlassung, im März 1983, gründen sie die »Friedensgemeinschaft Jena« und verfassen ein Gründungsmanifest, platzsparend und im Stakkato getippt auf einer DIN-A4-Seite. Es lautet:

»Wer sind wir: Solidargemeinschaft bestehend aus Christen, Atheisten, konfessionell Ungebundenen, keine politische Organisation, ohne Leitung, ohne eingeschriebene Mitglieder.

Roland Jahn wenige Tage nach seiner Haftentlassung,
Ende Februar 1983

Warum haben wir uns zusammengefunden: Angst vor Krieg, Terror, Ungerechtigkeit, Einsamkeit, Isolierung; gemeinsames Gefühl der Ohnmacht, des Entmündigtseins, der Bedrohung.«

Schon seit geraumer Zeit diskutieren sie, mit der Gründung einer Friedensgemeinschaft auch formal Abstand von der Evangelischen Kirche, der Jungen Gemeinde und deren »Offener Arbeit« zu suchen. Grund dafür ist, dass sich die jungen Oppositionellen von der Kirche und insbesondere von vielen Kirchenfunktionären, die offenbar ihr gutes Verhältnis zu den SED-Autoritäten gefährdet sehen, nicht unterstützt, sondern eher gegängelt fühlen. Die Thüringer Kirchenleitung will auf Kirchengelände, ob nach Gottesdiensten oder auch im Haus der Jungen Gemeinde, keine friedens- oder andere politischen Aktivitäten mehr dulden. Sie unterstützt keine Demonstrationen, keine Schweigeminuten und keine öffentlichen Veranstaltungen, die das dominierende Thema dieser Zeit, die geplante Aufstellung sowjetischer Atomraketen vom Typ SS-20 in der DDR und der amerikanischen Pershing-II-Atomraketen in der Bundesrepublik, zum Inhalt haben. Die Kirchenleitung zieht sich auf die These zurück: »Kirche ist für alle da, aber nicht für alles.«

Was in Jena damals keiner weiß, aber mancher schon ahnt: Viele der Kirchenfunktionäre sind als Inoffizielle Mitarbeiter für die Staatssicherheit tätig. In allen Ebenen der Kirchenhierarchie sitzen Spitzel, darunter auch ein Vikar und ein Jugendpfarrer, die in der Jungen Gemeinde aktiv sind. Der inhaltliche Spielraum ist eng, und je mehr die Junge Gemeinde ins Visier der Staatssicherheit rückt, umso enger wird er. Was in Jena inzwischen unmöglich ist, geht anderswo noch: In Leipzig startet fast zeitgleich der regimekritische Pfarrer Christoph Wonneberger jeden Montagnachmittag die »Friedensgebete«. Widerwillig duldet die dortige Kirchenführung diese, später entwickeln sich daraus die berühmten Montagsdemonstrationen, die zum Fall des Regimes wesentlich beitragen.

Aus Protest und auch aus dem Gefühl heraus, dass aus dem vermeintlichen Schutzraum der Kirche in Jena eher ein Kontrollraum geworden ist, ziehen sich immer mehr junge Leute aus der Jungen Gemeinde zurück und treffen sich in wechselnden Privatwohnungen, wo sie diskutieren und tun können, was sie wollen. In den »Jenaer Friedensforderungen« formulieren sie einige ihrer gemeinsamen Ziele schriftlich: »Wir sind keine Feinde speziell eines Landes und schon gar nicht die unseres Landes. Doch wir wollen in diesem Lande sprechen und handeln und glauben, dass dies, gerade wenn es um den Frieden geht, nicht ausreichend getan wird. Solange dieser Staat seine gesamte militärische Potenz nur aufbessert, dient auch er nicht der Entspannung der Weltlage.« Einig sind sie sich auch in der Forderung nach einem Abzug aller »Besatzertruppen aus Osteuropa und beiden deutschen Staaten« und einer Öffnung der »Grenzen nach Westeuropa«.

Mit ihren Schweigedemonstrationen haben sie Ende 1982 die ersten Schritte aus den Räumen der Kirche hinaus getan, in der DDR der frühen 80er Jahre sind es die ersten Demonstrationsversuche im öffentlichen Raum. Jetzt, Anfang 1983, nur kurze Zeit nach ihrer Entlassung aus dem Gefängnis, wollen sie mehr.

Die erste öffentliche Demonstration in den Achtzigern

Am 18. März 1983, zum 38. Jahrestag der Bombardierung Jenas durch britische und amerikanische Kampfflugzeuge, wollen die Jenaer Oppositionellen mit einer Schweigeminute auf dem Marktplatz an die Schrecken der Bombennächte erinnern. 800 Jenaer Bürger hatten damals ihr Leben verloren, weite Teile des Stadtzentrums sind vernichtet worden. Im Gegensatz zur gefeierten und mit zahllosen Denkmälern und Mahnmalen verehrten »Befreiung durch die ruhmreiche Sowjetarmee« firmieren die Militäraktionen der westlichen Verbündeten der Anti-Hitler-Koalition in der SED-Propaganda nur als »angloamerikanischer Bombenterror«. Dies erklärt sich daraus, dass die USA und Großbritannien nicht nur Erzfeinde des Nazireichs waren, sondern inzwischen auch »Feinde« der DDR sind.

Der Jenaer Friedensgemeinschaft um Roland Jahn geht es nicht um eine Ehrenrettung für die alliierten Streitkräfte, sondern es geht ihnen um das Gedenken an die Opfer und um eine Mahnung für den Frieden in der Gegenwart, den sie durch den Kalten Krieg und die Raketenhochrüstung in Ost und West bedroht sehen. Und natürlich ist ihr geplanter Gedenkumzug, unabhängig vom Friedensthema, auch ein erneuter Versuch, für Meinungs- und Versammlungsfreiheit einzutreten. Anders als zu Weihnachten 1982 beantragen diesmal zwei junge Oppositionelle für die neuerliche Protestaktion zur Vorsicht eine Genehmigung. Die Behörden lehnen strikt ab. Nur wenige Tage später ruft die »Nationale Front«, ein formales Bündnis der DDR-Staatsparteien, dann selbst überraschend und erstmals seit Jahren wieder zu einer Gedenkkundgebung für die Bombenopfer auf, ebenfalls für den 18. März. Damit soll der Termin, es ist ein Freitag, mit einer staatlichen Demonstration besetzt werden. Schließlich versammeln sich am 18. März, mobilisiert von der SED, den Blockparteien und den Massenorganisationen, rund 1000 Angehörige der großen Betriebe Jenas. Sie kommen aus dem Carl Zeiss Kombinat, von Schott und Jenapharm und der Universität. Auch

NVA-Offiziere in Uniform sind darunter. Die Kundgebung auf dem Jenaer Marktplatz beginnt, als sich plötzlich aus der Hofdurchfahrt des Hauses der Jungen Gemeinde kommend ein kleiner Demonstrationszug auf die Menge zubewegt. »Verzichtet auf Gewalt« steht auf dem Transparent, das Roland Jahn vorneweg trägt, andere in der rund dreißigköpfigen Schar fordern auf Plakaten: »Entrüstet Euch«, »Militarismus raus aus unserem Leben« oder »Weg mit dem Kriegsspielzeug«. Einer der Protestmarschierer, der Künstler Frank Rub, erinnert sich: »Viele Leute auf dem Markt waren sehr verdutzt, als sie uns bemerkten. Es war auch zu sehen, dass wir nicht für die Meinung der Partei, sondern für unsere eigene Meinung demonstrierten. Manche haben hämisch gelacht und uns als Asoziale beschimpft.« Weit kommt das Häuflein Aufmüpfiger nicht. Nach kaum 100 Metern werden sie von Sicherheitskräften in Zivil umringt, man entreißt ihnen die Plakate, zerfetzt sie und schlägt auf die Demonstranten ein, auch auf Roland Jahn. Ein Stasi-Mann haut ihm sein Protestschild mit dem Slogan »Verzichtet auf Gewalt« auf den Kopf. Es zerbricht. Scheinbar geschlagen ziehen die Protestierer ab. Es ist die erste offene Demonstration von DDR-Oppositionellen der 80er Jahre, bei der sich junge Leute mit Transparenten aus den geschützten Räumen der Kirche hinaus in die Öffentlichkeit wagen, sechs Jahre, bevor die Leipziger Montagsdemonstranten einen ganz ähnlichen und am Ende erfolgreichen Schritt über die Schwelle der Leipziger Nikolaikirche nach draußen auf die Straße gehen. Jahn und seine Freunde haben zwei Fotografen gebeten, die Demonstration und deren gewaltsame Auflösung zu dokumentieren und die Bilder an den anwesenden Geheimpolizisten vorbeizuschmuggeln. Nach Ost-Berlin gebracht, gelangen die Fotos über die Pressekontakte von Lutz Rathenow zu akkreditierten Journalisten, die sie nach West-Berlin zu den dortigen Medien bringen. Die Fotos schlagen hohe Wellen. Rathenow, der wie Jahn unmittelbar nach der Biermann-Ausbürgerung seinen Studienplatz an der Jenaer Universität verloren hatte, lebt bereits seit 1977 in Ost-Berlin. Dieser Wohnort hat einige Vorteile in Sachen Kommunikation. In einem Gespräch mit dem Historiker Ilko-Sascha Kowalczuk erinnert sich Jahn: »Wir hatten von Jena aus nur die Möglichkeit, angemeldete Telefonate in den Westen zu führen und dann fast immer mit ein paar Stunden Wartezeit auf dem Postamt. Die Situation in Ost-

Berlin war demgegenüber eine ganz andere, weil man von hier aus direkt nach West-Berlin durchwählen, so auch am Automaten telefonieren konnte. Vom Automaten aus war es für die Stasi nicht so einfach zu erfahren, wer die Nachricht übermittelte (...). Rathenow unterhielt zudem ausgiebige Kontakte zu den in der DDR akkreditierten Journalisten. Auch hatte er viele Kontakte zu Diplomaten der Botschaften in Ost-Berlin. Sie alle konnten die Grenze unkontrolliert passieren und schmuggelten des Öfteren unsere schriftlichen Nachrichten oder auch wichtige Fotos.« Die 1977 ausgebürgerten Jenaer Oppositionellen Jürgen Fuchs und Thomas Auerbach sind in West-Berlin ebenfalls in dieser Mission tätig. Jahn: »Mit unseren sich verstärkenden politischen Aktionen auch auf Jenas Straßen haben wir Anfang der 80er Jahre diese Kontakt- und Informationsmöglichkeiten immer systematischer und bewusster genutzt, wir wussten diese Klaviatur zu spielen.«

Ein paar Tage nach dem 18. März steht die Nachricht über die Jenaer Demonstration nicht nur in den West-Zeitungen, sondern darüber berichtet auch die »Tagesschau« der ARD, die in den Wohnzimmern von Millionen DDR-Bürgern gesehen wird. Für Roland Jahn hat sich das Risiko gelohnt. Besonders mutig kommt er sich nicht vor, obwohl die sechs Monate Stasi-Knast erst seit Kurzem vorbei sind. »Da war dieses Gefühl, die können uns nicht einsperren, wir waren ja schon eingesperrt. Die können uns nur zusammenschlagen. Dabei waren wir durchaus taktisch mit den Plakaten: Keine Gewalt! Schwerter zu Pflugscharen! – das waren alles Friedensparolen, keine Angriffe auf den Staat«, erinnert er sich in einem Interview mit dem Historiker Udo Scheer.

Den Ausreiseantrag, den sie ihm in der Haft abgepresst haben, hat er inzwischen widerrufen, er will bleiben und etwas für Veränderungen in der DDR tun. Kaum ist die Beule am Kopf, die ihm vom Schlag mit dem Schild »Verzichtet auf Gewalt« geblieben ist, abgeschwollen, schmieden er und die Friedensgemeinschaft wieder neue Pläne. In Ost-Berlin nimmt er Anfang Mai an einem von Gerd und Ulrike Poppe eingefädelten Treffen mit Mitgliedern der westdeutschen Friedensbewegung teil. Um Zeichen für den Frieden zu setzen, planen sie den grenzüberschreitenden Abschluss »persönlicher Friedensverträge« zwischen Ostlern und Westlern. Beeindruckt sind sie von einer Aktion der westdeutschen Grünen-Politiker Petra

Protestaktion gegen die Aufrüstung in Ost und West, 19. Mai 1983 in Jena

Kelly und Gert Bastian. Am 12. Mai demonstrieren diese auf dem Berliner Alexanderplatz, mitten in der DDR-Hauptstadt, für Abrüstung und zeigen dabei ein Transparent mit dem Symbol der DDR-Friedensbewegung: »Schwerter zu Pflugscharen«. Die prominenten Grünen werden kurzerhand festgenommen und nach West-Berlin abgeschoben.

Gemeinsam mit anderen von der Kirche unabhängigen Oppositionsgruppen, wie der Friedensgemeinschaft Jena, plant Jahn für den Sommer 1983 ein DDR-weites Treffen, das die Kommunikation zwischen den Gruppen verbessern soll, und gestaltet eine Wanderausstellung mit Fotos und Dokumenten über die Friedensgemeinschaft, die in der DDR die Runde macht. Aufgrund seiner Inhaftierung und nicht zuletzt auch wegen der vielen westlichen Presseveröffentlichungen hat er bei vielen DDR-Oppositionellen inzwischen hohe Bekanntheit.

Ein Netzwerk entsteht. Das alles gefällt der Staatssicherheit überhaupt nicht, sie tüftelt an einer finalen Lösung. Rüdiger Rosenthal, der ahnt, dass Jahn weiter in großer Gefahr schwebt, lädt ihn, seine Freundin Petra und Tochter Lina in sein kleines Haus bei Röbel in Mecklenburg ein. Schon bei der Fahrt auf der Autobahn von Berlin Richtung Rostock wird die Bedrohung sichtbar. Mehrere Stasi-Fahrzeuge verfolgen das Auto. An einer Tankstelle hinter Neuruppin stoppen sie und fordern die Verfolger auf, sie in Ruhe zu lassen und umzukehren. Dann setzt sich die Wagenkolonne wieder nach Norden in Bewegung, die Staatssicherheit lässt Jahn nicht aus den Augen. An einem Rastplatz gelingt ihnen quer über ein Feld und durch den angrenzenden Wald zunächst die Flucht. Da aber die Staatssicherheit einen kleinen Funksender in das Auto einbauen ließ, wird die Gruppe wenig später wieder geortet.

Das Landhaus bei Röbel, wo sie schließlich ankommen, steht die nächsten Tage und Nächte unter Beobachtung. Nachdem Jahn bei einer Friedenswerkstatt im mecklenburgischen Kessin von den Aktivitäten der Jenaer berichtet hat, fährt er mit Petra und Lina zurück nach Berlin. Dort erreicht sie am 18. Mai 1983 die Nachricht, dass Petra und die gemeinsame Tochter die DDR innerhalb von drei Tagen verlassen müssen.

Petra Falkenberg ist geschockt. Sie erinnert sich: »Die Sache mit dem Ausreiseantrag, den ich in der Haft unterschrieben habe, hatte ich völlig verdrängt, ich dachte, dass sich das erledigt hätte, nachdem sie uns im Februar so plötzlich wieder freigelassen hatten. Ich wollte nicht weg. Mit meiner Heimat, in der ich lebte, hatte der Westen doch überhaupt nichts zu tun. Aber ich musste auch an meine Tochter denken. Die Stasi-Vernehmer hatten mir gedroht, dass die Akten noch offen seien und sie mich jederzeit wieder in den Knast stecken könnten. So fuhren wir zurück nach Jena und ich begann, meine Sachen zu packen. Neben einem Koffer durfte ich auch noch zwei Kisten packen, die sie mir nachschicken wollten. Roland besorgte aus dem Kistenlager bei Carl Zeiss zwei hölzerne Transportkisten, die wir vor allem mit Spielzeug von Lina und mit Hausrat füllten.«

Am 21. Mai 1983 fährt Petra Falkenberg mit Tochter Lina nach Berlin. Ihr Bruder, ihre Mutter und Roland Jahn begleiten sie, auch die kleine Nichte Simone ist mit dabei. Bis Mitternacht muss sie die DDR verlassen haben. Vor der Absperrung am Bahnhof Friedrichstraße, am »Tränenpalast«, verabschieden sie sich.

Für Roland Jahn, der beschlossen hat, unter allen Umständen in der DDR zu bleiben, ist es eine schwere Entscheidung, zwischen einem Leben mit seiner Tochter und einem Leben als Bürgerrechtler in der DDR. Roland Jahn erinnert sich: »Meine Tochter war vier Jahre alt. Ich wusste nicht, wann ich sie wiedersehe. Wenn ich nicht nach drüben kann und die Staatssicherheit sie nicht mehr einreisen lässt, dann ist das hier ein Abschied für sehr lange Zeit, das war mir klar. Auch Treffen mit Westlern in Tschechien wurden ja immer schwieriger, sie hatten mir schon einmal die Reise dahin verweigert. 20 Jahre später fragte mich meine Tochter Lina: ›Sag mal, dass du damals nicht mitgekommen bist, das war doch eigentlich eine Entscheidung gegen mich, oder?‹ Da rollten mir nur noch die Tränen. Da meint einer, er muss die Welt retten, aber ist nicht für seine Tochter da.« Die Wunden der Vergangenheit heilen nur schwer.

Versteckt im Gepäck, bringt Petra Falkenberg an diesem Tag noch einige brisante Fotos in den Westen, die zwei Tage zuvor in Jena gemacht wurden. Am 19. Mai hält die Freie Deutsche Jugend (FDJ), der staatliche Jugendverband, ein »Pfingsttreffen« in Jena ab. Wieder ziehen zwei Dutzend Oppositionelle der Friedensgemeinschaft, darunter Roland Jahn, vom Haus der Jungen Gemeinde mit eigenen Transparenten los, um sich unter die staatlichen Demonstranten zu mischen. Natürlich nicht mit den verordneten Parolen und auch nicht in den Blauhemden der FDJ. Unter anderem steht »Schwerter zu Pflugscharen« auf ihren Transparenten. Es ist ein Zitat aus der Bibel, das sich die unabhängige Friedensbewegung in der DDR zum Motto und Erkennungszeichen gewählt hat. Im Alten Testament, beim Propheten Micha, heißt es: »Sie werden ihre Schwerter zu Pflugscharen und ihre Spieße zu Sicheln machen. Kein Volk wird gegen das andere das Schwert erheben, und sie werden fortan nicht mehr lernen, Krieg zu führen. Ein jeder wird unter seinem Weinstock und Feigenbaum wohnen, und niemand wird sie schrecken.« Fromme Wünsche in einer Welt, in der sich West und Ost waffenstarrend gegenüberstehen und sich gegenseitig als

»Kriegstreiber« und »Imperialisten« beargwöhnen. Als »Evil Empire« (»Reich des Bösen«) bezeichnet US-Präsident Ronald Reagan Anfang März 1983 in einer Rede vor evangelikalen Christen in Florida die Sowjetunion. Dies führt einmal mehr zu einer diplomatischen Eiszeit zwischen den Supermächten. Beide verfügen über Waffenpotenziale, die jedes für sich mehrfach ausreichen würden, alles menschliche Leben auf der Erde zu vernichten. Die jungen Leute der Jenaer Friedensgemeinschaft, die in dieser Situation mit dem Slogan »Schwerter zu Pflugscharen« die sofortige Abrüstung beider Seiten fordern, sind für viele »Betonköpfe« in der SED nicht nur Provokateure, sondern sie sehen in ihnen feindliche Agenten, die angeblich nichts anderes im Sinn haben, als die Wehrkraft der »friedliebenden Sowjetunion« und ihrer Verbündeten zu schwächen. Ähnlich denken viele westliche Politiker über die westliche Friedensbewegung. Es gibt nur einen Unterschied: Die Friedensaktivisten im Westen können frei und in großer Zahl ihre Meinung in den Medien und in der Öffentlichkeit vertreten und zu Demonstrationen aufrufen.

Beim Pfingsttreffen in Jena sind die FDJ-Funktionäre zunächst ziemlich verdutzt, als die kleine Gruppe von Friedensaktivisten mitten durch die Reihen der Blauhemden zieht. Einer der Funktionäre, gerade auf dem Podium am Rednerpult, ruft ins Mikrofon: »Wenn ihr diskutieren wollt, dann kommt her!« Das lässt sich Roland Jahn nicht zweimal sagen, er drängelt sich durch die Menge und schafft es tatsächlich, vor Tausenden FDJ-Mitgliedern über das Mikrofon, das man ihm reicht, eine kurze Rede zu halten. Er hat nichts vorbereitet und sagt einfach nur, was ihm als Erstes in den Sinn kommt: »Schwerter zu Pflugscharen, das Gebot der Stunde für alle Völker, das hat Radio Moskau am 15. Mai um 21.00 Uhr gefordert, und wir schließen uns dem Vorschlag von Erich Honecker auf Gewaltverzicht an. Wir lassen uns nicht verbieten, eigene Gedanken zum Frieden zu äußern.« Es sind taktisch gut austarierte Worte. Moskau hat schließlich zu dieser Zeit in den Augen der Funktionäre sowieso immer recht, und SED-Generalsekretär Honecker kann ebenfalls nicht irren. Jahn wird das Mikrofon trotzdem schnell aus der Hand gerissen, und er wird mit seinem Plakat vom Podium gedrängt. In der Menge raunen junge FDJler, augenscheinlich sympathisieren einige mit den unabhängigen Friedensgruppen. Diesmal kassiert Roland Jahn keine Schläge in Jena. Die erhält er drei Tage später, als er im 200 Kilometer entfernten Potsdam beim dortigen Pfingsttreffen der FDJ dieselbe Aktion noch einmal versucht, wieder mit dem »Schwerter zu Pflugscharen«-Plakat. Dort wird er zusammengeschlagen, abgeführt und sitzt 18 Stunden in Haft. Als er zurück nach Jena kommt, sind die meisten seiner Freunde weg. Mit Verweis auf von ihnen in der Haft gestellte Ausreiseanträge zwingen die DDR-Behörden, genau wie Petra Falkenberg, fast 50 weitere Mitstreiter der Friedensgemeinschaft binnen weniger Stunden per »Ausreise« in den Westen. Es wird eng, das spürt auch Jahn jetzt. Er ahnt, dass er nur ein »DDR-Bürger auf Abruf« ist. Doch noch immer hat er die Hoffnung, dass es so etwas geben könnte wie Respekt vor geltendem Recht. Staatssicherheitschef Erich Mielke, der in diesen Tagen die Abschiebung Roland Jahns anordnet, weiß es besser.

Im verriegelten Eisenbahnabteil von Ost nach West

Es ist der 7. Juni, ein Dienstag, ein wunderschöner Sommertag in Jena. Jahn ahnt nichts von der Falle, die ihm auf Mielkes Befehl hin gestellt wird, um ihn möglichst ohne großes Aufsehen in den Westen zu expedieren. Mit Freundinnen bummelt er durch die Innenstadt, sie gehen Eis essen und genießen die Sonne. Er hält auf dem Markt noch Ausschau nach der jungen blonden Frau, die ihm vor ein paar Tagen hier zum ersten Mal aufgefallen ist, einen blauen Kinderwagen schiebt sie öfter vor sich her, und sie arbeitet in dem privaten Damenmodeladen Känel, ihren Namen kennt er nicht, schon lange will er sie ansprechen. Aber an diesem Nachmittag ist sie nicht da. Macht nichts, denkt er noch, morgen ergibt sich vielleicht eine Gelegenheit. Doch für ihn wird es für lange Zeit in Jena kein morgen mehr geben. Abends um Viertel vor sechs hat Jahn noch einen Termin. Er hat beantragt, in die Wohnung eines Bekannten ziehen zu dürfen, der vor Kurzem die DDR Richtung West-Berlin verlassen hat. Der Stadtrat für Wohnungsfragen hat Jahn in sein Büro bestellt, und dieser ahnt nicht, dass die Staatssicherheit einen völlig anderen Umzug mit ihm vorhat. Vom Büro für Wohnungsfragen wird er gleich weitergeschickt, es sei noch etwas zu klären in der Abteilung Inneres. Das ist jene Stelle, bei der Ausreiseanträge bearbeitet werden. Die meisten ausreisewilligen DDR-Bürger warten oft jahrelang oder sogar vergeblich, den von ihnen ungeliebten Staat endlich verlassen zu dürfen. Jahn wird vom Sachbearbeiter für Ausreiseangelegenheiten schon erwartet, und er kann nicht fassen, was er hören muss: »Hier ist Ihre Urkunde zur Entlassung aus der Staatsbürgerschaft der DDR, nehmen Sie die bitte entgegen und unterschreiben Sie.«–»Das fällt aus«, antwortet er kurz, da packen ihn schon zwei weitere anwesende Männer, es sind Stasi-Leute. Sie verdrehen ihm die Arme und schleppen ihn in Richtung Hinterausgang. Dort wartet schon das Transportkommando. Zwei Autos der Stasi, ein Streifenwagen der Volkspolizei, dazu ein Wagen des Ministeriums des Innern aus Berlin. Sie fahren ihn zu seiner Wohnung in die Käthe-Kollwitz-Straße, er soll noch ein wenig Gepäck holen. Beim Aussteigen passen sie einen Moment nicht auf, Jahn flüchtet in das nahe Treppenhaus eines Mietshauses bis in die oberste Etage, vier Männer rennen hinterher. Oben wohnt eine Freundin, sie ist auch zu Hause, hört sein hektisches Klopfen, macht schnell die Tür auf, lässt ihn in die Wohnung und schließt die Tür. Die Verfolger stürmen die Treppe hoch. Für einen Moment scheint er ihnen entkommen. Er überlegt nun, was er machen soll. Sich ans Fenster stellen und damit drohen, sich hinabzustürzen? »Nein«, denkt er, »die lassen dich vielleicht einfach springen, dann bist du auch aus dem Verkehr gezogen.« Schließlich brechen sie die Wohnungstür auf, stürzen sich auf Jahn und legen ihm Knebelketten an. Das sind Eisenketten, mit denen die Handgelenke gequetscht werden, wenn man sich wehrt. Damit gefesselt, zerren sie ihn auf die Straße. Dort hat sich inzwischen ein Menschenauflauf gebildet, 20 oder 30 Leute, viele Kinder sind dabei, alle beobachten gebannt die Szene. »Denkt bloß nicht, ich hätte einen umgebracht«, ruft Jahn ihnen zu, »ich will nur nicht in den Westen.« Er wird in eines der Autos gestoßen, und der Konvoi setzt sich Richtung Südwesten in Bewegung. Die Fahrt geht über Kahla und Pößneck ins 70 Kilometer entfernte Probstzella, wo der Interzonenzug die Grenze nach Bayern überquert. Noch einmal sieht er an diesem sonnigen Abend die heimische Landschaft und die Ausläufer des Thüringer Waldes vorbeiziehen, und es kommt ihm reichlich unwirklich vor, was da mit ihm passiert. Er spricht einen der Stasi-Leute an und fragt: »Was würdest du denken, wenn das mit deinem Sohn gemacht wird, was du gerade mit mir machst?« Der Mann sagt nichts, zieht nur die Knebelkette enger, bis Jahn vor Schmerz aufschreit. Am späten Abend erreichen sie den Grenzbahnhof von Probstzella, der nächste Zug gen Westen fährt erst am nächsten Morgen. Bis dahin wird Jahn in einen kleinen Raum gesperrt.

Gegen drei Uhr fährt der Interzonenzug aus Berlin ein. Es sind überwiegend West-Deutsche und West-Berliner an Bord, auch einige DDR-Rentner, die reisen dürfen. Jahn wird zum Zug gebracht und in den letzten Waggon verfrachtet. Als der Zug anrollt, springen seine Häscher ab und sperren schnell noch die Abteiltür von außen zu. Durch das Zugfenster sieht Jahn sie kleiner und kleiner werden,

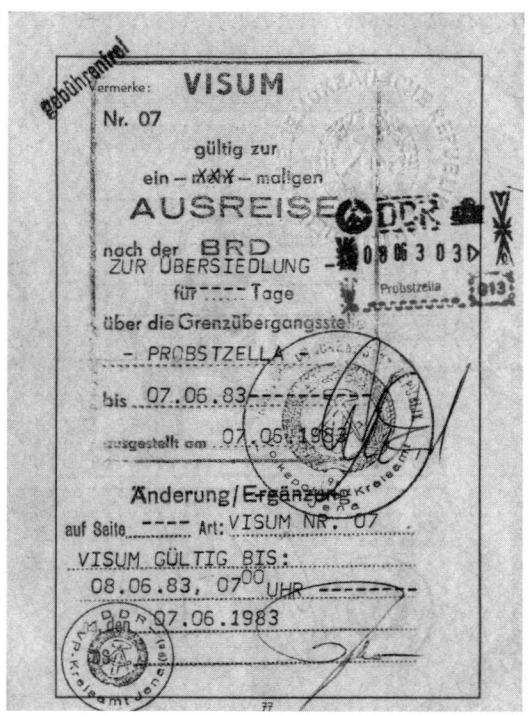

Ausreisevisum des Volkspolizei-Kreisamts Jena gegen
den Willen von Roland Jahn

auch der Bahnhof und seine Thüringer Heimat entfernen sich mehr
und mehr. Sieben Minuten später erreicht der Zug den bayerischen
Ort Ludwigsstadt. Und zwei westdeutsche Grenzbeamte bemerken
den jungen Mann, der im letzten Waggon mit den Fäusten von innen wild an die Glasscheibe hämmert ...

Roland Jahns unfreiwillige Reise am frühen Morgen des 8. Juni
1983 im verschlossenen Waggon von Deutschland Ost nach Deutsch-
land West ist der spektakulärste Fall von »Ausbürgerung« seit der
Biermann-Affäre vom November 1976. Entsprechend groß ist das
Aufsehen, das der Vorgang im Westen erregt. »Junger Deutscher
mit Gewalt aus seiner Heimat abgeschoben«, titelt die West-Berliner
»B.Z.« wenige Tage später. Im Hamburger Wochenmagazin »Der
Spiegel« darf Jahn, der für einen kurzen Moment Prominentenstatus

Die spektakuläre Ausbürgerung Jahns beschäftigt die West-Medien. »B.Z.« vom 9. Juni 1983

hat und sich inzwischen in West-Berlin aufhält, unter der Schlagzeile »Du bist wie Gift« die Geschichte seiner gewaltsamen Abschiebung und die seiner Freunde von der Jenaer Friedensgemeinschaft erzählen. Unter dem Codewort »Gegenschlag« hatte die Staatssicherheit ihr hartes Vorgehen gegen die jungen Oppositionellen in Jena organisiert – und kurzzeitig Ruhe hergestellt. Die Jenaer »Szene« ist vorübergehend neutralisiert.

Schon bald beherrschen neue Schlagzeilen die westdeutschen Gazetten. Kurz vor Jahns Abschiebung reiste Erich Honeckers Chef-Unterhändler und Devisenbeschaffer, der DDR-Staatssekretär und Geheimdienstmann Alexander Schalck-Golodkowski, im Mai 1983 zum ersten Mal in einer dunklen Limousine, es ist ein Dienstwagen der bayerischen Staatskanzlei, ohne jegliche Kontrollen über den Autobahngrenzübergang Hirschberg-Rudolphstein gen Westen. Sein Ziel ist das verschwiegene und stattliche Anwesen Gut Spöck bei Aschau am Chiemsee. Es gehört dem bayerischen Fleischgroßhändler Josef März, der seine Millionen unter anderem mit dem Import von Fleisch aus der DDR verdient und deswegen seine ganz speziellen Kontakte in den Osten hat. Bayerns Ministerpräsident Franz Josef Strauß kommt mit dem Hubschrauber aus München angeflogen und landet auf der Wiese neben der Villa. Der Besucher aus Ost-Berlin ist beeindruckt. Er übergibt Strauß einen Brief von SED-Chef Honecker, und die Unterhändler werden sich bald einig. Kurz darauf, im Juli 1983, wird der DDR überraschend ein milliardenschwerer D-Mark-Kredit der Bayerischen Landesbank gewährt, eingefädelt unter höchster Geheimhaltung von Schalck-Golodkowski und Strauß. Die Kredit-Milliarde reicht erst einmal, um im DDR-Etat die größten Löcher zu stopfen. Das in der Ost-Berliner Führung kurz zuvor angedachte, aber ideologisch umstrittene alternative »Züricher Modell« zur Einrichtung westlicher Sonderwirtschaftszonen auf dem Territorium der DDR verschwindet in der Schublade. Sein Schöpfer, das Politbüromitglied Herbert Häber, fällt in Ungnade, wird zwei Jahre später zum Rücktritt gezwungen. Fürs Erste hat die SED wieder genügend D-Mark auf ihren Konten. Die vom Westen geforderten Gegenleistungen scheinen für die DDR zunächst erträglich, und sie sind sogar geeignet, ihre angeschlagene Reputation wiederherzustellen: Die Minen und Selbstschussanlagen an der innerdeutschen Grenze sollen binnen eines Jahres abgebaut werden. Strauß fordert zudem, dass der »Kasernenhof-Ton« der DDR-Grenzer bei der Abfertigung von westdeutschen Reisenden aufhören soll und mehr Menschen im Rahmen von »Familienzusammenführungen« aus der DDR in den Westen übersiedeln dürfen. Die Minen und Selbstschussanlagen will das SED-Regime sowieso loswerden, weil sie für die Grenzer ebenso gefährlich sind wie für mögliche Flüchtlinge. Es hat bereits zahlreiche verletzte, verstümmelte und sogar tote Grenzsoldaten gegeben. Inzwischen sind auch ohne Sprengfallen und Schießautomaten die Sperreinrichtungen nach Westen so perfektioniert worden, dass man auf derlei mörderische Anlagen verzichten kann. Die zweite Forderung des bayerischen Ministerpräsidenten Strauß wird schlichtweg ignoriert, bis zuletzt sind insbesondere die Passkontrolleure an der DDR-Grenze, alles Angehörige einer Spezialeinheit der DDR-Staatssicherheit, für ihren rüden Kommando-Ton, die Schikanen und Einschüchterungen gegenüber den Reisenden und Ausreisenden berüchtigt, bei denen man, wie Franz Josef Strauß es in seinen »Erinnerungen« formuliert, schon als Tourist den Eindruck habe, man komme jetzt in einen »Zuchthausstaat«. Der dritte Punkt der Vereinbarungen wird wie versprochen umgesetzt. Ab 1983 erhalten DDR-Bürger leichter eine Erlaubnis, ihre Verwandten im Westen Deutschlands zu besuchen. Dürfen 1982 nur 40 000 DDR-Bürger anlässlich von Hochzeiten, runden Geburtstagen oder Beerdigungen zur West-Verwandtschaft fahren, sind es fünf Jahre später schon fast 600 000 Ostdeutsche, die in den Westen reisen. Auch viele, die nicht nur zu Besuch, sondern für immer ausreisen wollen, haben es etwas leichter. Ende 1983 erlaubt das SED-Regime, nunmehr ganz offiziell, »Anträge auf ständige Ausreise« zu stellen. Zur Abschreckung potenzieller Nachahmer werden Ausreisewillige trotzdem oft jahrelang hingehalten und schikaniert, bevor man sie endlich ziehen lässt.

Auch wenn die DDR Anfang der 80er Jahre mit Milliardenkrediten aus dem Westen zunächst stabilisiert wird, die wachsende Abhängigkeit der DDR von D-Mark-Spritzen der BRD nützt indirekt auch den Oppositionellen im Innern, denn es wird schwerer, sie für längere Zeit einzusperren.

Den Eltern Jahns in Jena bringt das keinen Schutz. Mitte 1983 wird an ihnen jene spezielle DDR-Variante der »Sippenhaft« vollstreckt, die man ihnen zuvor bereits angedroht hatte.

Seit einem Herzinfarkt 1982 ist der nunmehr 56-jährige Walter Jahn Frührentner. Beruflich kann man ihn nicht mehr unter Druck setzen, stattdessen wird er aus seinem geliebten Sportverein geworfen. Schon am Tag nach der gewaltsamen Abschiebung seines Sohnes Roland steht die Finanzchefin des Fußballclubs Carl Zeiss vor der Wohnungstür der Jahns und holt alle Sportunterlagen sowie die Buchhaltungsakten über den Souvenirverkauf des Sportclubs, den Walter Jahn nebenbei betreut, ab. Angewiesen hat die Aktion ein Mitglied des Vereinsvorstandes, Günter W., der unter dem Decknamen »Günter Eisler« als Inoffizieller Mitarbeiter für die Staatssicherheit tätig ist. Wenige Tage später berichtet der IM, dass er wegen der »Übersiedlung« von Roland Jahn nunmehr vorhabe, bei den bevorstehenden Vorstandswahlen die Kandidatur von Walter Jahn für den Vorstand des FC Carl Zeiss Jena zu verhindern. Trainer und Funktionäre des Vereins erhalten die Anweisung, keine Gespräche mehr mit Walter Jahn zu führen, wer trotzdem mit ihm rede, sei politisch untragbar und setze seine Zukunft aufs Spiel. Sogar die Ehrenmitgliedschaft und die Goldene Ehrennadel des Clubs werden Walter Jahn 1983 entzogen. »Ich musste erkennen, dass ich gegen alles, was mir angetan wurde, machtlos war. Es war eine reine Sippenverfolgung. Ich konnte mich nicht wehren, man wollte mich total vernichten«, schreibt Walter Jahn nach dem Ende der DDR über diese für ihn schwere Zeit. 13 Jahre müssen vergehen, dann wird ihn der Verein rehabilitieren, sich bei ihm entschuldigen und ihm seine Auszeichnungen und die Ehrenmitgliedschaft wieder zuerkennen. Viele, die sich an der Ausgrenzung Walter Jahns beteiligten oder einfach nur zusahen, finden nicht den Mut für eine Bitte um Entschuldigung. »Ich kenne keine Rache, aber vergessen kann ich nie«, schreibt Walter Jahn 1996.

Auch Jahns sechs Jahre älterer Bruder Jürgen wird ein Opfer der Sippenhaft. In seinem Betrieb, dem VEB Keramische Werke Hermsdorf, wo er als Bauingenieur arbeitet, fordern sie ihn auf, sich von seinem Bruder Roland zu distanzieren und alle Kontakte zu ihm abzubrechen. Als er sich weigert, stellen sie ihn unter Beobachtung, in der nahegelegenen Kleinstadt Hermsdorf, wo er lebt, wird er zunehmend ausgegrenzt und geschnitten. Am Ende stellt er entnervt einen Ausreiseantrag, der schnell genehmigt wird, er geht nach Westdeutschland und beginnt dort ein neues Leben.

Der schwierige Start im Westen

Dort, wo Roland Jahn jetzt ist, wollte er freiwillig nicht hin. »Ich kann mir nicht vorstellen, in diesem Land zu leben«, sagt er einem Fernsehreporter, der ihn in West-Berlin interviewt. Die Freunde aus Jena, die sich nach der Stasi-Operation »Gegenschlag« inzwischen fast alle in West-Berlin aufhalten, sind ein gewisser Trost und geben ersten Halt in der Fremde. Ein »Spiegel«-Fotograf porträtiert Jahn in seinen ersten Tagen beim Einkaufen in einem überfüllten Supermarkt, entlang der Sektorengrenze in West-Berlin schlendernd, und vor einer heruntergekommenen Berliner Kneipe. Jahn scheint entwurzelt, verloren und nicht zu wissen, was er anfangen soll.

Vorübergehend wohnt er bei dem inzwischen ebenfalls in den Westen ausgereisten Michael Blumhagen. Als Nächstes bezieht Jahn eine Wohnung in der Kreuzberger Mariannenstraße und schließlich eine eigene Mietwohnung in der Görlitzer Straße. Ein paar Häuser weiter wohnen auch Petra Falkenberg und Tochter Lina, von der er noch wenige Wochen zuvor dachte, er sähe sie vielleicht nie wieder. Nun sind sie wieder in der Nähe, auch wenn die jungen Eltern privat inzwischen getrennte Wege gehen.

Wie fast alle Ausgebürgerten tut sich auch Petra Falkenberg schwer mit dem neuen Anfang. Sie erinnert sich: »Das Einzige, was mir Halt gab, waren ein paar Freunde aus Jena, die schon vorher ausgereist waren. Ansonsten war mir alles so fremd. Die viele Reklame auf der Straße, diese völlig andere Welt, das war für mich wie Ausland. Ich wollte wieder nach Hause. Als Lina einmal nachts schon im Bett lag, bin ich raus auf die Straße, in irgendeine Kneipe und habe mich aus lauter Verzweiflung betrunken. Schön war nur das befreiende Gefühl, jetzt die Stasi los zu sein. Keine SED-Funktionäre, die einen schikanierten, keine Stasi-Razzia morgens um sechs, keine Spitzel, keine Abhörwanzen. Dachte ich zumindest. Dass die DDR-Staatssicherheit auch in West-Berlin unser Telefon abhörte, erfuhr ich erst aus meinen Stasi-Akten in den 90er Jahren. Da wurde mir richtig schwindlig. Damals ahnte ich davon nichts.« Einen vermeintlich »letzten« Gruß von der Stasi findet sie in den zwei Transportkisten, die ihr aus der DDR nachgeliefert werden. Die sind geöffnet und gefilzt worden. Einige persönliche Gegenstände, darunter ein Tagebuch, fehlen. Dafür ist ein ihr unbekannter Stuhl mit drin, den sie nicht hineingepackt hatte.

Schlimm ist der Trennungsschmerz von ihrer Heimat, aber vor allem von ihrer Familie, ihrer Mutter, ihrem Bruder, den Verwandten in Jena. Doch binnen einiger Jahre verändert sich Petra Falkenbergs Sicht auf die Dinge, und wie die meisten ausgereisten DDR-Bürger beginnt sie ein ganz neues Leben: »Mit der Zeit wurde mir der Osten immer fremder. Ich fand neue Freunde, fast alles Westler. Mit denen ging ich tanzen. Nach ein paar Monaten hatte ich eine Wohnung, nach einem Jahr fand ich einen guten Job. Nur wenn wieder einmal ein paar Leute aus Jena ausgebürgert wurden und in den ersten Wochen und Monaten bei mir wohnten, kam in mir alles wieder hoch. Die Telefonate mit drüben, der Schmerz, die Stasi, die Erinnerung daran, wie sie auch mich drangsaliert hatten, die endlosen Gespräche über diese verflixte DDR, die Opposition, die SED. Ich wollte leben und koppelte mich von dieser ganzen Ost-Szene immer mehr ab. Ich war sehr froh, zu erleben, dass meine Tochter Lina von alledem halbwegs unbelastet aufwachsen konnte.«

Der ökonomische Druck veranlasst die meisten früheren DDR-Oppositionellen, sich Vorstellungen von einem Kampf gegen das SED-Regime vom Westen aus schnell abzuschminken. Eine Exjenaerin schreibt in einem von der Stasi konfiszierten Brief nach Hause, alles drehe sich in West-Berlin nur ums Geld, das man hier viel dringender brauche als in der DDR. Sie habe keinen festen Job und suche dringend danach, viele ihrer früheren Freunde seien in West-Berlin »stinkig und unzufrieden«. Ein anderer klagt, hinter der schillernden Fassade des Westens verberge sich eine gähnende Leere, er leide unter der eiskalten Entfremdung, die den Westen kennzeichne, und vermisse echte Freude, mit denen man sich ehrlich austauschen könne. Die bröckelnde »Frontstadt« West-Berlin, die sich viele ausgereiste oder abgeschobene frühere DDR-Bürger als neue Heimstadt aussuchen, ist wirtschaftlich das Schlusslicht in der Bonner Republik und mit ihrer schwachen, von der »Berlin-Zulage« und sonstigen Milliardentransfers aus Bonn am Leben gehaltenen Wirtschaft nicht gerade ein Job-Paradies. Peter Rösch, der gelernte Feinmechaniker mit Spitznamen »Blase«, der bereits ein Jahr länger im Westen ist als Roland Jahn, hat Glück. Nach 39 Bewerbungen findet er Arbeit und ein geregeltes Einkommen als Maschinenwart im Deutschen Technikmuseum Berlin. Viele leben lange Zeit von Arbeitslosengeld, wieder andere beginnen berufliche Umschulungen. Eisern sparen muss auch der 1981 mit seiner Frau aus der DDR ausgereiste Jenaer Siegfried Reiprich, der als später Student ein kleines Stipendium bekommt. Es ist bereits das dritte Studium in seinem Leben, zweimal war er zuvor aus politischen Gründen in Jena exmatrikuliert worden. Inzwischen ist er 27 Jahre alt und fängt wieder von vorn an, mit einem Studium der Geophysik.

Unter den Belastungen, sich ein neues Leben aufbauen zu müssen, scheitern viele Beziehungen und Ehen unter den Ausgereisten. Nicht wenige der früheren DDR-Bürger landen in der Sozialhilfe.

Roland Jahn verfügt wegen der spektakulären Umstände seiner Abschiebung über eine gewisse Prominenz. Seine vor ihm ausgereisten Freunde wie Jürgen Fuchs und Michael Blumhagen, die bereits Kontakte zu den Grünen aufgebaut haben, helfen ihm beim Start. Nach einer Zeit, in der er vom Arbeitslosengeld lebt, findet er 1984 eine Anstellung bei dem vom Industriellenerben Jan Philipp Reemtsma gerade gegründeten und seitdem finanzierten Hamburger Institut für Sozialforschung, das sich unter anderem der Dokumentation und Erforschung von Protestbewegungen und der Aufarbeitung des Nationalsozialismus verschrieben hat. Jahn erhält eine für ihn maßgeschneiderte Stelle, es ist offiziell ein sozialversicherter Vollzeitjob, er soll die DDR-Opposition erforschen. Wobei er kein Geheimnis daraus macht, dass es ihm weniger um das Erforschen der DDR-Bürgerrechtsszene geht, als vielmehr um deren Unterstützung und die Beförderung ihrer Ziele. Der Industriellenerbe Reemtsma, Jahrgang 1952, ist einer der wenigen Weitsichtigen im Westen, die damals für derartige Aktivitäten Geld ausgeben. Roland Jahn knüpft derweil Kontakte zu den Medien, darunter zu Peter Wensierski von der Redaktion des ARD-Politmagazines »Kontraste«.

Während der Westen in dieser Zeit Milliarden in die Raketennachrüstung steckt und Millionen-Mann-starke Heere gegen die vermeintliche Bedrohung aus Osteuropa unterhält, leben die meisten Bürgerrechtler, die für einen gewaltfreien politischen Wandel in Mitteleuropa eintreten, oft am Existenzminimum. Geld für ihre politische Arbeit erhalten sie kaum. Selbst die West-Berliner Alter-

*Roland Jahn (rechts) und Peter Wensierski in der Redaktion
des ARD-Magazins »Kontraste«, 1987*

native Liste und der Bundesverband der Grünen Partei, bei denen
Roland Jahn und Peter Rösch zum ersten Mal 1984 um Geld für die
Oppositionsarbeit in der DDR anklopfen, zeigen ihnen zunächst die
kalte Schulter, obwohl es nur um ein paar 1000 Mark geht. Dem-
nächst werde ja SED-Chef Erich Honecker in die Bundesrepublik
kommen, bei dieser Gelegenheit wolle man für die Opposition im
Osten demonstrieren. Es sei zudem sehr teuer, Friedensaktionen und
Demonstrationen im Westen zu organisieren, für »drüben« könne
leider nichts entbehrt werden. Alle Bittgesuche werden abgelehnt.

Mitte 1987 siedelt der Ost-Berliner Autor Rüdiger Rosenthal
nach West-Berlin über und beginnt sofort, sich zusammen mit Roland Jahn quasi hauptberuflich der Unterstützung der DDR-Oppo-
sitionsarbeit zu widmen. Eigentlich hatte er, als er die DDR verließ,
ganz andere Pläne, wollte die Welt sehen und die DDR so schnell
wie möglich vergessen, wie viele der Ausgereisten. Ihm wird immerhin sein in den 70er Jahren absolviertes Physikstudium anerkannt,
so dass er mit Arbeitslosengeld über die Runden kommt. Als ein
halbes Jahr später die DDR-Staatssicherheit die Umwelt-Bibliothek
der Zionskirchgemeinde in Ost-Berlin überfällt und mehrere Op-

positionelle verhaftet, entschließt sich Rosenthal, Roland Jahn in seiner Solidaritätsarbeit zu unterstützen. Zum Unverständnis von Rosenthals Freundin, die meint: »Vergesst doch endlich die DDR, schließt endlich ab mit eurem früheren Leben, genießt die Freiheit, fangt was Neues an.« Rosenthal und Jahn aber wollen vor allem etwas für die verhafteten Freunde »drüben« tun.

Anfang 1988, nach der Verhaftung zahlreicher Ost-Berliner Oppositioneller am Rande der Luxemburg-Liebknecht-Demonstration, werden Jahn und Rosenthal erneut bei der Alternativen Liste in West-Berlin vorstellig und bitten um finanzielle Unterstützung. Der Frontmann der Alternativen Liste, der heutige Abgeordnete von Bündnis 90/Die Grünen im Deutschen Bundestag, Hans-Christian Ströbele, ist es, der einen entsprechenden Beschluss erwirkt: 2000 Mark Zuschuss bewilligt die Alternative Liste. Dass es die DDR-Bürgerrechtler so schwer haben, hat nicht nur mit Geldmangel zu tun, sondern liegt auch daran, dass viele West-Linke die ostdeutschen Bürgerrechtler als verkappte »Antikommunisten« oder »Deutschtümler« einordnen.

Aber nicht nur die linke Szene West mag ungern Mittel für die Bürgerrechtler im Osten bereitstellen. Auf der Suche nach Geld für die DDR-Opposition fragen Jahn und Rosenthal schriftlich bei 20 verschiedenen großen West-Firmen an, vor allem bei Produzenten von nützlicher Technik wie Siemens, Sony, Toshiba oder Xerox, und bitten um Spenden, insbesondere um Sachspenden wie Drucker, Kopierer oder Videokameras, gerne auch gebraucht oder ausgemustert. Das Ergebnis ist niederschmetternd: Kein einziges Unternehmen ist bereit, etwas zu geben. Anrufe und Kontaktversuche von Jahn, Fuchs und Rosenthal bei Größen der deutschen Industrie bleiben ebenfalls erfolglos.

Die einzige »Firma«, die mit der Bettelbrief-Aktion etwas anfangen kann, ist die Staatssicherheit in Ost-Berlin, der offenbar von einem Kontaktmann in einem der angeschriebenen Unternehmen eine Kopie des Schreibens zugespielt wird. Es wird im »Neuen Deutschland« und der »Jungen Welt« publiziert. »Die Schaltzentrale für die technische und finanzielle Ausrüstung regimefeindlicher Gruppen in der DDR operiert von Westberlin aus«, schreibt das Neue Deutschland am 23. Januar 1988 und druckt als vermeintlichen Beweis den von Jahn und Rosenthal geschriebenen Brief mit ihren West-Berliner Privatadressen darauf im Faksimile gleich mit ab. Weiter heißt es: »Zu den Ausrüstern einer von westlichen Medien und interessierten politischen Kreisen heiß ersehnten DDR-Opposition gehört ein gewisser Roland Jahn, 1000 Berlin 36, Görlitzer Straße 66.« Er und Rosenthal seien »Manager der Westberliner Logistikzentrale«, die mit diesem Brief an die deutsche Großindustrie nun offenlegten, wo ihre Hintermänner zu finden seien.

Unterwegs als gesamtdeutscher Friedensbewegter

Roland Jahn operiert bei seinen Aktionen auf vermintem Gelände. Denn er weiß, dass viele ostdeutsche Bürgerrechtler mit westdeutschen Partei- oder Industriestrategen nichts zu tun haben wollen. Er sitzt zwischen allen Stühlen. Obwohl er als einer der wenigen aus der DDR keine Berührungsängste mit West-Politikern, West-Journalisten und West-Unternehmern hat, gibt es auch für ihn eine klare Grenze: Mit den Geheimdiensten will er nichts zu tun haben. Schon bei seiner Ankunft in West-Berlin macht er das deutlich. Im Notaufnahmelager Marienfelde lehnt er im Juni 1983 die dort übliche Befragung durch die Geheimdienste der USA, Großbritanniens und Frankreichs kategorisch ab. Viele andere Oppositionelle, die nach ihrer Ausreise das Aufnahmeverfahren dort durchlaufen und sich auf die Befragung einlassen, sind anhand der Fragen, die ihnen gestellt werden, erstaunt über die detaillierten Kenntnisse der westlichen Dienste, insbesondere des französischen Geheimdienstes, über die Oppositionsszene in Ost-Berlin, aber auch in Jena. »Wir suchten die Öffentlichkeit, und inzwischen soviel davon wie nur irgend möglich, die Geheimdienstler waren für uns deshalb uninteressant. Außerdem wollten wir uns natürlich auf keinen Fall zu deren Werkzeug machen lassen«, erinnert sich Jahns Weggefährte Rosenthal.

Die Stasi-Generäle, die selbst Tausende von Agenten im »Operationsgebiet« West führen, die dort keineswegs nur spitzeln, sondern auch versuchen, die Dinge im Sinne der SED-Führung zu beeinflussen, schließen dagegen von sich auf andere, wenn sie in ihren Akten schreiben, dass Jahn »mit hoher Wahrscheinlichkeit einer geheimdienstlichen Steuerung« unterliege. Das könne man schon daran erkennen, dass er bei seinen Aktionen zumeist konspirativ vorgehe. Die nächsten Jahre suchen sie Jahns vermeintliche Hintermänner im Geheimdienstmilieu. Doch die gibt es nicht, eher ist das Gegenteil der Fall: Der inzwischen 34-jährige Jahn und seine Mitstreiter, davon viele aus Jena, gelten auch im Westen als Sicherheitsrisiko und werden zum Beobachtungsobjekten. Den westlichen Diensten erscheint der Friedenskämpfer aus der Ostzone irgendwie verdächtig, und sie beobachten genau, was er auf ihrem Territorium so treibt. Schließlich nimmt Jahn schon wenige Tage nach seiner Ankunft gemeinsam mit Peter Rösch an einer Demo gegen die bevorstehende Stationierung von amerikanischen »Pershing-II«-Atomraketen im schwäbischen Mutlangen teil, im Herbst dann an der Blockade des US-Raketenstützpunkts in Bitburg – was ihm später noch einigen Ärger bereiten wird. Als der Deutsche Bundestag am 22. November 1983 in Bonn mit der Regierungsmehrheit von Union und FDP der bereits laufenden Stationierung dieser Atomraketen gemäß dem »Nato-Doppelbeschluss« zustimmt, steht Jahn als Protestler vor der Tür des Plenargebäudes und verteilt Flugblätter an vorbeieilende Abgeordnete, um sie zu einem »Nein« aufzufordern.

Die Quittung kommt schnell. Als Jahn im Sommer 1984 seine gerade erst gewonnene Reisefreiheit dazu nutzen will, um in die USA zu fliegen und dort Mitglieder der US-Friedensbewegung zu treffen, verweigert ihm das US-Generalkonsulat in West-Berlin kommentarlos ein Visum. Die Gründe kann er nur vermuten. Sein Friedensengagement passe wahrscheinlich nicht in die antikommunistische Propaganda und den harten Kurs, den die Reagan-Administration gegen den Ostblock zu dieser Zeit fährt, mutmaßt er in einem Interview mit dem West-Berliner »Tagesspiegel«. Den US-Behörden ist der ostdeutsche Dissident offenbar suspekt, sie vermuten unter den Ausgereisten oft auch getarnte Spione der DDR.

Statt in die USA fährt Jahn im Sommer 1984 mit einer Delegation der West-Berliner Alternativen Liste und seinem Jenaer Mitstreiter Peter Rösch zu der Internationalen Friedenskonferenz ins italienische Perugia, wo sich westliche Friedensaktivisten aller Couleur mit Delegationen aus der Sowjetunion und einigen anderen Ostblockstaaten, also Vertretern der staatlich gelenkten »Friedensbewegung«, ein Stelldichein geben. Gleich zu Beginn gibt es dort Konflikte, weil sich die linientreuen Ostblock-Delegationen nur mit »echten« Westlern treffen wollen, weil man bei denen offenbar weniger Wissen über die realen Verhältnisse hinter dem Eisernen Vorhang vermutet. Für das geplante Bündnis mit den westlichen Aufrüstungsgegnern stören die ehemaligen Ost-Rebellen nur. Aufregung gibt es daher, als Peter Rösch von der sowjetischen Delegation

Roland Jahn nach seiner Ankunft im Westen: Demonstration gegen die Stationierung nuklearer »Pershing-II«-Raketen der Nato in Mutlangen

die Freilassung politischer Gefangener in der UdSSR fordert. Sein Auftritt macht Eindruck. Am Ende der Konferenz beschließt die Versammlung, beim nächsten Mal auch ganz offiziell Vertreter der unabhängigen Friedensbewegungen aus den kommunistischen Staaten Osteuropas einzuladen. Es ist ein operatives Waterloo für die Moskauer Unterwanderungsstrategen – und für die DDR-Staatssicherheit. Denn genau ein Jahr später lädt das Vorbereitungskomitee der nächsten Internationalen Friedenskonferenz auf Betreiben von Roland Jahn und dem Grünen-Politiker Lukas Beckmann auch vier Vertreter der DDR-Friedensbewegung ein, darunter Bärbel Bohley und den 1985 noch in der DDR lebenden Rüdiger Rosenthal. Ganz offiziell wird bei der Ständigen Vertretung der DDR in Bonn beantragt, diesen Oppositionellen eine Reisegenehmigung in den Westen zu erteilen. Natürlich dürfen sie nicht reisen.

Roland Jahn landet derweil im Dezember 1984 im freien Westen hinter Gittern. Wegen seiner Beteiligung an der Sitzblockade bei der Anti-Nachrüstungsdemo in Bitburg ein Jahr zuvor war er zu einer Geldstrafe verurteilt worden, die er trotzig nicht zahlen will und stattdessen seine Tagessätze lieber im Moabiter Gefängnis abbrummt. Bis weit in das neue Jahr hinein soll er sitzen. Doch kurz vor Heiligabend steht sein Freund Jürgen Fuchs, der inzwischen als Psychologe gut verdient, im Besucherraum des Gefängnisses und sagt: »Komm, Roland, die politische Aktion ist zu Ende, zu Weihnachten wartet deine Tochter auf dich!« Heimlich hat Fuchs die noch ausstehende Geldstrafe bezahlt und Jahn damit freigekauft.

Der heimliche Ausflug in die DDR

Die DDR hat gegen Roland Jahn und einige Dutzend weiterer Ausgebürgerter rigorose Einreisesperren verhängt, selbst Autofahrten im Transit zwischen West-Berlin und dem Bundesgebiet sind ihnen nicht möglich. Jahn fühlt sich als »Heimatvertriebener« und will dagegen protestieren. Nach zahlreichen Versuchen, an den DDR-Grenzübergängen die Einreise oder den Transit zu fordern, bei denen er jedes Mal abgewiesen wird, versucht er es im Transit von West-Berlin zum Flughafen Schönefeld, der sich am Rande von Ost-Berlin befindet, erneut. Auf der Jagd nach Devisen lässt die DDR dort auch West-Passagiere starten und landen, die in Bussen über einen speziellen Grenzübergang dorthin gebracht werden. Viele türkische Gastarbeiter in West-Berlin nutzen damals diese Möglichkeit, weil die Flüge von Schönefeld aus in ihre Heimat billiger sind als die vom West-Berliner Flughafen Tegel. Auch viele Asylsuchende aus aller Herren Länder, insbesondere aus dem arabischen Raum, nutzen das Nadelöhr Schönefeld in den 80er Jahren zur Einreise nach West-Berlin und damit in die Bundesrepublik.

Roland Jahn ist aber wahrscheinlich der Erste und Einzige, der den Bustransit nach Schönefeld dazu nutzen will, um illegal in die DDR einzureisen. In West-Berlin bucht er ein Ticket der kubanischen Fluglinie Cubana von Berlin-Schönefeld nach Havanna, so wie viele Soli-Brigadisten, die zu jener Zeit über Kuba nach Nicaragua reisen. Er will sich jedoch in Schönefeld in Richtung Jena absetzen, anstatt in die Karibik zu fliegen. Die DDR-Grenzer bemerken die Finte jedoch und verweigern ihm das kurze Stück Transit zum Ost-Berliner Flughafen. Da Jahn sich weigert, den Bus zu verlassen und wieder nach West-Berlin zurückzukehren, wird er mit Gewalt und im Knebelgriff in einen Barkas-Kleintransporter verfrachtet, zum Bahnhof Friedrichstraße gebracht und dort am Abend in den Westen abgeschoben. Viele Zeitungen und die Deutsche Presseagentur berichten über den Zwischenfall.

Die DDR, die jährlich 800 Millionen West-Mark von der Bundesregierung dafür erhält, dass Westdeutsche die Transitwege durch

Treffen mit Ostberliner Oppositionellen beim heimlichen Ausflug in die DDR; links Rüdiger Rosenthal, rechts Ulrike Poppe

die DDR von und nach West-Berlin benutzen können, empört sich offiziell und spricht nach der Jahn-Aktion von einer »Verletzung des Transitabkommens«.

Doch Jahn gibt nicht auf und unternimmt einen neuen Anlauf, diesmal andersherum. Da die Ausreise über Schönefeld misslungen ist, versucht er es im April 1985 mit der Einreise. Und diesmal hat er Glück. Mit einer Interflug-Maschine aus Prag kommend, steigt er in Schönefeld nicht in den bereitstehenden Bus nach West-Berlin, sondern mogelt sich aus dem Abfertigungsgebäude und verschwindet nach Ost-Berlin. Als Erstes klingelt er mitten in der Nacht bei seinem Freund Rüdiger Rosenthal Sturm. Eilig organisieren beide ein geheimes Treffen, an dem viele Ost-Berliner Oppositionelle teilnehmen. Reinhard Schult, später Mitgründer des Neuen Forum, und Rosenthal schlagen vor: »Wir verstecken dich im Osten, so lange es geht.« Aber die Mehrheit ist dafür, dass er doch wieder zurückkehren soll, es würde einfach zu viele Menschen in Gefahr bringen.

Einen heimlichen Ausflug nach Jena will Roland Jahn aber doch noch riskieren. Rüdiger Rosenthal fährt ihn mit seinem Trabant

Illegaler Abstecher nach Jena 1985: Rüdiger Rosenthal fotografiert vor Sonnenaufgang Roland Jahn am Ortsschild von Jena.

hin, frühmorgens kommen sie an, fahren durch die noch fast leeren Straßen, während sich erste Frühschichtler von Carl Zeiss oder den Schott-Glaswerken auf den Weg zu ihren Arbeitsstellen machen. Sie besuchen auch den Nordfriedhof mit dem Grab von Matthias Domaschk. Als sie über den Jenaer Markt schlendern, setzt sich Jahn eine dunkle Sonnenbrille auf und hält sich einen Blumenstrauß vors Gesicht, denn er fürchtet, erkannt zu werden. Auch zu dem Haus, in dem Roland Jahns Eltern wohnen, fahren sie, halten aber nur kurz. Mit Tränen in den Augen sieht Jahn hinauf zu den Fenstern der Wohnung seiner Eltern. Soll er oder soll er nicht? Drinnen sitzen seine Eltern wahrscheinlich gerade beim Frühstück. Sie würden sich bestimmt freuen, den Sohn wieder daheim umarmen zu können. Aber was dann? Er wird sie wieder allein lassen müssen, diesmal

»freiwillig«. Und das Wissen um seinen illegalen Besuch wird sie erneut in schwere Konflikte bringen. Er wagt nicht, bei seinen Eltern zu klingeln, er will ihnen nicht noch größeren Ärger bereiten.

Stattdessen besuchen sie Freunde, den Maler Frank Rub und seine Frau Ev, die als einzige aus dem harten Kern der Friedensgemeinschaft noch nicht ausgebürgert worden sind und sich trotz Haft und Schikanen hartnäckig weigern, zu gehen. Für Roland Jahn ist dieser Besuch in seiner Heimatstadt auch ein Schock. »Nach zwei Jahren im Westen erschien mir Jena auf einmal so grau, dreckig und heruntergekommen. Das ist einem ja zuvor gar nicht aufgefallen, weil man das offenbar gewohnt war«, erinnert er sich. Traurig machen ihn auch die Berichte von Frank Rub, der erzählt, dass fast alle Freunde inzwischen ausgereist sind. Die alte Jenaer Szene gibt es nicht mehr.

Einen Tag später, am 23. April 1985, bringt ihn Rosenthal um Mitternacht zum Berliner Grenzübergang Friedrichstraße, dem »Tränenpalast«. Die DDR-Behörden fahnden schon nach ihm. Nach einem längeren Verhör wird er in den Westen entlassen. Die DDR will ihn nur schnell wieder loswerden und zunächst nicht noch einmal einsperren. Das soll sich aber bald wieder ändern.

Weiterhin im Visier der Staatssicherheit

Mitte der 80er Jahre sind die Ost-Berliner Stasi-Generäle davon überzeugt, dass Roland Jahn der Kopf einer gefährlichen Agentenbande ist. Ungeklärt scheint nur, wie sich diese »Agentengruppe Fuchs/Jahn« in West-Berlin finanziert. Man beschließt, gegen sie aktiv zu werden. Die Überwachungsaktionen werden diesmal aus der Zentrale der DDR-Staatssicherheit in der Ost-Berliner Normannenstraße koordiniert, die Kreisdienststelle in Jena ist lediglich mit eingebunden. Am 28. Februar 1984, rund neun Monate nach Jahns gewaltsamer Abschiebung in den Westen, eröffnen die Stasi-Offiziere in Jena einen neuen Operativen Vorgang (OV) gegen Roland Jahn, Peter Rösch, Siegfried Reiprich, Thomas Auerbach und neun andere aus Jena Ausgebürgerte, obwohl diese inzwischen im 260 Kilometer entfernten West-Berlin wohnen. Begründet wird der Eröffnungsbeschluss des OV »Weinberg« damit, dass die Betreffenden »ihre gegen die DDR gerichteten feindlichen Aktivitäten nicht aufgaben« und gefährliche »Rückverbindungen« nach Jena »zur feindlichen Einflussnahme und Inspirierung politischer Untergrundtätigkeit« aufbauten. Sie hätten sich in West-Berlin »feindlichen Institutionen« wie dem »Schutzkomitee für Freiheit und Sozialismus« angeschlossen und dort vor allem Kontakt zu dem bereits 1977 ausgebürgerten einstigen Jenaer Studenten Jürgen Fuchs geknüpft. Dieser plane, Jena als »oppositionelles Zentrum des Widerstands in der DDR und als Kaderschmiede zu entwickeln«, was man bislang jedoch »wirksam durchkreuzt« habe. Als Köpfe dieser »konterrevolutionären Fuchsbande« sehen die Jenaer Stasi-Offiziere neben Jürgen Fuchs auch Roland Jahn und Peter Rösch. Um einen Spitzel in die Gruppe einzuschleusen, planen die Offiziere Major Keller und Major Günther, einen in Haft sitzenden und unter dem Decknamen »Heiko« laufenden Inoffiziellen Mitarbeiter gezielt auf einen Einsatz in West-Berlin vorzubereiten. Der Mann soll aus der Haft entlassen und in die BRD ausgebürgert werden, wo er sich als vermeintlich Oppositioneller in die Gruppe um Jahn, Rösch und Fuchs einschleusen soll. Auf der Suche nach möglichen weiteren Spitzeln durchforsten sie auch eine Liste mit Invalidenrentnern aus dem Raum Jena. Diese können nach West-Berlin reisen, ohne dafür eine über Monate mühsam konstruierte »Legende« vorweisen zu müssen. IM »Heiko« aber steht schon seit längerem auf der Mitarbeiterliste der Staatssicherheit. Schon 1976 spitzelt er als Kellner im Jenaer Hotel »International« in der dortigen Bar, in der oft westliche Geschäftsleute verkehrten. Nach zwei kleineren kriminellen Delikten, die ihm Bewährungsstrafen einbrachten, wurde er 1983 wegen Diebstahls und Urkundenfälschung zu einem Jahr und drei Monaten Haft verurteilt und kam in den Strafvollzug in Unterwellenborn. In der Haft stellte er einen Ausreiseantrag. Die Staatssicherheit macht ihm jetzt das Angebot, seine Ausreise zu beschleunigen, wenn er für sie in West-Berlin tätig wird. Man ist an ihm interessiert, da er zufällig einen Bekannten in West-Berlin hat, zu dem er ziehen will, der im selben Haus in der Skalitzer Straße in Kreuzberg wohnt wie Peter Rösch. Der Kleinkriminelle sagt zu und wird alsbald intensiv geschult.

Im Juni 1985 ist es soweit. IM »Heiko« siedelt nach West-Berlin über. Er meldet sich im Aufnahmelager Marienfelde unter der Legende, er sei ein aus DDR-Haft entlassener politischer Gefangener. Doch in Kreuzberg angekommen, kümmert er sich weniger um Roland Jahn, Jürgen Fuchs und Peter Rösch als um seine wirtschaftliche Zukunft. Er pachtet eine Gaststätte in der Prinzenallee in Berlin-Wedding, die kaum Gäste hat. Schon nach wenigen Monaten muss »Heiko« seine »Preußendiele« schließen und steht mit einem Schuldenberg von 10 000 Mark da. An einem kalten Januarmorgen 1986 steht der gescheiterte Agent frierend und verzweifelt im Ost-Berliner »Tränenpalast« und bittet darum, wieder in die DDR zurückkehren zu dürfen. Schon bald sitzt er seinen eilig aus Jena angereisten Führungsoffizieren Günther und Keller gegenüber. Sie registrieren, dass ihr IM verstört und »existenziell am Ende« ist, offenbar ein Opfer des im »Imperialismus herrschenden Wolfsgesetzes«. »Heiko« muss bekennen, in West-Berlin keinen Anschluss an die Oppositionellen aus Jena gefunden zu haben.

Lediglich die als »Kontaktpersonen« angeheuerten Invalidenrentner »Roswitha Böll« und »Bernd Schmidt« können etwas über die Exjenaer aus West-Berlin berichten, allerdings nichts von möglichen Aktionen. Nun wird ein in Jena lebender Chilene, IM »Mario«, auf die Gruppe angesetzt. Er kann wegen seiner chilenischen

Staatsangehörigkeit unverdächtig nach West-Berlin reisen, etwa zu Rockkonzerten oder zu Erledigungen im chilenischen Konsulat, und soll sich fortan um die »PUT-Koronade« aus Jena kümmern. PUT ist das stasiinterne Kürzel für »Politische Untergrundtätigkeit«. Über gemeinsame Bekannte kontaktiert »Mario« schließlich seine wichtigsten Zielpersonen. 1986 begegnet er zum ersten Mal Roland Jahn. Beide treffen sich in der Folge regelmäßig. Ebenso wie seine Gegenspieler, die Stasi-Offiziere in Jena, findet Jahn den jungen Chilenen vor allem deshalb interessant, weil er als Inhaber eines internationalen Passes nahezu frei zwischen Ost und West hin- und herpendeln kann. Er scheint wie geschaffen dafür, als Bote und Kurier zwischen den Exjenaern in West-Berlin und den wenigen noch daheim verbliebenen Oppositionellen zu fungieren. »Mario« stellt sich geschickt an, gibt vor, Informationen über einige kurz zuvor in Jena inhaftierte Ausreiseantragsteller überbringen zu können. Jahn empfängt ihn, er will helfen, ihr Schicksal in den West-Medien publik zu machen. »Mario« berichtet seinem Führungsoffizier stolz, dass Jahn ihm inzwischen vollkommen vertraue, so dass er auch bei ihm zuhause eingelassen werde. Später zeichnet er der DDR-Staatssicherheit einen detaillierten Plan von Jahns West-Berliner Wohnung.

IM »Mario« verrät auch Jahns Jenaer Kontaktperson Thomas Grund, den alle »Kaktus« nennen. Er hat einen Super-8-Film über jugendliche Oppositionelle gedreht, der ausschnittsweise im ZDF gezeigt werden soll. »Kaktus« befürchtet aber, nach Ausstrahlung des Beitrags im Gefängnis zu landen. Er zieht daher Kurier »Mario« ins Vertrauen und bittet ihn, bei seinem nächsten West-Berlin-Besuch Roland Jahn zu überreden, den Film nicht senden zu lassen oder nur so, dass keine Rückschlüsse auf den Urheber gezogen werden können. Jahn verzichtet wegen der Bedenken schließlich darauf, den Film für das West-Fernsehen zu verwerten.

Angst in West-Berlin

Die Koordinierung der Maßnahmen gegen Roland Jahn und die vermeintliche Agentengruppe »Fuchs/Jahn« liegt nicht bei den Offizieren der Jenaer Kreisdienststelle, sondern in der Zentrale des Ministeriums für Staatssicherheit. Endgültig Chefsache wird Jahn in Berlin im August 1987. Mielkes Stellvertreter, der Stasi-Generaloberst Rudi Mittig, kümmert sich persönlich um den »Zentralen Operativen Vorgang Weinberg«. Jahn gilt in den Augen der Stasi-Generäle inzwischen als »maßgeblicher Organisator und Inspirator der politischen Untergrundtätigkeit«, seine kleine Zwei-Zimmer-Wohnung in der Görlitzer Straße in Berlin-Kreuzberg, mitten im »SO 36«-Kiez der West-Berliner Hausbesetzer, wird zur »Feindzentrale« erklärt. Ein Observationsteam der DDR-Staatssicherheit ermittelt das Umfeld und meldet, dass das Treppenhaus sauber geputzt ist, wie die Nachbarn heißen und welche Farbe die Briefkästen haben. Es fertigt Grundrisszeichnungen des Hauses an und liefert Pläne der angrenzenden Straßenzüge sowie zahlreiche Vor-Ort-Fotos. Stasi-Agenten fotografieren sämtliche Telefonzellen und Gaststätten in der unmittelbaren Umgebung, recherchieren Details wie deren Telefonnummern, Besitzer und Öffnungszeiten. Im Frühjahr 1988 gibt es in Roland Jahns Wohnung einen mysteriösen Einbruch, der nie aufgeklärt wird.

Jahn ahnt nicht, dass sein Leben jetzt Gegenstand des höchsten Leitungsgremiums im Ministerium für Staatssicherheit, dem Kollegium der Stasi-Generäle unter Mielkes Vorsitz, ist. Oder er verdrängt es. Heute sagt er, ihm sei damals durchaus bewusst gewesen, dass West-Berlin mitten in der DDR lag und die Stasi-Leute freien Zugang hatten, da es auf der West-Seite praktisch keine Kontrollen gab. Er habe versucht, diese Angst nicht an sich heranzulassen, damit sie nicht sein Handeln bestimme. Andere sehen die Gefahr deutlicher: »Roland Jahns erschreckende Furchtlosigkeit machte mir gelegentlich Angst«, erinnert sich Rüdiger Rosenthal. »Ich ahnte, dass die Mächtigen und ihre Helfershelfer im Zweifel nur wenig Skrupel haben würden, ihn wie andere auch aus dem Weg zu räumen.«

Spielt die Stasi etwa mit dem Gedanken, einen Mordanschlag auf ihren neuen »Staatsfeind Nummer eins« zu verüben? In den Akten findet sich nichts über derartige Pläne. Das ist jedoch nicht ungewöhnlich, denn die Geheimdienstmitarbeiter schrieben die Akten nicht für das spätere Lesen in der heutigen Stasi-Unterlagenbehörde, sondern für strenge Vorgesetzte, die sie kontrollierten. Und sogenannte »nasse Sachen«, dazu zählen auch Morde, waren in den 80er Jahren, als die DDR finanziell immer abhängiger vom Westen wurde, »von ganz oben« untersagt. Beispielsweise existieren für die Stasi-Mordanschläge gegen den westdeutschen Fluchthelfer Wolfgang Welsch, die Anfang der 90er Jahre in einem Gerichtsverfahren nachgewiesen werden konnten, ebenfalls keine beweisträchtigen Stasi-Akten. Die Offiziere und der zuständige Stasi-General Heinz Fiedler haben die Mordversuche entweder von Anfang an nicht dokumentiert oder die Akten später bereinigt. In den ansonsten penibel geführten Stasi-Unterlagen zu Welsch, dem Operativen Vorgang »Skorpion«, klafft Anfang der 80er Jahre ein (Zeit-)Loch. Nur weil der Auftragskiller nach der Wende die Pläne gestand, konnte der Fall aufgeklärt werden. Im Auftrag seines Führungsoffiziers und dessen Vorgesetzten Heinz Fiedler erschlich er sich das Vertrauen von Welsch und versuchte, bei einer gemeinsamen Urlaubsreise nach Israel Welsch und seine gesamte Familie mit vergifteten Buletten zu töten.

Im Fall der beiden DDR-Oppositionellen Ralf Hirsch und Rainer Eppelmann gibt es in den Stasi-Akten Hinweise auf Mordpläne, da eine interne Untersuchungsabteilung der Staatssicherheit gegen zwei Stasi-Offiziere wegen Verletzung der Dienstvorschriften ermittelte und diese bei einer Vernehmung ihr tödliches Vorhaben beichteten. Danach sollte Pfarrer Eppelmann bei einem fingierten Autounfall sterben, Hirsch im Winter auf dem Heimweg von einer Gaststätte »zufällig« erfrieren. Und als 1986 in West-Berlin eine Autobombe nahe der Wohnung von Jürgen Fuchs explodiert, ermittelt der West-Berliner Staatsschutz, allerdings ohne Ergebnis.

1999 geben der frühe Krebstod von Fuchs, der mit nur 48 Jahren einer seltenen Form von Leukämie zum Opfer fällt, ebenso wie der Krebstod des DDR-Dissidenten Rudolf Bahro (1935–1997) und der des oppositionellen Liedermachers Gerulf Pannach (1948–1998) erneut Anlass zu Spekulationen.

Die Unterstützer der Oppositionsszene Lutz Rathenow und Jürgen Fuchs, hier bei ihrer ersten gemeinsamen öffentlichen Lesung im Februar 1990 in Ost-Berlin

Was aber macht Menschen, die noch dazu jenseits der Mauer wohnen, in den Augen von Mielkes Generälen zu so gefährlichen Staatsfeinden? Die Begründung liefert der Eröffnungsbericht des ZOV »Weinberg«: »Jahn verfolgt mit seinen feindlichen Aktivitäten insbesondere die Zielstellung, oppositionelle Kräfte in der DDR in ihren Aktivitäten zu beraten und ideell und materiell zu unterstützen, sie zu oppositionellen Protesthandlungen und -haltungen zu veranlassen und zu erreichen, dass sie ständig Druck auf die Staatsmacht der DDR und ihre Organe ausüben.« Durch die »Organisierung einer Öffentlichkeitsarbeit« im »Operationsgebiet« (also im Westen) forciere er die »Hetze gegen die DDR« und interessiere auch Westdeutsche und West-Berliner »für die feindlich-negativen Elemente in der DDR«. Außerdem versuche er, durch die Herstellung von Kontakten zwischen der westdeutschen Friedensbewegung und den Grünen einerseits und DDR-Oppositionellen wie Bärbel Bohley, Lutz Rathenow, Ulrike Poppe, Rainer Eppelmann und Ralf Hirsch andererseits, für diese einen äußeren Schutz zu organisieren. Das MfS sieht darin einen »unmittelbaren und eklatanten Eingriff in das innenpolitische Geschehen in der DDR«.

Ein unbequemer Störer

Als im Erlanger Rathaus im März 1987 die deutsch-deutsche Städte-partnerschaft zwischen Jena und Erlangen mit dem feierlichen Emp-fang einer Delegation Jenaer Offizieller besiegelt werden soll, ist Ro-land Jahn dabei. Eingeladen hat ihn die kleine Stadtratsfraktion der Grünen Liste. Es sind die Einzigen im Stadtrat von Erlangen, die mit dem ausgebürgerten DDR-Oppositionellen etwas zu tun haben wol-len. Während beim Empfang im Saal, der als »geschlossene Gesell-schaft« deklariert ist, der Jenaer Oberbürgermeister Hans Span und sein Erlanger Amtskollege Dietmar Hahlweg äußern, dass man sich angesichts der deutschen Teilung das »Augenmaß für das Machba-re« bewahren müsse und somit einer engen Partnerschaft auf Bürge-rebene quasi eine Abfuhr erteilen, muss der potenzielle Störenfried Roland Jahn draußen bleiben. Für den Fall eines Zusammentreffens mit Jahn droht die Delegation aus Jena mit sofortiger Abreise.

Draußen vor der Tür erklärt Jahn fragenden Reportern, er wolle nicht provozieren, er begrüße die Partnerschaft und möchte ledig-lich bei diesem wichtigen Ereignis dabei sein. Schließlich sei Jena auch seine Heimatstadt, an der er hänge und in die er hoffe, schon bald zurückkehren zu können. Auf keinen Fall dürfe es lediglich eine Städtepartnerschaft auf reiner Funktionärsebene geben. Die Bürger Jenas hofften auf die Möglichkeit, in Gruppen und Vereinen nach Erlangen zu reisen und intensive private Kontakte aufzubauen. Es dürfe nicht dabei bleiben, dass das Bild der einen Stadt den Bürgern der anderen Stadt lediglich durch Fernsehbeiträge vermittelt werde. Sie müssten auch Gelegenheit haben, sich gegenseitig zu besuchen.

Außerdem schlägt Jahn vor, man solle die Lokalzeitungen von Jena und Erlangen auch in der jeweils anderen Stadt anbieten, in Jena ein Informationsbüro der Stadt Erlangen eröffnen und umge-kehrt eines von Jena in Erlangen. Als die Festreden vorüber sind und ein öffentlicher, für jeden frei zugänglicher Bürgerempfang folgt, wird Jahn von Mitarbeitern des Erlanger Rathauses weggedrängt und mit der Begründung draußen gehalten, der Saal sei voll. Am nächsten Tag kommentiert der Redakteur Udo Greiner in den »Erlanger Nachrichten«, die Grünen hätten mit der Einladung für Roland Jahn weder sich noch der Stadt einen Gefallen getan, sie hätten »das Fingerspitzengefühl einer Elefantenkuh«. Beinahe sei es zum Eklat gekommen. Wäre der Festakt geplatzt, hätte dies bundesweit negative Schlagzeilen für Erlangen gegeben. Die Anwesenheit Jahns habe wie ein Schatten über der Festveranstaltung gelegen. Immerhin, ein wenig Verständnis für Jahn schimmert durch. Seine Aussperrung vom öffentlichen Teil der Veranstaltung nage am Erlanger Demokratieverständnis, sie »widerspricht den Normen, auf die wir im freien Westen zu Recht stolz sind«. In Jena habe die Stasi Roland Jahn verfolgt, nun werde er von einer öffentlichen Sitzung eines frei gewählten Gremiums im Westen ausgeschlossen. »Das soll kein Vergleich sein, nur die sich grotesk gebende Situation aus der Sicht der Betroffenen etwas deutlicher machen«, schreibt Greiner.

Stasi-Major Günther in Jena ist trotzdem zufrieden. Er notiert im Operativen Vorgang »Weinberg«: »Der Erlanger Oberbürgermeister hat seinen Standpunkt zur Abweisung Jahns konsequent durchgesetzt. Entsprechende Presseangriffe wies der OB mit der Bemerkung zurück, dass der Wunsch der Gäste [aus Jena] ihm Befehl sei. (...) Es kann eingeschätzt werden, dass von offizieller Erlanger Seite überhaupt kein Interesse daran bestand, die Städtepartnerschaft durch Jahn zu belasten.«

Dass Roland Jahn in Gudrun Bußmann, der Grünen-Fraktionsvorsitzenden im Erlanger Stadtrat, eine Verbündete hat, mag nicht nur an ihrer Parteizugehörigkeit liegen. Gudrun Bußmann hat noch einen anderen Bezugspunkt, sie kommt ebenfalls von »drüben«. 1950 kehrten ihre Eltern ihrer Geburtsstadt Jena den Rücken. Als sie in den Westen kam, war Gudrun Bußmann zwar erst wenige Monate alt, doch der familiäre Hintergrund reicht offenbar, um die deutsche Teilung und die Unterdrückung von Freiheiten in der DDR grundsätzlich anders zu sehen als die um Diplomatie und Etikette bemühten Stadtväter.

Obwohl die von der SED gesteuerten Zeitungen und das DDR-Fernsehen natürlich nicht über den von Roland Jahn ausgelösten Streit um die Städtepartnerschaft berichten, erfahren die Jenaer dennoch davon. Das ARD-Politmagazin »Kontraste«, nicht nur in Thüringen, sondern in weiten Teilen der DDR bestens zu empfangen, berichtet im April 1987 über den Vorfall. Der TV-Bericht ist die millionenfach gesehene Gegendarstellung zu der in den DDR-Medien verbreiteten Sichtweise von Staatschef Erich Honecker, der in der Städtepartnerschaft vor allem einen weiteren Schritt in Richtung bedingungsloser Anerkennung der DDR-Staatsbürgerschaft sieht. Dies allein macht die Städtepartnerschaft für die SED überhaupt interessant, die wenigen damit verbundenen und kontrollierbaren Kontakte über die deutsch-deutsche Grenze hinweg nimmt man als unerwünschten Preis dafür in Kauf.

Um die Partnerschaft endgültig zu besiegeln, reist im April 1987 eine Delegation von Erlanger Kommunal- und Vereinsvertretern zum Gegenbesuch nach Jena. Jahn darf natürlich nicht mit, doch die Grünen-Vertreterin Bußmann ist dabei, und Jahn organisiert für sie und Heide Mattischek, der ebenfalls mitgereisten Erlanger SPD-Stadträtin, ein heimliches Treffen mit Oppositionellen, das spätabends, nach dem Abschluss des offiziellen Partnerschaftsprogramms, in einer Jenaer Privatwohnung stattfindet. Die West-Delegation wird von der Staatssicherheit lückenlos überwacht und von der Bevölkerung abgeschirmt, so dass auch der nächtliche Gedankenaustausch zwischen den fünf von Jahn informierten Oppositionellen und den beiden westdeutschen Kommunalpolitikerinnen der Staatssicherheit nicht verborgen bleibt. Sie erfährt durch entsprechende Abhörtechnik, dass die Jenaer Roland Jahns Forderungen nach Informationsbüros, Zeitungsaustausch und gegenseitigen Besuchsreisen unterstützen.

Henning Pietzsch, einer der Jenaer Oppositionellen, der dabei war, erinnert sich an die Atmosphäre der Angst in der kleinen Wohnung. Die Jenaer fürchten Verhaftungen wegen der konspirativen West-Kontakte, die West-Politikerinnen diplomatischen Ärger wegen der überbrachten Bücher, die Jahn ihnen für die Jenaer mitgegeben hat. Die Politikerinnen West und die Oppositionellen Ost vereinbaren am Ende, ihre Kontakte auszubauen und Informationen stärker auszutauschen. Schon bald aber stellen auch diese fünf Oppositionellen Ausreiseanträge, bedrängt durch die Staatssicherheit und frustriert darüber, dass sich in Jena nichts ändert. Mit ihnen wächst die Gruppe der Exil-Jenaer in West-Berlin Ende der 80er Jahre auf rund 200 Personen.

Unzensierte Zeitungen und freie Reisen zwischen beiden Städten, wie es Roland Jahn und die Grünen 1987 angeblich mit dem

»Fingerspitzengefühl einer Elefantenkuh« fordern, werden zweiein-halb Jahre später, in der Nacht des Mauerfalls am 9. November 1989, wahr. Zehntausende Jenaer Bürger machen sich nach Erlangen auf, wo in jenen Tagen Zeltlager für die Besucher aufgebaut werden. Das endlich ist der Beginn einer bis heute sehr aktiven und vielfach ausgezeichneten deutsch-deutschen Bürgerpartnerschaft.

Vom Bürgerrechtler zum Journalisten

Für Jahn ist die Ausreise der fünf Oppositionellen aus Jena ein erneuter Rückschlag. Als jemand, der, eingeschüchtert in der Haft und bedroht mit einer langen Gefängnisstrafe, ebenfalls einen Ausreiseantrag unterschrieben hat, kann er einen solchen Schritt aber verstehen. »Sie haben die Nase voll. Und nicht nur in Jena, sondern überall in der DDR. Viele Jugendliche warten nur auf ihren 18. Geburtstag, um einen Ausreiseantrag stellen zu können«, kommentiert Jürgen Engert, Moderator der ARD-Sendung »Kontraste«, einen von Roland Jahn und dem »Kontraste«-Redakteur Peter Wensierski recherchierten TV-Beitrag von 1987. Berichtet wird über Jugendliche aus Jahns Heimatstadt Jena und ihre Musikband »Airtramp«. Sie haben ebenfalls ihrer Ausreise zugestimmt und sind gerade in West-Berlin eingetroffen. Dieser Fall, so der Fernsehmoderator, sei ein »Anzeiger für einen Generationswechsel in der DDR«, einer Generation mit neuen Denk- und Verhaltensweisen, eigenen Vorstellungen von Musik, Politik und Lebensstil, auf die ein hilfloser DDR-Staat nur mit Repressalien reagiere. »Wir wollten gar nicht gegen den Staat leben, sondern nur ohne ihn«, berichten die Musiker. Selbst bei völlig unpolitischen Aktionen von Jugendlichen, wie einer gemeinsamen Fahrt auf einem selbstgebauten Floß die Saale hinunter, hätten die DDR-Staatssicherheit und die Volkspolizei zugeschlagen. Andere junge Jenaer berichten, wie sie von der Volkspolizei festgenommen und mit Schlägen traktiert wurden, nur weil sie auf der Straße Musik gemacht haben. Bei einem »öffentlichen Frühstück«, das sie morgens um zehn auf dem Jenaer Marktplatz veranstalteten, »um dieser grauen Stadt etwas Farbe zu verleihen«, wäre nach einer Viertelstunde die Volkspolizei aufgetaucht und hätte der Veranstaltung mit einem Großaufgebot ein Ende bereitet. Die Organisatoren wurden unter dem Vorwurf festgenommen, eine solche Zusammenkunft würde die »gesellschaftlichen Interessen« missachten und die »öffentliche Ordnung und Sicherheit« gefährden. Am Ende gab es hohe Geldstrafen, und ihnen wurden die Ausweise abgenommen. Wie viele junge DDR-Oppositionelle und Unangepasste besaßen sie anschließend nur noch den »PM-12«, ein Ausweisdokument, das ihre Bewegungsfreiheit einschränkte, wie es sonst bei haftentlassenen Kriminellen der Fall ist. »Diskriminiert und gebrandmarkt« hätten sie sich gefühlt, berichten die Jenaer Jugendlichen vor der »Kontraste«-Kamera: »Da bleibt einem dann gar nichts anderes mehr übrig, als einen Ausreiseantrag zu stellen.« Sie fordern mehr Toleranz und Freiräume für die Jugend.

Wohlwollend gibt Moderator Engert den SED-Funktionären zu bedenken, sie sollten mal darüber nachdenken, »dass mit Anpassern allein kein Staat zu machen ist«. Vermutlich wird Engerts Botschaft die Ohren der Politbürofunktionäre in ihrem Wandlitzer Wohnghetto nicht wirklich erreicht haben. Bei vielen Zuschauern in der DDR dürfte die ermutigende Nachricht, dass sie mit ihrem Unmut über den staatlich verordneten Gleichschritt nicht allein sind, hingegen haftengeblieben sein. Der »Kontraste«-Beitrag ist einer der wenigen Berichte in westlichen Medien aus dieser Zeit über die jugendliche Protestbewegung im Osten Deutschlands. Die meisten West-Journalisten in der DDR, viele von ihnen der älteren Generation zugehörig, haben zu den jugendlichen Protestlern hingegen keinen Zugang. Sie werden zudem vom Überwachungsapparat der Stasi und durch die offizielle Gängelung über die Presseabteilung des Außenministeriums von der jugendlichen Protestszene abgeschirmt.

Roland Jahn hat es nicht leicht, West-Journalisten und West-Politiker für die Vorgänge in seiner früheren Heimat zu interessieren. Dass es vor allem junge Menschen sind, und dabei durchaus nicht nur besonders oppositionell Gesinnte, die sich von ihrem Staat gegängelt und eingesperrt fühlen, zeigt sich auch Anfang Juni 1987, als es am Brandenburger Tor in Ost-Berlin zu einer Straßenschlacht zwischen rund 4000 Jugendlichen und der Volkspolizei kommt. Die jungen Leute wollen dort nicht etwa demonstrieren, sondern nur an drei aufeinanderfolgenden Tagen Rockkonzerten lauschen, die jenseits der Mauer, auf der Wiese vor dem Reichstag in West-Berlin, stattfinden. Erwartet werden internationale Stars wie David Bowie, Phil Collins und die Eurythmics. Als Volkspolizei und Stasi-Leute mit Schlagstöcken und Elektroschockern auf die jungen Leute losgehen, um sie von der Berliner Mauer fernzuhalten, wird es dann doch eine politische Demonstration. Die Jugendlichen skandieren in Sprechchören »Gorbi, Gorbi«, »Die Mauer muss weg« und »Wir wollen Freiheit«. Hunderte werden festgenommen. West-Rocker Udo Lindenberg feilt in seinem Hamburger Hotelzimmer daraufhin empört an einem Protestbrief, den er »Honey« einige Tage später zusammen mit einer Lederjacke nach Ost-Berlin schickt. »Die Kids sind keine Krawallisten und Randaleure, die stehen genauso auf Rock 'n' Roll und Locker-drauf-sein. Trouble gab's doch nur durch das hirnlose Vorgehen der Rudi-Ratlos-Gang von der Vopo! (...) Geh doch endlich raus auf die Straße, zieh dir die Lederjacke an und treff die bunten Kiddys und skandier mit ihnen Urbi et Gorbi«, schreibt er locker an den Generalsekretär der Sozialistischen Einheitspartei. In einem Telefoninterview, das Roland Jahn für das ARD-Magazin »Kontraste« mit dem Ost-Berliner Bürgerrechtler Wolfgang Templin führt, analysiert dieser die Vorgänge ähnlich. Die Krawalle würden deutlich zeigen, wie dünn die Decke ist, unter der sich gesellschaftliche Konflikte in der DDR verbergen. »Kontraste« berichtet über das, was die von der SED gesteuerten DDR-Medien totschweigen: dass es neben der von der Partei gesteuerten FDJ inzwischen eine breite alternative und in Teilen offen oppositionell eingestellte Jugendszene gibt, die insbesondere im abbruchreifen Ost-Berliner Stadtteil Prenzlauer Berg um neue Freiräume ringt.

Kontakte zu allen Parteien

Roland Jahn wird zunächst vor allem als Medieninformant und West-Ost-Netzwerker betrachtet und speziell von der Redaktion des ARD-Magazins »Kontraste« unterstützt, wo er auch in die Rolle eines Fernsehjournalisten zu DDR-Themen hineinwächst. Zugleich knüpft er in westdeutschen Journalistenkreisen ständig neue Kontakte. Der Großteil der politischen Parteien hingegen hält bis auf wenige Ausnahmen bei den Grünen und einzelnen SPD-Abgeordneten Abstand zu ihm und seinen politischen Freunden. Für die meisten Entspannungspolitiker, die auf »Wandel durch Annäherung« beim SED-Regime setzen, sind die ostdeutschen Oppositionellen eher undiplomatische Störenfriede. Von konservativen und bürgerlichen Kräften werden sie gemieden, weil sie als politisch Linke erscheinen und man jenen, die sich eine »bessere DDR« wünschen, ein gebrochenes Verhältnis zum westlichen System und zur deutschen Einheit unterstellt. Die wenigen Gesprächskontakte von CDU-Politikern mit DDR-Oppositionellen, darunter dem Ost-Berliner Pfarrer Rainer Eppelmann, verlaufen zumeist ernüchternd.

In seinem Buch »Die Opposition in der DDR und die deutsche Frage 1989/90« berichtet der einstige DDR-Oppositionelle und spätere Berliner CDU-Politiker Andreas Apelt, dass solche Gespräche aber auch innerhalb der DDR-Opposition kritisch gesehen wurden. Mit Gesprächspartnern von der Union, wie dem Staatssekretär im Bundesinnenministerium Eduard Lintner, gab es regelrecht Streit. Die Vorstellung von Teilen der DDR-Opposition, Deutschland könne nur dann wiedervereint werden, wenn es sich politisch neutral zwischen die Blöcke stelle und entmilitarisiert werde, hielt Lintner für utopisch. Trotzdem übernahmen auch CDU-Politiker Kurierdienste für die DDR-Opposition. So brachte Mitte der 80er Jahre der CDU-Bundestagsabgeordnete Heribert Scharrenbroich mehrere Druckmaschinen in die DDR, die von der Kirche, aber auch von Jahns Kontaktleuten zur Herstellung von Samisdat-Publikationen genutzt wurden. Scharrenbroich unterhielt für die CDU/CSU-Bundestagsfraktion auch Kontakte sowohl zu Roland Jahn als auch zu seinem Verbindungsmann Ralf Hirsch, der dann 1988 ebenfalls aus der DDR ausgewiesen wurde. Gefühlsmäßig haben nahezu alle ausgereisten DDR-Oppositionellen eine stärkere Beziehung zu jenen, die sich ähnlich wie sie als Opposition im eigenen Lande und als Streiter für Alternativen sehen. Reibungspunkte gibt es allerdings beim reichlich verklärten Bild vom realen Sozialismus bei zahlreichen West-Grünen. Von Bürgerrechtlern wie Jahn, die Unterdrückung, Zensur, Misswirtschaft und Umweltzerstörung in der DDR anprangern und das tödliche Mauerregime nicht akzeptieren wollen, fühlen sich einige arg gestört. Trotzdem kommt die meiste Unterstützung der DDR-Opposition letztlich aus den Reihen der Grünen. Vor allem Petra Kelly, Gert Bastian und Lukas Beckmann bemühen sich seit Anfang der 80er Jahre um intensive Kontakte.

Doch auch der Machtpolitiker Honecker will die Grünen für Vorstellungen von Friedenspolitik gewinnen. Deshalb trifft er sich trotz der »Schwerter zu Pflugscharen«-Protestaktion von Kelly und Bastian vom Mai 1983 auf dem Berliner Alexanderplatz noch im gleichen Jahr mit einer Delegation der Grünen, der neben Kelly, Bastian und Beckmann auch Otto Schily und Antje Vollmer angehören. Petra Kelly nutzt den Besuch im Oktober 1983, um nach dem Empfang beim SED-Chef schnurstracks zu einem Treffen mit Ost-Berliner Oppositionellen zu fahren. Auch dies hat Roland Jahn eingefädelt. Kelly trifft unter anderem mit Rainer Eppelmann und Bärbel Bohley zusammen. Das bringt Petra Kelly zwar zunächst ein Jahr Einreiseverbot ein, doch hält sie das nicht davon ab, bis zum Mauerfall etwa 30 Mal nach Ost-Berlin zu reisen, um mit den DDR-Bürgerrechtlern zusammenzutreffen. Da Abgeordnete des Deutschen Bundestages eine Art diplomatischer Immunität genießen und an der Grenze nicht kontrolliert werden, nutzt sie diese Fahrten, um Kurierdienste für Roland Jahn zu erledigen.

Auch der Grünen-Politiker Wilhelm Knabe ist in dieser Mission unterwegs. 1987 schmuggelt er ein von Jahn besorgtes Vervielfältigungsgerät durch die Mauer zu den Ost-Berliner Freunden. Kelly bringt im Kofferraum ihres Autos Bücher und Zeitungen, Kameras und Druckfarben zu den Oppositionellen. Vieles zweigt sie aus Beständen der Grünen ab, das meiste beschafft Roland Jahn in West-Berlin. Dies sorgt nicht nur bei der über ihre Stasi-Spitzel bestens informierten SED-Führung für Missfallen, sondern auch bei vielen ihrer grünen Parteifreunde im Westen. Parteiinterne Kritik für ihre Nähe zur DDR-Bürgerrechtsbewegung erhält sie beispielsweise vom deutschlandpolitischen Sprecher der grünen Bundestagsfraktion, dem West-Berliner AL-Mitglied Dirk Schneider. Er wirft ihr Politikunfähigkeit vor und meint, dass sie die DDR-Bürgerrechtler mit ihren Aktionen in Gefahr bringe. Schneider, der nach dem Fall der Mauer 1989 die Partei wechselt und für den SED-Nachfolger PDS ins Berliner Abgeordnetenhaus zieht, wird nach Öffnung der Akten der DDR-Staatssicherheit als West-Agent mit Decknamen IM »Ludwig« enttarnt, was er jedoch bestreitet.

An die Abneigung vieler West-Grüner gegenüber den DDR-Bürgerrechtlern erinnert Lukas Beckmann, als er nach Bärbel Bohleys frühem Tod 2010 eine Gedenkrede hält. Während eines erzwungenen West-Aufenthalts im Jahr 1988 war Bohley auf Betreiben von Kelly und Beckmann zu Gast in Bonn: »Petra Kelly hatte Bärbel Bohley in die grüne Bundestagsfraktion eingeladen. Jetzt sah sie zum ersten Mal unsere Arbeitsbedingungen, die vielen Büros, die vielen Mitarbeiter. Angesichts der riesigen Schnellkopierer standen Bärbel Tränen in den Augen. Als sie den Fraktionssaal betrat, verließ ein Teil unserer Fraktion den Saal. Sie wollten mit denen, die nur den Antikommunisten im Westen in die Hände spielen, nichts zu tun haben. So war das damals. Schmerzhafte Erfahrungen.«

Dennoch werden die Kontakte intensiver, meist ist Roland Jahn der Mittelsmann. Oft organisiert er, wie zum Beispiel im September 1987 für die Grünen-Politikerinnen Caritas Hensel und Bärbel Rust, in Ost-Berlin Treffen mit 20 bis 30 Bürgerrechtlern, meist bei Bärbel Bohley in ihrer Atelierwohnung in der Fehrbelliner Straße im Ost-Berliner Stadtbezirk Prenzlauer Berg.

Bei diesen Treffen finden jene Debatten statt, für die in der offiziellen DDR kein Platz ist. Mit ihrem zum Teil gestörten Verhältnis zur deutschen Frage sind die Bürgerrechtler dabei nicht allein. Auch viele SPD-Politiker, vor allem jene, die damals in der Partei als »Ost-Experten« gelten, vertreten auf der anderen Seite der deutsch-deutschen Grenze Ende der 80er Jahre die Linie eines vermeintlich konstruktiven Dialogs mit der SED, die ihren Höhepunkt in dem 1987 veröffentlichten gemeinsamen Grundsatzpapier von SPD und SED findet, das die Grundwertekommission der SPD mit ihrem Frontmann Erhard Eppler und die Akademie für Gesellschaftswissenschaften beim ZK der SED zusammen verabschieden. Darin heißt es: »Keine Seite darf der anderen die Existenzberechtigung absprechen. Unsere Hoffnung kann sich nicht darauf richten, dass ein System das andere abschafft. Sie richtet sich darauf, dass beide Systeme reformfähig sind und der Wettbewerb der Systeme den Willen zur Reform auf beiden Seiten stärkt.« Anders als viele DDR-Oppositionelle hält die Bonner SPD-Führung das Ost-Berliner Regime und seine Staatspartei noch immer für »reformfähig«. Enge Kontakte zu den unbequemen SED-Kritikern passen da nicht ins Konzept. Vertrauliche Treffen zwischen dem in dieser Zeit als führender Ost-Experte der SPD geltenden Egon Bahr und SED-Politbüromitglied Hermann Axen, wie zum Beispiel im April 1987, die laut Protokoll in »aufgeschlossener Atmosphäre« verlaufen, sind Alltag. Beispielsweise fährt SPD-Funktionär Friedhelm Farthmann, ein Vertrauter des damaligen NRW-SPD-Ministerpräsidenten und späteren Bundespräsidenten Johannes Rau, gelegentlich zur gemeinsamen Jagd mit SED-Funktionären in den Osten. Erst nach dem Mauerfall kommt Farthmann darauf, dass seine Jagdausflüge im Interesse der DDR-Staatssicherheit liegen. Darüber macht er sich lustig und meint, er habe sich immer gewundert, dass seine Begleiter beim Jagen nie getroffen hätten. Erst nach Honeckers Sturz und nach dem Mauerfall wird die SPD-Spitze ihren Kurs ändern und nicht die SED, sondern die von DDR-Bürgerrechtlern und evangelischen Geistlichen gegründete Sozialdemokratische Partei SDP als ihr ostdeutsches Pendant akzeptieren. Das gemeinsame SPD/SED-Grundwerte-Papier von 1987 verschwindet derweil im Archiv.

In dieser komplizierten Gemengelage zwischen den Oppositionellen in der DDR auf der einen und den verschiedenen politischen Kräften im Westen auf der anderen Seite ist Roland Jahn einer der wichtigsten Vermittler. Anders als die Bürgerrechtler in der DDR hat er in West-Berlin weit weniger Berührungsängste und sucht politische Verbündete in allen Parteien.

Die Zeitungsmacher in der DDR-Opposition

Von seinen privaten Einkünften und den mal kleineren, mal größeren Honoraren der West-Medien zweigt Roland Jahn die Mittel für seine ganz spezielle Medienarbeit im Osten ab: Vor allem kauft er Druckerschwärze und Matrizen, mit denen die Oppositionellen dort illegal Zeitungen und Zeitschriften produzieren. Damit erreichen sie zwar kein Millionenpublikum wie »Kontraste« oder die ARD-»Tagesschau«, aber diese »Samisdat«-Zeitschriften sind wesentliche Instrumente der Selbstverständigung und Selbstdarstellung der oppositionellen Parallelwelt, die ähnlich wie in Jena in vielen Städten in der DDR entsteht. Jahn ist sich dabei durchaus über die begrenzte Wirkung dieses »Samisdat« (russisch für »Selbstherausgegeben«) bewusst. Im Interview mit dem Historiker Ilko-Sascha Kowalczuk erklärt er: »Die Arbeit für den Samisdat habe ich immer bewundert, besonders den Mut der Leute, dafür Kopf und Kragen zu riskieren. Nicht nur deshalb habe ich die Arbeit, wo es nur ging, von West-Berlin aus unterstützt. Maschinen und immer wieder neue Druckerfarbe aus dem Westen waren heiß begehrt. Trotzdem habe ich manchmal heimlich gedacht, na gut, damit erreichen sie ihre paar hundert Fans und dann? Das kann doch nicht alles gewesen sein.«

Das größte Defizit des »Samisdat« sieht er in seiner begrenzten Perspektive. Oft fehlt ihm auch eine klare und eindeutige Sprache, das vorsichtige »Drumherumschreiben« ist für Außenstehende nur schwer verständlich. »Der Samisdat erreichte meist nur die eigenen Kreise. Die Sprache richtete sich an enge Zirkel. Wir konnten nur wenige Artikel, so wie sie erschienen waren, im Westen veröffentlichen. (...) Nicht nur Westler, auch ein normaler DDR-Bürger konnte mit dem, was da stand, oftmals nichts anfangen. (...) Dazu kam, dass die Texte oft vom Stilmittel platter Agitation geprägt waren. (...) Mich hat das gestört, aber es war wahrscheinlich für die Selbstfindung notwendig, auf die SED-Agitation eben hart agitatorisch zu reagieren, um Frust abzubauen. Nur wenige Arbeiten aus der DDR waren getragen von einem beschreibenden Ansatz.«

Auch wenn Jahn die schwache Breitenwirkung der von ihm unterstützten illegalen Oppositionsblätter sieht, unterstützt er deren Produktion vor allem deshalb, weil er um die Energie und das Gemeinschaftsgefühl weiß, die DDR-Oppositionelle daraus schöpfen. Jahns Weggefährte Rüdiger Rosenthal erinnert sich: »Anders als Robert Havemann, Wolf Biermann oder Rudolf Bahro glaubten wir Jüngeren nicht mehr an die Reformfähigkeit der Partei, sondern versuchten, uns eine Art Parallelgesellschaft aufzubauen. Polen war da unser großes Vorbild, die parallelen Strukturen, die dort die »Solidarność« und die katholische Kirche mitten in einem kommunistischen Land aufbauten. Mit eigenen gesellschaftlichen Treffpunkten, eigenen Zeitungen, eigenen Veranstaltungen, eigenen Organisationen. Sogar mit einem eigenen Untergrundbildungswesen, wie es mit der ›fliegenden Universität‹ auch die Opposition um Václav Havel in der Tschechoslowakei aufgebaut hatte. So etwas wollten wir auch. Darin waren sich alle Oppositionellen einig.«

Doch in der DDR gibt es eine strenge Zensur und Überwachung aller Druck- und Kopiergeräte. Einige der Vervielfältigungsgeräte gibt es in den Pfarreien der Evangelischen Kirche, allerdings ist es von Seiten der Kirchenleitung strengstens untersagt, sie für etwas anderes als kircheninterne Publikationen einzusetzen. Doch engagierte Pastoren und Kirchenmitarbeiter halten sich nicht an dieses Verbot. Einige Ormig-Hektographiergeräte sind auch illegal in die DDR geschafft worden und somit bei den staatlichen Behörden nicht registriert. Druckfarben, Matrizen und Ersatzteile dafür sind in der DDR nicht zu bekommen, deshalb beschafft Jahn die Materialien aus dem Westen. Wie kompliziert das alles ist, zeigt das Beispiel der Ost-Berliner Umwelt-Bibliothek. In der mit Erlaubnis des Pfarrers der Zionskirchgemeinde, Hans Simon, in den kirchlichen Kellerräumen eingerichteten Umwelt-Bibliothek werden ab Mitte der 80er Jahre mit Roland Jahns Unterstützung illegale Oppositionsblätter produziert. Die Umwelt-Bibliothek wird schnell zu einem Treff von Kritikern des Systems, auch, weil es dort Bücher und Zeitungen aus dem Westen wie etwa die alternative »taz« oder den »Spiegel« zu lesen gibt, die ebenfalls von Jahn und seinen Freunden beschafft werden.

Widerstand mit einfachen Mitteln: eine der Druckmaschinen in der Ost-Berliner Umwelt-Bibliothek, die mit eingeschmuggelter Druckerfarbe arbeitet

Dass dies in der DDR überhaupt möglich ist, geht auf einen historischen Kompromiss zurück, den die Evangelische Kirche mit ihrem Verhandlungsführer Manfred Stolpe mit SED-Chef Erich Honecker 1978 geschlossen hat. Danach wurde den Kirchen innerhalb ihrer Mauern ein gewisser Freiraum zugestanden, während man als Gegenleistung von der Kirche erwartete, dass sie außerhalb dieser Mauern nicht politisch aktiv wird. Die geduldete Minderheit sollte als »Kirche im Sozialismus« ihre Nische erhalten. Für ihr politische Zurückhaltung wurden Reiseerleichterungen, mehr Bildungsmöglichkeiten für Kinder aus Pfarrhaushalten, theologische Studiengänge an staatlichen Universitäten und finanzielle Unterstützung bei der Sanierung kirchlicher Bauten zugesagt. Nur eine kleine Minderheit evangelischer Geistlicher verweigert sich diesem Deal.

Die neuen Vereinbarungen bringen allerdings auch Vorteile für jene, die diese Linie kritisch sehen. Dutzende evangelische Pfarrer in der ganzen DDR, darunter der Mentor der »Offenen Arbeit« in Thüringen, Walter Schilling, der spätere »Vater der Montagsdemos«, Christoph Wonneberger in Leipzig, Rainer Eppelmann mit seinen »Bluesmessen« in der Berliner Samariter-Gemeinde und auch

Hans Simon von der Zionskirchgemeinde nutzen die erweiterten Möglichkeiten, um politisch Widerständigen den Schutz ihrer Kirchenräume zu bieten: Für Versammlungen, Treffs, sogar für Auftritte verbotener Künstler wie Stephan Krawczyk oder Freya Klier.

Den Offizieren im Ministerium für Staatssicherheit geht dieses Treiben allerdings zu weit. Am 24. November 1987 schlägt der Geheimdienst mit einer Razzia in der Umwelt-Bibliothek zu. Von einem in die Redaktion eingeschleusten Spitzel hat man einen Tipp bekommen, dass in jener Nacht wieder einmal die illegale Zeitschrift der Initiative Frieden und Menschenrechte mit 600 Exemplaren gedruckt werden soll. Die Organisation hatte sich 1985 nach dem Vorbild der Prager »Charta 77« gegründet. Sie publiziert den »Grenzfall«, der den SED-Funktionären schon lange ein Dorn im Auge ist und der hier gedruckt wird. Die Umwelt-Bibliothek selbst gibt die als »kirchenintern« deklarierten und damit legalen »Umweltblätter« heraus, eine zwar ebenfalls argwöhnisch beäugte und mittels Druckausübung auf Kirchenfunktionäre immer wieder zensierte, aber geduldete Zeitschrift. Als die knapp zwanzig Greifer der Stasi spätabends die enge Treppe hinunter in den Keller der Bibliothek stürmen, läuft tatsächlich die Druckmaschine. Doch Drucker Wolfgang Rüddenklau, ein Kirchenangestellter und Oppositioneller, hat gerade die Matrizen der legalen »Umweltblätter« in der Maschine. Und die eigentlichen Macher des zuvor bereits gedruckten »Grenzfalls«, darunter Peter Grimm und Ralf Hirsch, sind gar nicht da, die haben sich aus Vorsicht vor Razzien bereits entfernt und sitzen in einer Kneipe in der Nähe. Rüddenklau und die anderen sechs im Keller anwesenden Personen werden verhaftet. Als bei Roland Jahn in West-Berlin das Telefon läutet, erkundigt er sich nach den genauen Umständen, notiert die Namen der Verhafteten und informiert die Medien. Man vertraut ihm dort als zuverlässigen Informanten, bei dem die Fakten stimmen. Schon wenig später tickern die Nachrichten von dem Gewaltakt gegen die jungen Oppositionellen in Ost-Berlin über die westlichen Agenturen, die »Tagesschau« meldet die Verhaftungen. Auch das ARD-Magazin »Kontraste«, für das Roland Jahn nicht mehr nur zur Informationsbeschaffung, sondern inzwischen als freier Journalist tätig ist, berichtet wenige Tage später ausführlich über die Razzia. Die von dieser Berichterstattung ausgelöste Empörung verhagelt nicht nur der SED-Spitze, sondern auch den Entspannungspolitikern im Westen die Stimmung. Die Nachrichtensendung »Aktuelle Kamera« des DDR-Fernsehens und sämtliche Zeitungen im Osten schweigen den Fall zunächst tot. Die Bürger in der DDR erfahren das Ganze aber nicht nur aus dem West-Fernsehen, sondern auch auf anderen Wegen. Die Oppositionsszene ist inzwischen intern besser organisiert, über die Büros oppositionell eingestellter evangelischer Pfarrer ist ein überregionales Netzwerk entstanden. Per Telefonkette verbreitet sich die Nachricht im Land. Es entsteht eine Protestwelle mit zahlreichen Mahnwachen und Fürbitt-Gottesdiensten in der ganzen DDR.

Wenn aber die West-Medien, insbesondere die ARD-»Tagesschau«, nicht an dem Fall dranbleiben, das ist Roland Jahn klar, wird der Protest bald versiegen und ohne allzu großes Echo bleiben. Die Medien haben bereits zu dieser Zeit ein kurzes Gedächtnis, täglich jagen sie neuen Nachrichten nach. Jahn weiß, dass schnell »nachgelegt« werden muss. Er verabredet mit den Oppositionellen in Ost-Berlin eine spektakuläre Aktion. Sie befestigen am Turm der Zionskirche ein großes Transparent mit der Aufschrift: »Wir protestieren gegen die Festnahmen und die Beschlagnahmung in der Umwelt-Bibliothek«. Es ist kein Zufall, dass genau in dem Moment, als das Transparent aufgehängt wird, auf der Straße ein Kamerateam des ZDF steht, Jahn hat es über die geplante Aktion informiert. Feuerwehrmänner, von der Staatssicherheit alarmiert, rücken mit einer langen Leiter an und entfernen das Banner. Das Ganze dauert keine Stunde, aber die Aufnahmen sind im Kasten und flimmern wenig später in der ZDF-Nachrichtensendung »heute« in alle DDR-Wohnstuben.

»Gerade dieses Zusammenspiel zwischen Ost und West«, so erinnert sich Roland Jahn, »hat es möglich gemacht, dass eine Öffentlichkeit geschaffen worden ist gegen diese Verhaftungen.« Drei Tage später ist auch der letzte der festgenommenen Mitarbeiter der Umwelt-Bibliothek, Wolfgang Rüddenklau, wieder frei. Für die SED-Spitze ist der politische Preis zu hoch geworden, und für die DDR-Staatssicherheit ist es eine schmerzliche Niederlage, die sie nicht auf sich sitzen lassen will. Für sie ist es ein Beleg mehr, dass die DDR-Opposition in Wirklichkeit von West-Berlin aus gesteuert wird, von dem »Agenten« Roland Jahn. Fast täglich telefoniert Jahn jetzt mit seinen Kontaktleuten in Ost-Berlin, meist mit Ralf Hirsch oder

Die Mitarbeiter der Umwelt-Bibliothek während der Stasi-Razzia 1987; zweiter von rechts: Wolfgang Rüddenklau

Wolfgang Templin von der Initiative Frieden und Menschenrechte, und informiert anschließend seine westlichen Journalistenkollegen. Ihm ist es dabei egal, dass die Gespräche alle abgehört werden.

In den Stasi-Unterlagen für den 2. Dezember 1987 beispielsweise wird der Arbeitstag des »Telefonoppositionellen« minutiös festgehalten: Kurz vor ein Uhr nachmittags informiert sich Jahn bei einem Kontaktmann in Ost-Berlin darüber, was bei dem zwei Tage zuvor stattgefundenen Konzert von Stephan Krawczyk und Freya Klier in der Ost-Berliner Gethsemanekirche los war. Eineinhalb Stunden später telefoniert er mit Siegbert Schefke, einem Gewährsmann aus der Umwelt-Bibliothek. Dieser informiert ihn, dass sich mehrere Besucher aus dem Westen angekündigt haben, vom Europäischen Netzwerk für den Ost-West-Dialog. Anschließend klingelt er bei dem Oppositionellen Carlo Jordan durch und informiert ihn darüber, wie die West-Berliner Zeitungen, insbesondere die »taz«, über den Verlauf des Prozesses gegen ostdeutsche Skinheads berichten, die wegen eines Überfalls auf ein Rockkonzert in der Zionskirche vor Gericht stehen. Eine Viertelstunde später hat Jahn Ralf Hirsch von der Initiative Frieden und Menschenrechte an der Strippe und bittet ihn um einen Kommentar zu den laufenden Abrüstungsverhandlungen zwischen Ost und West, der in der »taz« erscheinen soll. Kurz vor vier Uhr nachmittags klingelt er dann, wie nahezu täglich, beim »Diensthabenden« in der Umwelt-Bibliothek an. Dort wurde nach dem Überfall vom 24. November ein Rund-um-die-Uhr-Telefondienst eingerichtet, mit dem die Ost-Berliner Oppositionellen die Telefonketten in Ostdeutschland mit Nachrichten versorgen. Jahn hört, dass am Vorabend vier Mannschaftswagen der DDR-Volkspolizei vor der Zionskirche vorgefahren und nach kurzer Zeit wieder abgezogen sind. Außerdem erfährt er, dass für den 4. Dezember eine neue Protestveranstaltung in der Zionskirche geplant ist. Halb fünf am Nachmittag spricht er mit der Bürgerrechtlerin Vera Wollenberger, die beiden diskutieren über den Skinhead-Prozess und sind sich einig, dass die DDR-Justiz die rechten Schläger viel zu milde behandelt. Zufällig ist gerade der junge Oppositionelle Herbert Mißlitz, der sich in der Skinhead-Szene auskennt, zu Besuch bei Vera Wollenberger, und Jahn verabredet einen Kommentar für die »taz«. Gegen Mitternacht telefoniert Jahn dann noch, wie fast jede Nacht, eine gute Stunde lang mit Lutz Rathenow, der als einer der wenigen Ost-Berliner Bürgerrechtler zu Hause ein privates Telefon hat, und vereinbart unter anderem, am nächsten Tag detaillierte Informationen über in Erfurt geplante Protestveranstaltungen zu bekommen, um sie an die West-Presse weitergeben zu können.

»Radio Glasnost« – eine Rundfunk-
sendung »aus und über die DDR«

Ziel von Roland Jahn und dem im Juli 1987 nach West-Berlin ausgereisten Rüdiger Rosenthal ist es, mehr Öffentlichkeit für die DDR-Opposition zu schaffen und ihr ein Sprachrohr nach innen und außen zu geben. Dafür bieten sich zu dieser Zeit neue Möglichkeiten. Nach der Liberalisierung der bundesdeutschen Rundfunklandschaft gehört das von jungen Journalisten gemachte »Radio 100« zu den ersten privaten Rundfunksendern West-Berlins. Dort wird ab Sommer 1987 jeweils an einem Montag im Monat »Radio Glasnost« (Russisch für »Offenheit«) – eine »Sendung aus und über die DDR« – ausgestrahlt. Damit dies auch bekannt wird, berichten »Kontraste«-Redakteur Peter Wensierski und Roland Jahn in einem Fernsehbeitrag Ende August 1987 darüber.

»Im öffentlich-rechtlichen Rundfunk wäre eine solche von DDR-Bürgerrechtlern gemachte Sendung nie möglich gewesen«, ist sich Rüdiger Rosenthal sicher, »die hatten da viel zu viele Vorbehalte.« Da waren zunächst berechtigte Formalien, wie die Tatsache, dass die Qualität der Beiträge anfangs noch zu wünschen übrig ließ. Zum anderen aber auch, weil es aus dem Rundfunkrat der West-Berliner ARD-Anstalt Sender Freies Berlin genügend politischen Gegenwind gab. Man wollte die DDR-Führung mit einem solchen Feindsender nicht provozieren. »Bei Radio 100 hatten wir den Vorteil, dass es dort keinen Rundfunkrat gab und die Entscheider keine übergroße Rücksicht auf deutsch-deutsche Befindlichkeiten nehmen mussten«, meint Rosenthal.

Wie empfindlich das SED-Regime auf von DDR-Oppositionellen gemachte Radiosendungen reagiert, hatte sich schon kurz zuvor gezeigt, als die Staatssicherheit nach 20 Jahren deutsch-deutschem Frieden im Äther gegen eine kleine illegale Sendestation in einem besetzten Haus in Berlin-Kreuzberg vorging. Mit Peilempfängern war das »Feindobjekt« ausfindig gemacht worden. Von dort wurde stundenweise der »Schwarze Kanal« ausgestrahlt, der in einigen

Teilen Ost-Berlins zu empfangen war. Das Programm hatten Ost-Berliner um den späteren Mitbegründer des Neuen Forum Reinhard Schult gestaltet, im Osten auf Tonbänder gesprochen und in den Westen geschmuggelt. Die Empfangsqualität war allerdings dürftig, was sowohl an der simplen Aufnahmetechnik im Ost-Berliner Wohnzimmer mit rauschenden DDR-Tonkassetten als auch an der amateurhaften Sendetechnik lag. Nach einem offiziellen Protest der DDR fühlte sich die West-Berliner Polizei bemüßigt, Jagd auf den illegalen, von Kreuzberger Autonomen betriebenen Piratensender zu machen. »Radio Glasnost« auf »Radio 100« hingegen ist legal und kommt aus einem technisch professionell ausgestatteten Studio an der Potsdamer Straße/Ecke Bülowstraße.

Allerdings haben die »Glasnost«-Redakteure um den Journalisten Dieter Rulff, um Jahn und Rosenthal, gelegentlich auch Ärger mit einigen Ost-Berliner Bürgerrechtlern. Diese beklagen, dass sie auf das nunmehr nicht in Ost-Berlin, sondern in der Redaktion in West-Berlin produzierte Programm zu wenig Einfluss haben. Doch man findet zu einer Verständigung. »Radio Glasnost« sendet fortan über zwei Jahre Interviews mit Bürgerrechtlern, in der DDR »verbotene« Musik, Ankündigungen von oppositionellen Veranstaltungen in der ganzen DDR, Radioessays über die Samisdat-Szene und andere Tabuthemen. Das Programm spricht sich herum und wird zunehmend gehört. Zwar erreicht es im Gegensatz zu ARD und ZDF nur Berlin und Teile der DDR-Bezirke Potsdam und Frankfurt (Oder) und hat vielleicht 10 000 Hörer, aber es ist die erste freie Sendung »aus der DDR, für die DDR«, wie die Moderatorin Ilona Marenbach das Programm jedes Mal ankündigt. Lange vor dem Fall der Mauer ist »Radio Glasnost« der erste unzensierte ostdeutsche Journalismus im Hörfunk.

Entsprechend groß ist die Aufregung bei der Staatssicherheit. Sie installiert Störsender und funkt in die Sendungen von »Glasnost« hinein – ein Menetekel für die Abwehr von »Glasnost und Perestroika«, die gerade zu grundlegenden Reformen in der Sowjetunion führen. Nachdem die Bundesregierung gegen das Stören einer von ihrem Territorium sendenden Rundfunkstation protestiert und sich auf das deutsch-deutsche Postabkommen beruft, beendet die DDR ihren letzten Versuch, den »Kalten Krieg im Äther« noch einmal von vorn zu beginnen.

Ein weiteres von DDR-Oppositionellen gern genutztes Medium ist die den Grünen nahestehende West-Berliner Tageszeitung »taz«. Mitte der 80er Jahre startet sie unter Mitarbeit von Roland Jahn die neuen »Ostberlin-Seiten«. Neben Jahn und anderen aus der DDR Ausgereisten bzw. Ausgewiesenen schreiben dort auch viele direkt aus der ostdeutschen Opposition, zu ihrem Schutz oft unter Pseudonymen. Die »taz« wird mit ihren Ostberlin-Seiten anschließend stapelweise von Jahns Korrespondentennetzwerk in den Osten geschmuggelt und in die ganze DDR verteilt. So ist ausgerechnet das Leib- und Magenblatt der Linksalternativen, bei denen eine Wiedervereinigung als »konservatives Vorhaben« verpönt ist, das erste West-Blatt, das den Osten für sich als Thema entdeckt. Kurz nach dem Mauerfall gibt es dann noch für kurze Zeit eine erweiterte, täglich erscheinende »Ost-Taz«. Es ist das erste West-Blatt, das den Sprung über die gerade gefallene Mauer wagt und noch gegen Ost-Mark an den Verkaufsstellen der DDR zu haben ist. Die Chefredakteure des Axel-Springer-Verlages befinden sich da in ihrem direkt an der Berliner Mauer gelegenen Hochhaus noch im Tiefschlaf. Axel Springer, der 1985 verstorbene Verleger, der sich diesen »Hochsitz« an der Mauer bauen ließ, um nach deren Fall möglichst nah an Ost-Berlin zu sein und schnell publizistisch agieren zu können, hat sich wahrscheinlich im Grab umgedreht. Ausgerechnet die »taz«, das als Sprachrohr der alternativen ›West-68er« einsortierte Blatt, stiehlt im Verein mit den ostdeutschen Bürgerrechtlern den Redakteuren seines Großverlages die Schau.

Das Verhältnis zu den West-Journalisten

Dass Jahn im Team der ARD-Sendung »Kontraste« mit DDR-Themen auf besonders offene Ohren stößt, hat vielleicht auch mit dem langjährigen »Kontraste«-Redaktionsleiter und – seit 1987 – Chefredakteur beim Fernsehen des Senders Freies Berlin (SFB), Jürgen Engert, zu tun. Den »Kontraste«-Chef muss Jahn nicht lange überzeugen, dass im SED-Staat viel schiefläuft und warum sich insbesondere sehr viele junge Menschen frustriert vom real existierenden Sozialismus abwenden. Engert, Jahrgang 1936, stammt schließlich aus Dresden. 1954, ein Jahr nach der Revolte vom 17. Juni, hatte er dort sein Abitur gemacht. Weil er der SED für einen Studienplatz in der DDR nicht linientreu genug erschien, ging er in den Westen. Als junger Redakteur der West-Berliner Zeitung »Der Abend« erlebte er 1961 den Mauerbau, in den 70er Jahren war er Chefredakteur der Zeitung, dann wechselte er zum SFB. Engert erinnert sich an die Arbeit mit dem journalistischen Autodidakten Jahn: »Es war ein Glücksfall für beide Seiten. Roland Jahn traf mit uns auf Deutsche im Westen, die wussten, was wirklich hinter DDR-Schlagzeilen wie ›Heraus zur Kampfdemonstration‹ steckte, denen man das nicht erklären musste. Wir waren für ihn sicherlich auch ein Glücksfall, denn bei uns war keineswegs eine SFB-Kampfgruppe am Werke. Wir wollten nichts unterlegen, wo es nichts gab, wir wollten das Vorurteil wegrecherchieren, und wir wollten auch nicht steril aufgeregt sein. Das war nicht ganz einfach. Da gab es natürlich auch enorme Spannungen. Wir konnten damals auch nicht wissen, wen wir uns mit Roland Jahn da einhandeln. Es hätte ja auch anders sein können, ganz anders.« Vielleicht gar ein von der DDR eingeschleuster »Agent provocateur«? Ein Blender, der sich mit Falschinformationen wichtigmachen will? Da müssen Engert und Redakteur Peter Wensierski, der eng mit Jahn zusammenarbeitet, am Anfang viel Vertrauen in ihn setzen.

Es ist kein leichtes Unterfangen, im Osten unabhängig zu recherchieren oder gar unzensierte Fernsehbilder zu bekommen. Seit den Ost-Verträgen, die die Bundesregierung unter Willy Brandt in den

70er Jahren mit der SED-Führung schloss, gibt es immerhin Korrespondenten der West-Medien in der DDR. Deren Installierung ist der Preis, den die SED für das Ende der »Hallstein-Doktrin«, mit der die Bundesrepublik ihren Alleinvertretungsanspruch als einzig rechtmäßiger deutscher Staat begründete, zahlen musste. Von Anfang an hat die DDR-Führung jedoch immer wieder deutlich gemacht, dass sie die westlichen Korrespondenten in der DDR nur dann duldet, wenn sie sich einigermaßen loyal verhalten. Wer dies nicht tat, an dem wurde, wenn es die politische Lage erlaubte, gelegentlich ein Exempel statuiert. Immer wieder wurden einzelne Korrespondenten ausgewiesen. Der prominenteste Fall ist Lothar Loewe, ARD-Fernsehkorrespondent in der DDR. Er drehte Beiträge über Ausreisewillige und sagte 1976 in einem Kommentar über den innerdeutschen Todesstreifen, die DDR-Grenzer schössen dort auf »Flüchtlinge wie auf Hasen«. Das stimmte zwar, war aber für die SED-Führung Anlass genug, Loewe umgehend auszuweisen. 1978 flog der »Spiegel«-Korrespondent Ulrich Schwarz aus der DDR. Sein Vergehen: Er traf sich heimlich mit dem Dissidenten und einstigen Ulbricht-Vertrauten Hermann von Berg in dessen Haus in Schöneiche bei Berlin und ließ sich von dem geschassten Wissenschaftler und Diplomaten das Anfang Januar 1978 im »Spiegel« veröffentlichte »Manifest der DDR-Opposition« in den Block diktieren. Das Manifest strotzt vor ätzender Kritik am SED-Staat (»Einparteien-Diktatur«), kommunistische Funktionäre werden dort als »parasitäre Bürokratenkaste« benannt und der DDR wird ihr baldiges Ende prophezeit, wenn sich nichts ändere (»Kein Übel währt ewig, man kann nicht 17 Millionen Menschen lebenslänglich einsperren«). Besonders aber dürfte Honecker erzürnt haben, dass der bestens über SED-Interna informierte langjährige Spitzenfunktionär Hermann von Berg die Privilegien der Politbürokaste in deren abgeschirmtem Wohnsitz in Wandlitz bei Berlin anprangerte. 1983 traf es dann den »Stern«-Korrespondenten Dieter Bub, der Kontakte zu dem unter Hausarrest stehenden Dissidenten Robert Havemann unterhielt und der in seinem Auto regelmäßig Bücher, Zeitschriften und Technik für Oppositionelle über die Grenze schmuggelte. Als der »Stern« über einen Attentatsversuch auf Erich Honecker in der Nähe von Wandlitz berichtete, musste Bub gehen. Als Begründung gab das für die Arbeitserlaubnis der West-Journalisten formal zuständige DDR-

Außenministerium in allen drei Fällen die Verletzung von Vorschriften an. Diese sind in der Tat äußerst restriktiv. Rechercherreisen und Interviews sind vorher anzumelden und genehmigungspflichtig. Anfragen, schon leichte Tabuthemen journalistisch recherchieren zu wollen, werden zumeist abgewiesen, es werden Spitzel und Abhörwanzen gegen die Medienvertreter eingesetzt, sie müssen sich mit der Realität ihrer ständigen Überwachung arrangieren. »Spiegel«-Korrespondent Ulrich Schwarz erinnert sich: »Für Reisen außerhalb von Ost-Berlin mussten die Korrespondenten 24 Stunden vorher im Presseamt des Ministerrats ankündigen, wohin sie fahren, welche Geschichte sie dort machen, mit wem sie reden wollen. So konnte ja kein Mensch arbeiten, und deshalb haben wir uns natürlich in der Regel nicht daran gehalten. Insbesondere mit dem Zug konnte man sich ja verhältnismäßig unauffällig durch die DDR bewegen.« Von den Arbeitsbedingungen ihrer Korrespondenten haben viele Chefredakteure und leitende Mitarbeiter oft wenig oder völlig falsche Vorstellungen. Gerne erinnert sich Schwarz an den »guten Tipp«, den ihm Dirk Koch, der Bonner Büroleiter des »Spiegel«, mit auf den Weg nach Ost-Berlin gab: »Du musst das so machen, dass du nach den wöchentlichen Politbürositzungen einfach mal mit dem einen oder anderen Mitarbeiter im Zentralkomitee der SED ein Bier trinken gehst, dann erfährst du auch, was los war.« Darüber kann Schwarz bis heute schmunzeln: »Der dachte doch tatsächlich, das wäre so ähnlich wie in Bonn. Er glaubte doch im Ernst, dass irgendein SED-Funktionär aus der Nähe des Politbüros mit mir als West-Korrespondenten auch nur ein Wort wechselt, geschweige denn mit mir ein Bier trinken geht.«

Viele Korrespondenten-Büros befinden sich in dem Anfang der 80er Jahre eingerichteten Internationalen Pressezentrum in der Mohrenstraße. Der Pförtner von der Staatssicherheit hat die Weisung, DDR-Bürger, die vorstellig werden, abzuwimmeln und wegzuschicken. Nachdem Ulrich Schwarz 1986, acht Jahre nach der Ausweisung dann zum zweiten Mal »Spiegel«-Korrespondent in Ost-Berlin wird, bezieht er eine Büro-Wohnung in einem ganz normalen Wohnhaus nahe der Ost-Berliner Leninallee. Etwas versteckt, am Eingang des Treppenhauses, darf er sogar ein Firmenschild des »Spiegel« aufhängen. Die Wohnung ist verwanzt, das Telefon wird abgehört. Um mit der Chefredaktion in Hamburg zu telefonieren, fährt Schwarz oft nach West-Berlin, er weiß nicht, dass die per Richtfunk über DDR-Territorium von West-Berlin nach Hamburg übertragenen Telefongespräche ebenfalls von der Staatssicherheit abgehört werden. Obwohl die Stasi folglich von seinen engen Kontakten zur Opposition und seinen geheimen Kurierfahrten weiß, bleibt er nun weitgehend unbehelligt. Die SED-Führung will Ende der 80er Jahre ihre guten Beziehungen zum Westen nicht ohne Not belasten, zu stark ist inzwischen die finanzielle Abhängigkeit. Das ist auch der Grund, warum die Oppositionellen sich in der Endphase der DDR zunehmend Freiräume erobern können. Sie werden zwar weiter mit »Zersetzungsmaßnahmen« bekämpft, aber nur noch selten eingesperrt. Auch »Spiegel«-Korrespondent Ulrich Schwarz hat manchmal ein ungutes Gefühl. So klingelt eines Nachts das Telefon in seiner Wohnung im 16. Stock, und eine Stimme sagt »Leb wohl, Leb wohl«. Er bekommt es mit der Angst zu tun. Was, wenn gleich ein Rollkommando in seine Wohnung gestürmt kommt und man ihn am nächsten Morgen unten auf dem Bürgersteig findet? Panisch flieht er über das Treppenhaus, steigt in sein Auto und fährt über die Grenze nach West-Berlin, wo er den Rest der Nacht in einem Hotel verbringt. 1987 hat Schwarz einen schweren Autounfall, sein Wagen überschlägt sich mehrmals. Als er wieder zu sich kommt, liegt er verletzt im Krankenhaus von Güstrow. Er verbietet sich selbst jede Verschwörungstheorie, aus Furcht, es als Korrespondent in der DDR ansonsten psychisch nicht mehr auszuhalten. Nachts, allein in seiner Ost-Berliner Wohnung, quälen ihn jedoch manchmal Albträume.

Nicht nur aus Angst sind die meisten in der DDR akkreditierten West-Journalisten sehr vorsichtig. Sie wollen bei der Obrigkeit nicht allzu unangenehm auffallen, da es dafür womöglich auch zu Hause im Westen Sanktionen gibt. Manche westdeutsche Redaktionen verbinden mit der Zulassung eines ostdeutschen Korrespondentenbüros einen besonderen Status im journalistischen Olymp, den man auf keinen Fall verlieren will. Nicht zuletzt schmerzt eine Ausweisung den Betroffenen selbst auch finanziell, denn die Gehälter der Korrespondenten in Ost-Berlin sind steuerfrei.

Setzen sich viele in der DDR akkreditierte Korrespondenten westlicher Medien dem Spannungsfeld zwischen offizieller Propaganda und den Oppositionellen bewusst aus, nutzen andererseits nicht wenige West-Journalisten und -Publizisten lieber vom SED-Regime angebotene »Informationsreisen«, bei denen man sie mit handverlesenen Interviewpartnern zusammenführt. So wie in den 80er Jahren der im Westen als DDR-Experte gehandelte Chefredakteur der Wochenzeitung »Die Zeit«, Theo Sommer. Er ist 1986 der Einzige, der für sein Blatt ein Exklusivinterview mit SED-Chef Erich Honecker führen darf. Und in einer im selben Jahr in der »Zeit« und später auch als Buch erschienenen Artikelserie (»Reise in das andere Deutschland«) behandelt er die marode DDR mit erkennbarem Wohlwollen und beschreibt sie als aufstrebende Wirtschaftsnation, die mit Honecker einen vernünftigen Mann an der Spitze habe, der »aus der Sache, nicht aus der Ideologie« heraus handele. Sommer suggeriert, damit durchaus dem Zeitgeist folgend, der Westen solle die DDR, auch durch Kredite, weiter stabilisieren, denn positive Veränderungen könnten eher von den Trägern des Regimes als von den unberechenbaren und weltfremden Oppositionellen kommen. Dabei gibt es unter den rund 20 ständig in der DDR akkreditieren West-Journalisten durchaus einige, die das anders sehen. Ingomar Schwelz von Associated Press, Hartmut Jennerjahn von der Deutschen Presseagentur, Hans-Jürgen Röder vom Evangelischen Pressedienst, Otto-Jörg Weiß von der »Stuttgarter Zeitung«, Helmut Lölhöffel von der »Süddeutschen Zeitung« und Karl-Heinz Baum von der »Frankfurter Rundschau« unterhalten enge Kontakte zu den Bürgerrechtlern. Roland Jahns Wohnung in der Görlitzer Straße 66 in Kreuzberg und Lutz Rathenows Wohnung in der Gabelsberger Straße 3 im Ost-Berliner Stadtteil Friedrichshain, nur ein paar Kilometer Luftlinie voneinander entfernt und heute im gleichen Berliner Stadtbezirk Kreuzberg-Friedrichshain gelegen, sind in den 80er Jahren die wichtigsten Kommunikationszentralen für die DDR-Opposition. Einige der West-Korrespondenten berichten nicht nur über die Vorgänge innerhalb der Opposition, sondern sie helfen auch bei deren Engagement für Meinungs- und Pressefreiheit – oft weit jenseits der von ihren Chefs goutierten Verhaltensweisen. Zur Ost-Berliner Wohnung des FAZ-Korrespondenten Peter Jochen Winters hat Rathenow sogar einen eigenen Schlüssel. Die Wohnung ist über Jahre ein wichtiger »toter Briefkasten« der DDR-Opposition. Im Wochentakt holt Rathenow dort, meist im Schutz der Dunkelheit spät nach Mitternacht, Pakete oder Bücher, die Winters von drüben mitgebracht hat. Oder er deponiert dort Briefe und Fotos, die in den Westen geschmuggelt werden sollen.

Verfechter eines vermeintlich reinen Journalismus, von denen es damals nicht wenige gibt, berufen sich bei ihrer Ablehnung derartiger journalistischer Grenzgänge gern auf den Satz von ARD-»Tagesthemen«-Moderator Hans-Joachim Friedrichs: »Einen guten Journalisten erkennt man daran, dass er sich nicht gemeinmacht mit einer Sache, auch nicht mit einer guten Sache; dass er überall dabei ist, aber nirgendwo dazugehört.« »Spiegel«-Korrespondent Ulrich Schwarz, einer der engsten Kontaktleute zwischen den DDR-Oppositionellen und Roland Jahn, widerspricht dem vehement. Schwarz, der nach dem Mauerfall als Ruheständler am Berliner Schiffbauerdamm mitten im früheren Ost-Berlin wohnt, sagt: »Mich ärgert weniger der Satz von Hans-Joachim Friedrichs als mehr die getragene Stimmung, mit der er jedes Jahr zelebriert wird, bei diesen Verleihungen des nach ihm benannten Pressepreises, mit diesem getragenen Pathos. Das ist ein Verständnis vom Journalismus, das ich furchtbar finde. Ich halte von diesem Satz überhaupt nichts. Wie können Sie in Ländern, in denen alles geheimgehalten wird, die nur erreichen wollen, dass ein Korrespondent gar nichts schreibt, neutral bleiben, wenn Sie darüber berichten wollen? Das geht doch gar nicht! Natürlich wird man in solchen Ländern als Journalist auch zum politischen Akteur. Es gibt eben nicht nur die Werte des journalistischen Standesrechts. Es gibt eine Rangordnung der Werte, und da steht das Recht der Menschen auf Freiheit höher. Meine Grenze war eine andere, ich habe mich nicht in Strategiedebatten der Bürgerrechtler eingemischt, das war nicht meine Sache. Ich habe nur angeboten, etwas zu veröffentlichen, wenn ich es für richtig hielt. Hans-Joachim Friedrichs vergaß außerdem hinzuzufügen, dass auch er damals zum erweiterten Kreis des von Roland Jahn aufgebauten heimlichen Ost-West-Mediennetzwerks gehörte und sein Arbeitgeber, die ARD, insbesondere die »Tagesschau« und Friedrichs »Tagesthemen« selbst der wichtigste Verbreitungskanal der DDR-Bürgerrechtler war. Und wenn schon: Darf ein Journalist im Kampf zwischen einem totalitären Überwachungsstaat und Menschen, die sich für fundamentale Freiheitsrechte einsetzen, wirklich neutral bleiben? Oder muss er nicht sogar aus solidem Eigeninteresse deren Eintreten für Meinungs- und Pressefreiheit unterstützen, also Grundrechten, ohne die er seinen Job seriös gar nicht machen kann?« So sah das vielleicht auch der berühmte »Tagesthemen«-Mann selbst, denn 1989 wird es eben jener Hans-Joachim Friedrichs sein, der mit von Roland Jahn beschafften Fernsehbildern aus der DDR Mediengeschichte schreiben wird. Nicht ohne eine kleine Notlüge, und dies durchaus ebenfalls im Interesse einer »guten Sache«.

Die heimlichen Korrespondenten in der DDR

Obwohl westdeutsche Printmedien wie die »Süddeutsche Zeitung« oder der »Spiegel« in der DDR offiziell nur in ein paar Dutzend eingeführten Exemplaren kursieren, fürchtet die SED-Spitze die »ideologische Diversion«, die deren Lektüre in ihrem Land auslösen könnte. So bekommen nur ausgesuchte Spitzenkader die westlichen Gazetten zu lesen, nicht einmal alle SED-Funktionäre im »Großen Haus«, dem Zentralkomitee der SED. Die Chefetage der staatlichen Presseagentur ADN und ein paar andere Handverlesene in den DDR-Medien bekommen sie ebenfalls auf den Schreibtisch. Honecker hat offenbar Angst, die West-Blätter könnten sogar seine engsten Gefolgsleute negativ beeinflussen. Generell hält sich die Massenwirkung westlicher Zeitungen aber in Grenzen, Einfuhr und Verkauf sind in der DDR verboten. Nur einige wenige West-Blätter liegen an den ostdeutschen Kiosken, es sind allesamt Publikationen kommunistischer Parteien aus West-Europa, die genauso langweilig sind wie das SED-Zentralorgan »Neues Deutschland«, die Ost-CDU-Zeitung »Neue Zeit«, das LDPD-Blatt »Der Morgen«, die »Nationalzeitung« oder die zahlreichen auf Bezirksebene erscheinenden Blätter der SED und der mit ihr verbündeten »Blockparteien«. Am begehrtesten unter den überwiegend im Abonnement vertriebenen Zeitschriften sind hingegen die nahezu propagandafreien Service-Blätter wie das Heimwerkermagazin »Guter Rat«, die Fernsehzeitung »FF dabei«, die Do-it-jourself-Zeitschrift »Practic« und »Das Magazin«, das Aktfotos junger DDR-Frauen veröffentlicht.

Korrespondent Ulrich Schwarz holt den größten Teil seiner in der DDR zu verteilenden Exemplare des »Spiegel« jede Woche persönlich aus West-Berlin ab. Schwarz sagt dazu: »Wir Korrespondenten hatten eine sogenannte Grenzempfehlung, waren an den Grenzübergängen innerhalb von Berlin von den Grenzkontrollen befreit. Die Grenzer haben sich auch pingelig daran gehalten, nie das Auto kontrolliert, nur den Pass. Auf diese Weise hatten wir es natürlich einfach, etwas rüberzubringen. Die 60 »Spiegel«-Exemplare, die ich jede Woche in die DDR fuhr, um sie unter meinen Kontaktleuten, darunter vielen Bürgerrechtlern, zu verteilen, brachte ich sogar ganz offen auf dem Rücksitz liegend rüber, das wurde geduldet.« Im Vergleich zur Verbreitung des »Spiegel« haben die mit Roland Jahns Unterstützung von den Oppositionellen mit Matrizen und uralten Druckmaschinen in der DDR hergestellten illegalen oder als »kircheninternen« deklarierten Blätter also geradezu eine Massenauflage, der »Grenzfall« zum Beispiel erscheint mit der Auflage von 600 Stück, vom »mOAning star«, der Oppositionsgruppe Kirche von unten, werden einige hundert gedruckt, ebenso von den Ausgaben des von der Oppositionsgruppe Friedenskreis Friedrichsfelde hergestellten »Friedrichsfelder Feuermelders«. Sie alle gehen von Hand zu Hand, erreichen letztlich aber nur eine kleine, wenn auch politisch besonders interessierte Minderheit der DDR-Bürger.

Eine wirkliche Massenwirkung und damit die größte publizistische Gefahr für das SED-Regime haben vor allem die westlichen Rundfunk- und Fernsehsender, die in weiten Teilen der DDR frei zu empfangen sind. Dies ist auch der Grund, warum insbesondere die Korrespondenten der westdeutschen Sendeanstalten ARD und ZDF unter besonderer Beobachtung stehen und den geringsten Spielraum in ihrer Berichterstattung erhalten. TV-Aufnahmen über Missstände in der DDR oder über DDR-Oppositionelle sind schwer zu beschaffende Mangelware. Roland Jahn und »Kontraste«-Redakteur Peter Wensierski müssen sich jenseits aller qualitativen Standards erst mal mit dem zufriedengeben, was möglich ist: Telefoninterviews in schlechtem Ton, Schwarz-Weiß-Standbilder, ein paar Schwenks über den Platz des Geschehens, so sehen ihre ersten »Kontraste«-Beiträge über die DDR-Opposition aus. Bessere Bilder müssen dringend beschafft werden. Aber wie? Wer kann drüben für »Kontraste« Bilder aufnehmen, die die akkreditierten ARD- und ZDF-Korrespondenten nicht drehen dürfen? Jahn überlegt. Eine Betacam-Kamera, die professionelle TV-Teams damals standardmäßig verwenden, übersteigt seine finanziellen Möglichkeiten bei Weitem und wäre auch zu auffällig. So entschließt er sich im Sommer 1986, eine erste VHS-Videokamera nach Ost-Berlin zu schmuggeln. Solche Kameras sind damals technisch neu und anders als heute mit mehreren tausend Mark noch sehr teuer. Der erste Kameramann, der in der DDR

und Ost-Berlin damit filmt, ist Rüdiger Rosenthal. 1952 im Grenz-
städtchen Boizenburg an der Elbe geboren, studierte er Anfang der
70er Jahre Physik in Magdeburg und ging 1974 nach Ost-Berlin,
wo er sich subkulturellen und oppositionellen Gruppierungen an-
schloss. Nachdem ein Bekannter ihn 1975 bei der Staatssicherheit
angeschwärzt hatte, versuchte diese, ihn für sich zu werben. Angeblich sollten »feindliche Einflüsse des Westens« unter den Studenten
der Hochschule, an der Rosenthal arbeitete, zurückgedrängt werden. Einige Male traf er sich mit den Stasi-Mitarbeitern, um etwas
über deren Denkstrukturen und deren Vorgehensweise zu erfahren.
Mehr aus Neugier denn aus Überzeugung erklärte er dann schließlich seine Bereitschaft für eine Mitarbeit, merkte aber schnell, dass
es eigentlich um etwas ganz anderes ging, nämlich um die Überwachung von Andersdenkenden. Er verweigerte daraufhin jedes weitere Treffen. Ende der 70er Jahre stieß er zum Kreis um den Regime-
kritiker Robert Havemann, Anfang der 80er Jahre kam er in Kontakt mit dem Jenaer Kreis um Roland Jahn. Die Stasi observierte ihn
fortan, zunächst in einer OPK (Operative Personenkontrolle) und
anschließend in einem OV (Operativer Vorgang), mit dem Ziel der
Inhaftierung. Als die DDR-Behörden Jahn 1983 gewaltsam in den
Westen abschoben, traf er sich danach einige Male im benachbarten
Ausland mit ihm. Dabei besprachen sie auch die künftige Herstellung von Filmmaterial.

Nachdem Rosenthal die von Jahn eingeschmuggelte Filmkamera
hat, besorgt er sich eine Umhängetasche, schneidet vorn ein kleines Loch für das Objektiv rein, schließt es mit einer Klappe, und
fertig ist die getarnte Aufnahmebox. Er dreht in den heruntergе-
kommenen Straßen in Dresden und Ost-Berlin, fährt nach Leuna
und filmt die verheerenden Umweltschäden, die die DDR-Chemie-
industrie dort anrichtet, macht Aufnahmen von den Braunkohleta-
gebauen und den Kraftwerksschloten in Lauchhammer sowie von
den stinkenden Fabriken des Kombinats »Schwarze Pumpe«. Bei
einem dieser »Drehs« wird er beobachtet, ein Auto verfolgt ihn, bis
er es abhängen kann. Ihm ist klar, wenn er erwischt wird, geht er
möglicherweise wegen »Industriespionage« jahrelang ins Gefängnis. In den Westen geschmuggelt, bietet Roland Jahn die Aufnahmen dem ARD-Magazin »Kontraste« an. »Uns stinkt's« ist der erste

von Oppositionellen in der DDR gedrehte TV-Beitrag, der nicht nur dem Fernsehpublikum im Westen, sondern vor allem auch Millionen Zuschauern in den DDR-Wohnzimmern vor Augen führt, dass die vermeintlich »zehntgrößte Industrienation der Welt« in Wirklichkeit ökonomisch und ökologisch marode ist und ihre Wirtschaft vor allem auf Kosten der Umwelt und der Gesundheit der Menschen am Laufen hält.

Im Juni 1987 dreht Rosenthal eine der großen Veranstaltungen der neu gegründeten »Kirche von unten«, einer oppositionellen Strömung, in der sich jugendliche Oppositionelle größere politische Freiräume erobern und deutlich machen, dass nicht nur die Kirchenoberen und die oft eher mutlos agierenden Geistlichen, sondern auch sie zur Kirche gehören, nur eben als »Kirche von unten«. Sie zeigen Plakate wie »Glasnost in Staat und Kirche«, die auf dem parallel laufenden offiziellen Kirchentag in Ost-Berlin nicht zu sehen sind. Den Kirchenoberen ist das natürlich ein Dorn im Auge, störten sie doch das Bild von einer vermeintlich befriedeten »Kirche im Sozialismus«. Nicht nur sämtliche von der SED gesteuerte Medien, auch die fünf in der DDR erscheinenden Kirchenzeitungen ignorieren die »Kirche von unten« zunächst. Die Videoaufnahmen Rosenthals gelangen, von einem Diplomaten Frankreichs in den Westen geschmuggelt, über Jahn wieder zu »Kontraste«. Der daraus entstandene TV-Beitrag macht den Fernsehzuschauern deutlich, dass die DDR-Zensur Themen wie die wachsende Jugend-Opposition totschweigt und die SED trotz unübersehbarer gesellschaftlicher Konflikte weiter unbeirrt daran festhält, ihre Zeitungen und Fernsehnachrichten mit verlogenen Jubel-Nachrichten zu füllen.

Nach Rosenthals Ausreise im Frühsommer 1987 übernimmt Siegbert Schefke die illegale Kamera und den gefährlichen Job. Schefke, Jahrgang 1959, hatte nach einer Lehre zum Baufacharbeiter mit Abitur Ende der 70er Jahre seinen Grundwehrdienst absolviert, anschließend bis 1985 an der Hochschule für Bauwesen in Cottbus studiert und arbeitet nun als Bauleiter beim Wohnungsbaukombinat Berlin, das im Osten der Hauptstadt große Neubaugebiete errichtet. Wie viele Oppositionelle führt auch er ein Doppelleben. Von acht bis 17 Uhr arbeitet er als Bauingenieur beim »planmäßigen Aufbau des Sozialismus«, nach Feierabend engagiert er sich in der

Der illegale Kameramann der DDR-Opposition Siegbert Schefke bei der Arbeit, 1989, aufgenommen von seinem Mitstreiter Aram Radomski

Umwelt-Bibliothek der Ost-Berliner Zionskirchgemeinde, die seit 1986 Treffpunkt und Schaltzentrale der DDR-Opposition ist. Das hat Konsequenzen. Gegen ihn wird ein totales Reiseverbot verhängt, er darf die DDR in keine Himmelsrichtung mehr verlassen. Das Regime will damit Kontakte zwischen DDR-Oppositionellen und Bürgerrechtsbewegungen in Polen und der Tschechoslowakei, vor allem zu »Solidarność« und der ›Charta 77«, erschweren. Schefke kündigt schließlich seinen Job und schlägt sich mit dem durch, was er in der DDR-Schattenwirtschaft verdient. Jetzt hat er genügend Zeit, mit der von Rosenthal getarnten Videokamera loszuziehen, die bald eine entscheidende Rolle spielen wird.

Wenig später kommt ein zweiter Kameramann hinzu. Es ist Aram Radomski, geboren 1963 in Neubrandenburg. Er entstammt einer zunächst linientreuen Schriftstellerfamilie. Seine Großmutter Margarete Neumann ist eine bekannte SED-nahe Autorin. Sein Vater hingegen, der Schriftsteller Gert Neumann, fiel als entschiedener Gegner des SED-Regimes schon in den 70er Jahren in Ungnade. Auch Sohn Aram geriet zwangsläufig ins Visier der Stasi. Als er 16 Jahre alt war, sprach das erste Mal die Staatssicherheit vor und versuchte, ihn als Inoffiziellen Mitarbeiter anzuwerben. Er sollte den eigenen Vater ausspionieren. Doch Radomski lehnte ab. Mit 20 wurde er festgenommen und wegen »staatsfeindlicher Hetze« zu sechs Monaten Gefängnis verurteilt. Das Ganze war eine »Zersetzungsmaßnahme« der Staatssicherheit gegen seinen Vater Gert, der dazu gebracht werden sollte, die DDR zu verlassen. Der Plan ging jedoch nicht auf, Neumann blieb in Ost-Berlin. Nach seiner Haftentlassung wurde Aram Radomski Fotograf und schloss sich der Opposition an. Gemeinsam mit Schefke, den er in der Umwelt-Bibliothek kennenlernt, zieht er ab 1987 zu den heimlichen Drehs für Roland Jahn los. Meist fotografiert er parallel zu den Dreharbeiten, manchmal ist er auch der Kameramann. Die ersten Einsätze führen sie zu Orten mit großer Umweltzerstörung, nach Espenhain bei Leipzig, das im Dunst der Braunkohlekraftwerke und Koksfabriken liegt, nach Bitterfeld, wo die Chlorchemie eine ganze Region verseucht. Und nach Halberstadt, wo die SED plant, die mittelalterliche und inzwischen völlig verwahrloste Altstadt abzureißen und durch Plattenbauten zu ersetzen.

Es gibt noch einen »Dritten Mann« in Roland Jahns geheimem DDR-Fernsehteam: Falk Zimmermann. Was niemand ahnt: Der vermeintliche Freund und Oppositionelle, der sich bei Umweltgruppen wie »Arche Nova« engagiert, ist in Wirklichkeit unter dem Decknamen IM »Reinhard Schumann« als Inoffizieller Mitarbeiter der Staatssicherheit tätig. Jahns Kamerateam wird des Öfteren von ihm behindert. Mal ist das Mikrofon kaputt und die mit großem Risiko gedrehten Aufnahmen sind ton- und somit wertlos. Mal sind die Akkus beim Drehen plötzlich leer. Nach der Wende enthüllen die Akten, dass IM »Reinhard Schumann« durchaus effektiv gearbeitet hat, mehr als sabotieren durfte er jedoch nicht. Im Auftrag seiner Führungsoffiziere, darunter Major Sven Schwanitz, Sohn von Mielke-Stellvertreter Wolfgang Schwanitz, soll er Beweise sammeln, um Schefke, den die Staatssicherheit in einem »Operativen Vorgang« mit dem perfiden Namen »Satan« verfolgt, möglichst hinter Gitter zu bringen. Doch dazu kommt es nicht, was den Spitzel gegenüber seinen Führungsoffizieren deutlich entfremdet. Er ist der Meinung, dass die von ihm gesammelten Beweise längst reichen müssten, um Schefke und Radomski in den Knast zu stecken. Die Verhaftung wird aber aus taktischen Gründen immer wieder hinausgeschoben.

Die Staatssicherheit will an Roland Jahn und seine vermeintlichen Hintermänner aus westlichen Geheimdiensten herankommen, wofür die weitere Observation der Kameraleute sinnvoll erscheint. Vermutlich spielte auch die Furcht vor negativer Publicity im Westen eine Rolle. Roland Jahn ist sich des Risikos durchaus bewusst und hat vorgesorgt: Für den Fall einer Verhaftung seines Filmteams sind prophylaktisch schon »Bekenner-Videos« von Schefke und Radomski hergestellt worden, so dass man im Fall des Falles zeigen könnte, weshalb sie wirklich inhaftiert worden sind.

»Man hat uns unseren Sohn gestohlen«

Selbst jene DDR-Oppositionellen, die nicht ins Gefängnis kommen, sondern »nur« ihre Reise- und Entwicklungsmöglichkeiten verlieren, zahlen einen hohen persönlichen Preis. Und nicht selten trifft es auch ihre Angehörigen. Roland Jahns Eltern sind in Jena weiter kleinlichen Schikanen und »Zersetzungsmaßnahmen« ausgesetzt, ihre Post wird überwacht, inoffizielle Stasi-Mitarbeiter bespitzeln sie. Sämtliche Telefonate mit ihrem Sohn und ihrer Enkelin Lina in West-Berlin werden abgehört. Als Jahn kurz nach seiner unfreiwilligen Ausreise zum ersten Mal aus West-Berlin zu Hause in Jena anruft, weint seine Mutter am Telefon und sagt: »Man hat uns unseren Sohn gestohlen.« Die Protokolle dieser Gespräche machen einen Großteil der Akten aus, die zu Roland Jahn im Operativen Vorgang »Weinberg« angelegt werden.

Etwa einmal im Monat meldet sich Jahn telefonisch bei seinen Eltern, das Prozedere ist umständlich, die direkte Durchwahl ist nicht möglich, und es dauert oft lange, bis nach der Anmeldung beim Fernamt eine Verbindung zustandekommt. In den Akten findet sich auch ein Telefonat zwischen Sohn und Mutter kurz vor Weihnachten 1988. Beiden ist klar, dass das Gespräch abgehört wird. Die Mutter berichtet, dass sie wieder einmal zur Stasi-Kreisdienststelle bestellt wurde, doch worum es ging und was sie darüber denkt, wagt sie am Telefon nicht zu sagen. »Wir müssten mal wieder miteinander reden«, sagt sie zu ihrem Sohn, dann schweigen beide. In den Sommerferien, wenn Jahns Tochter Lina zu ihren Großeltern nach Jena fahren will, zu den Jahns oder zu Petras Mutter Gisela Falkenberg, geht es zu wie bei einem Agentenaustausch. Die Eltern bringen die Grundschülerin in Berlin-Kreuzberg zum Berliner Grenzübergang Oberbaumbrücke, ganz alleine läuft das kleine Mädchen dann hinüber durch die Grenzkontrollen in den Osten, auf der anderen Seite warten die Großeltern, um sie abzuholen.

Zu geheimen persönlichen Treffen zwischen dem Sohn und den Eltern kommt es nur auf Campingplätzen und in Hotels in der Tschechoslowakei, wohin Sohn Roland per Flugzeug über den

Umweg West-Deutschland einfliegt. Als Rentner dürfen Lieselotte und Walter Jahn auch zu Besuchsreisen in den Westen. Die SED hat nichts dagegen, wenn sich Rentner bei solchen Reisen zum »Klassenfeind« absetzen, dann belasten sie nicht länger die DDR-Rentenkassen. Wer nicht mehr arbeitet, ist dem »sozialistischen Arbeiter-und-Bauern-Staat« nicht mehr so wichtig. Die Staatssicherheit könnte – wie sie es gelegentlich auch bei anderen Rentnern tut – den Jahns die Westreisen verbieten, man hofft aber wohl darauf, dass sie eines Tages ganz zu ihm ziehen werden. Wenn sie jedoch zurückkommen, werden sie an den Grenzen besonders intensiv gefilzt, vermutet die Staatssicherheit doch, das Rentnerpaar könnte Kurierdienste für die »Agentengruppe Fuchs/Jahn« verrichten. Dahinter steckt auch das Kalkül, dass Roland Jahn seine Aktivitäten eventuell reduzieren könnte, wenn er von seinen Eltern hört, was sie seinetwegen erleiden müssen. Die Mutter berichtet regelmäßig von den Vorladungen bei der Stasi, der Vater von Schikanen und Sticheleien gegen ihn. So wird Walter Jahn zur Jubiläumsfeier des Fußballvereins, zu der er bereits eine Einladung hat, wieder ausgeladen. »Aufgrund der üblen Tätigkeit von Roland bist du nicht erwünscht«, sagen ihm seine einstigen Vereinsfreunde.

Das alles ist Teil der »Zersetzung«, mit der die Staatssicherheit Roland Jahn und seine Freunde in West-Berlin zermürben will. So darf kurz vor Weihnachten 1988 Peter Rösch (»Blase«) nach mehrjähriger Einreisesperre für 48 Stunden von West-Berlin aus nach Jena fahren. Er besucht dort seine Mutter, die Wochen zuvor einen Gehirnschlag erlitten hat. Die Staatssicherheit stimmt der Reise mit der Absicht zu, die unerwartete Einreiseerlaubnis könne das erwünschte Misstrauen bei den übriggebliebenen Oppositionellen in Jena gegenüber Rösch und dessen Freund Jahn fördern. Schließlich gibt es genug andere, die überhaupt nicht reisen dürfen.

Sechs Jahre nach seiner Ausreise aus der DDR ist Rösch, der zuvor versichern muss, mit niemandem außer mit seiner Mutter Kontakt aufzunehmen, zum ersten Mal wieder in seiner Heimatstadt. Er wird überwacht von einem engen Verwandten, der bei dem Besuch der Mutter dabei ist und der Staatssicherheit detailliert berichtet. Auch als Rösch mit seiner kranken Mutter einen kurzen Spaziergang über den Jenaer Weihnachtsmarkt unternimmt, ist der Stasi-Mann dabei. Nur von Röschs Tränen beim Abschied von seiner

Mutter steht nichts in den Akten. Fünf Minuten nach Mitternacht, so vermerkt das Protokoll, reist Peter Rösch mit seinem Pkw über den Grenzübergang in der Berliner Sonnenallee wieder in den Westen aus.

Ev Rub, Frau des Mitte der 80er Jahre ebenfalls nach West-Berlin übergesiedelten Jenaer Malers und Oppositionellen Frank Rub, den die Staatssicherheit gemeinsam mit Roland Jahn inzwischen ebenfalls zum »harten Kern« der West-Berliner Agentengruppe zählt, müht sich Ende 1988 hingegen monatelang vergeblich um eine Besuchsreise zu ihrer Mutter, die in einem Jenaer Krankenhaus im Sterben liegt. Ein weiterer Exil-Jenaer, ebenfalls in West-Berlin lebend und wie fast alle mit einem Einreiseverbot in die DDR belegt, hat zwei Kinder, die bei seiner Exfrau im Ostteil der Stadt leben. Er bekommt keine Chance, sie auch nur besuchsweise zu sehen. Er darf nicht in den Osten, sie nicht in den Westen.

Ähnlichen Schikanen unterliegen in der DDR einige hundert Bürgerrechtler, die in offener Opposition leben, ob in Jena, Leipzig, Dresden oder Berlin. Zwar trennt nicht die Mauer ihre Familien, stattdessen trennen sie häufig politische Positionen. Daraus ergeben sich zumeist schwere familiäre Konflikte mit den Eltern und Verwandten, die oft ein angepasstes DDR-Leben führen. Selbst wenn sie Verständnis für die »schwarzen Schafe« in ihren Familien haben, fürchten sie die Sippenhaft und sind ihr nicht selten und manchmal über Jahre tatsächlich ausgesetzt. Es gibt auch Fälle, in denen Eltern im Auftrag der Staatssicherheit ihre eigenen Kinder bespitzeln und manipulieren.

Ein Oppositioneller in der DDR zu sein, ist zwar ein riskantes und politisch nicht einfaches Unterfangen, finanziell sind die Hürden jedoch nicht allzu hoch. Mit 300 DDR-Mark im Monat kommen die Bürgerrechtler in der Regel über die Runden. Es ist zwar ein bescheidenes Leben, lässt sich aber mit einem Halbtagsjob, etwas Schwarzarbeit oder auch gelegentlichen Ost-West-Tauschgeschäften finanzieren. Die Mieten für die Altbauwohnungen, in denen sie – nicht selten illegal besetzt – mit Kohleöfen und zuweilen noch Außentoilette wohnen, kosten um die 20 Ost-Mark pro Monat. Ein Wocheneinkauf im Ladengeschäft der staatlichen Handelsorganisation HO für die Waren des täglichen Bedarfs schlägt mit rund 30 Mark zu Buche, das Bier in der Kneipe kostet oft nur 41 Pfennige.

Außer ihrer Verfolgung durch die Staatssicherheit müssen aber jene, die sich entschlossen haben, in der DDR ein offen oppositionelles Leben zu führen, auch im Alltag einen hohen Preis bezahlen. Nicht nur, dass sie über ein geringes Einkommen verfügen, oft haben sie nicht einmal eine Sozialversicherung, was sich für viele im vereinten Deutschland verheerend auf ihre Rentenansprüche auswirkt. 450 Euro Rente im Monat könne sie erwarten, schreibt die Bundesrentenanstalt später an Bärbel Bohley, die nach dem Mauerfall in den Medien als »Mutter der Revolution« gefeiert wird und die 2010 im Alter von nur 65 Jahren an Lungenkrebs stirbt.

Hinzu kommen die Ausschlüsse vieler Oppositioneller von höherer Bildung, nicht wenige fliegen wie Roland Jahn von Universitäten oder Schulen. Auch die Kinder von Oppositionellen werden in den von SED-treuen Lehrern dominierten Schulen diskriminiert und nicht selten mit dem Instrument der Sippenhaft von weitergehender Bildung ausgeschlossen. Egal wie gut ihre Noten aussehen, sie bekommen keinen Abiturplatz und werden oft von ihren Mitschülern ausgegrenzt, weil sie nicht in die staatliche Pionierorganisation oder die FDJ eintreten. Und manche Eltern suchen die Schuld noch bei sich selbst. »Mir ist erst weit nach der Wende aufgefallen, was ich meinem Sohn damals eigentlich angetan habe«, sagt Bärbel Bohley 15 Jahre nach dem Mauerfall.

Die Macht der Bilder

Ähnlich wie die meisten Westdeutschen denkt auch die Mehrzahl der ostdeutschen Bürgerrechtler, die sich über den wahren Zustand der DDR eigentlich wesentlich besser informiert glauben, nicht daran, dass die Mauer bald fallen könnte. Selbst »Einheitskanzler« Helmut Kohl setzt auf Realpolitik, empfängt SED-Chef Erich Honecker im September 1987 in Bonn mit allen diplomatischen Ehren und sieht die Wiedervereinigung erst in weiter Ferne. Roland Jahn empfindet anders, seinen Freunden auf der anderen Seite der Mauer macht er gelegentlich Mut mit dem Satz: »Haltet durch, die machen nicht mehr lange.« Für nicht wenige Oppositionelle ergibt sich früher oder später die Frage, ob sie ihr Leben weiter in der scheinbaren Aussichtslosigkeit der DDR führen sollen. Viele haben Zweifel, ob die Mauer nicht vielleicht doch, wie Honecker sagt, noch in 50 oder 100 Jahren stehen wird.

Selbst Jahns Chef beim ARD-Magazin »Kontraste« nimmt ihm seine damalige Zuversicht nicht ganz ab. Von einer bevorstehenden Revolution, so beteuert Jürgen Engert Anfang 2011 in seiner Abschiedsrede für Jahn als Redakteur von »Kontraste«, hätten weder er noch Roland Jahn etwas geahnt. Erst im Nachhinein sei ihm, dem erfahrenen Journalisten und Fernsehmann, bewusst geworden, »dass die Medien, das Fernsehen, die Suggestivkraft der Bilder« einen enormen Anteil daran hatten, dass die Geschichte der DDR zu diesem Ende kam. »Bärbel Bohley kannte in Chemnitz anfangs niemand. Aber durch das West-Fernsehen wurde Bärbel Bohley auch dorthin transportiert, und durch solche Vorbilder von Zivilcourage stärkte sich bei vielen Menschen die Bereitschaft, sich selbst zu exponieren. Jede Diktatur ist am Ende, wenn die Menschen keine Angst mehr vor ihr haben.« Und der langjährige »Spiegel«-Korrespondent Ulrich Schwarz sagt 2011 rückblickend: »Die Tapferkeit der Bürgerrechtler ist bis heute beeindruckend. Aber es war nicht so, dass sie 1989 an der Spitze der Revolution standen und das Ganze steuerten, es war eher so wie jüngst in Ägypten, ein spontaner breiter Protest, nachdem die erste Hürde genommen war. Das große

Verdienst der Bürgerrechtler mindert das aber nicht. Wichtig waren dabei auch ihre Drähte in den Westen, die zu anderen Informationen und Bildern geführt haben.«

Dass Bürgerrechtler wie Bärbel Bohley oder der Liedermacher Stephan Krawczyk überhaupt zu Symbolfiguren der friedlichen Revolution und auch zu einem Ansporn für Zivilcourage für Hunderttausende spätere Montagsdemonstranten in der DDR werden konnten, hat viel mit Roland Jahn und seinen Mitstreitern zu tun, die sich über Jahre bemühten, sie vor die Kameras der West-Medien zu bringen.

Über Stephan Krawczyk berichtet »Kontraste« auf Jahns Vermittlung hin regelmäßig. Jürgen Engert bezeichnet ihn in einer seiner Sendungen als »populärsten, weil radikalsten Liedermacher der DDR«. Der 1955 in der thüringischen Kleinstadt Weida als Sohn eines Bergarbeiters geborene Krawczyk war Anfang der 80er Jahre mit seiner Gruppe »Liedehrlich« ein gefeiertes Nachwuchstalent des offiziellen DDR-Musikbetriebs. 1981 bekam er bei einem staatlichen Chansonwettbewerb in Frankfurt (Oder) den Preis des Kulturministeriums. »Liedehrlich« wird im Rundfunk gesendet, das staatliche Schallplattenlabel »Amiga« veröffentlicht 1982 eine Langspielplatte der Krawczyk-Band. Das ist normalerweise ein Ritterschlag, mit dem man sich bei entsprechendem Wohlverhalten nach oben arbeiten kann, wenn man sich auf das Spiel mit »Zuckerbrot und Peitsche« einlässt. Wer sich in seiner Kunst, in seinen Büchern oder Liedtexten »klassenbewusst« und linientreu gibt, kann vom Staat mit Privilegien bedacht werden, etwa einem Reisepass mit Dauervisum, mit dem er, soft er will, auch in den Westen reisen darf. DDR-Spitzenkünstler verdienen zudem gut, anders als im Westen sind sie durch das staatliche System sozial bestens abgesichert, viele haben zudem noch Zusatzeinnahmen in harter Währung durch West-Engagements. Wer politisch aufmuckt, dem werden alle Vergünstigungen gestrichen. Wer jede Kooperation verweigert und ernsthaft in Opposition geht, dem droht alsbald auch ein Berufsverbot.

Stephan Krawczyk erwischt es 1985. Seine Lieder und Auftritte werden den Aufpassern von der Staatssicherheit und im staatlichen Kulturbetrieb deutlich zu kritisch. Als Krawczyk aus der SED austritt, um seinem drohenden Rausschmiss zuvorzukommen, ist der Bruch endgültig da. Was folgt, erinnert an jene Künstler neun Jahre zuvor, die 1976 direkt nach der Biermann-Affäre Berufsverbote erhielten. In seinen 2010 erschienenen Memoiren schreibt Schauspieler Armin Mueller-Stahl darüber: »Über Jahre hinweg hatte bei mir pausenlos das Telefon geklingelt. Nun plötzlich: Totenstille. Ich war beruflich von einem Tag zum anderen kaltgestellt.«

So ergeht es nun Stephan Krawczyk. Er geht aber nicht wie Armin Mueller-Stahl in den Westen, sondern bleibt in der DDR und stellt auch keinen Ausreiseantrag. Gemeinsam mit seiner Lebensgefährtin Freya Klier entwickelt er regimekritische Bühnenprogramme, mit denen sie fortan bei Kirchenveranstaltungen auftreten. Zwar setzt der Staat die Kirche unter Druck, die Auftritte verbotener Künstler in ihren Räumen zu unterbinden, Unterstützung erfahren sie jedoch von Pfarrern und kirchlichen Mitarbeitern, die mit der Opposition sympathisieren und deshalb den Ärger mit den Kirchenoberen in Kauf nehmen. Die Auftritte von Krawczyk und Klier erreichen über die Jahre einige 10 000 Menschen. Schon bald sind sie DDR-weit bekannt. In Westdeutschland macht sie Roland Jahn bekannt.

1985, kurz nach Krawczyks Auftrittsverbot, kann Jahn eine Redakteurin der Tageszeitung »taz« dafür gewinnen, nach Ost-Berlin zu fahren und eine Geschichte über ihn zu schreiben. Mit dem »taz«-Artikel schafft er es, einen Redakteur des ZDF-Magazins »Kennzeichen D« davon zu überzeugen, ein Porträt über Krawczyk zu senden. Der Name Krawczyk gelangt so von einem Medium zum anderen. Den Bericht des ARD-Fernsehmagazins »Kontraste« über die Pfingstkrawalle Anfang Juni 1987 am Brandenburger Tor in Ost-Berlin untermalt ein aus diesem Anlass entstandenes Protestlied von Stephan Krawczyk: »Das Tor war geschlossen, wie an jedem anderen Ruhetag in dieser halbtoten Stadt, wir fühlten uns wieder gehörig betrogen, und hatten die Mauer am Tore so satt.«

Die »Luxemburg-Liebknecht-Affäre«

Anfang 1988 gibt es für Roland Jahn einen aktuellen Grund, den Liedermacher Stephan Krawczyk und seine Lebensgefährtin, die Regisseurin und Autorin Freya Klier, erneut ins Fernsehen zu bringen. Am 17. Januar wird das Künstlerpaar zusammen mit 103 weiteren Personen aus der DDR-Bürgerrechtsbewegung verhaftet. Anlass ist der Versuch Krawczyks und anderer, an diesem Sonntag an der alljährlich stattfindenden »Luxemburg-Liebknecht-Demonstration« der SED teilzunehmen, einer Gedenkveranstaltung zum Todestag der beiden 1919 ermordeten Gründer der Kommunistischen Partei Deutschlands. Krawczyk hat tatsächlich vor hinzugehen, er hat sogar ein Transparent dabei, als er beim Verlassen des Hauses festgenommen wird. »Gegen Berufsverbote in der DDR« steht darauf. Aber in Wahrheit geht es nicht um ein Protestplakat. Die beabsichtigte Teilnahme Oppositioneller an der Demonstration ist für die Staatssicherheit nur der Vorwand. In Wirklichkeit will sie nach dem PR-Debakel um den Überfall auf die Umwelt-Bibliothek der Ost-Berliner Zionskirchgemeinde ein halbes Jahr zuvor endlich mit der Opposition und mit Roland Jahns öffentlichkeitswirksamen Umtrieben aufräumen.

Jahns Netzwerk soll endgültig zerschlagen werden. Möglichst alle Oppositionellen, mit denen er in enger Verbindung steht, will man verhaften und wegen illegaler Verbindungen zu West-Agenten verurteilen und anschließend in den Westen abschieben. Im Vorfeld hatte die Staatssicherheit bereits eine entsprechende Öffentlichkeitskampagne in die Wege geleitet. Bereits im Februar 1987 hatte das FDJ-Zentralorgan »Junge Welt« berichtet, Jahn sei »im Auftrag westlicher Geheimdienste und Medien« dabei, immer neue »Hetz- und Verleumdungskampagnen gegen die DDR« zu planen. Darauf folgte Ende des Jahres noch ein juristischer Schritt: Am 22. Dezember 1987 erließ ein Gericht in Ost-Berlin einen Haftbefehl gegen den Bundesbürger Roland Jahn, wohnhaft in West-Berlin. Er wurde beschuldigt, »sich der landesverräterischen Nachrichtenübermittlung« strafbar gemacht zu haben. Weiter hieß es in dem Haftbefehl: »Seit seiner Entlassung aus der Staatsbürgerschaft der DDR im Jahre 1983 nutzte der Beschuldigte seine Rückverbindungen in die DDR zur zielgerichteten Sammlung nicht geheimzuhaltender Nachrichten über Aktivitäten feindlich-negativer Kräfte sowie Maßnahmen staatlicher Organe und übergab sie, zum Nachteil der Interessen der DDR, an westliche Massenmedien.«

Im Zuge der »Luxemburg-Liebknecht-Affäre« werden nun viele seiner Ostberliner Kontaktleute verhaftet, zunächst am 17. Januar neben Krawczyk auch Vera Wollenberger, eine Woche später Bärbel Bohley, Werner Fischer, Ralf Hirsch sowie Renate und Wolfgang Templin. Völlig isoliert voneinander, in Einzelhaft in der berüchtigten Stasi-Untersuchungshaftanstalt Berlin-Hohenschönhausen, werden sie weichgekocht. Die Vernehmer drohen, sie wegen »landesverräterischer Nachrichtenübermittlung« bis zu zwölf Jahre hinter Gitter zu bringen. Der explizite Vorwurf lautet, ihr »Landesverrat« ist der Kontakt zu Roland Jahn und Jürgen Fuchs in West-Berlin. Über die DDR-Presseagentur Allgemeiner Deutscher Nachrichtendienst (ADN) verbreitet die SED weitere, in den Büros der Staatssicherheit entstandene »Hintergrundartikel«. Darin heißt es, die DDR-Opposition sei in Wirklichkeit von dem »Agenten« Jahn aus dem Westen geheimdienstlich gesteuert. Die staatlich gelenkten Medien, die das pflichtgemäß verbreiten, bestätigen damit zum ersten Mal amtlich die Existenz der Oppositionsbewegung – und Roland Jahn wird öffentlich zum »Staatsfeind« erklärt. Wer jedoch Details und die wahren Hintergründe erfahren will, muss sich im West-Fernsehen informieren. Ausführlich wird dort über die »Luxemburg-Liebknecht-Affäre« und ihre Folgen berichtet. Dafür sorgt unter anderem »Staatsfeind« Jahn selbst.

Am 2. Februar stimmen Freya Klier und Stephan Krawczyk einer Ausreise in den Westen zu. Erpresst von der Stasi, aber auch hereingelegt von ihrem Anwalt, dem Einzigen, zu dem sie – abgeschirmt sowohl voneinander als auch von der Außenwelt – Kontakt haben dürfen. Es ist Rechtsanwalt Wolfgang Schnur, der Gleiche, der schon 1983 Roland Jahn vor Gericht vertreten hat und ihn damals davon überzeugte, doch lieber einen Ausreiseantrag zu unterschreiben. Fünf Jahre später ist er noch immer die Vertrauensperson vieler Oppositioneller, auch von Klier und Krawczyk. Schnur erzählt beiden, der jeweils andere habe bereits seiner Ausreise in den

*Freya Klier und Stephan Krawczyk auf dem Weg zur Presse-
konferenz nach ihrer Ankunft in Bielefeld, Februar 1988*

Westen zugestimmt, obwohl dies gar nicht der Fall war. Sie fallen
auf den Trick herein und unterschreiben den Ausreiseantrag. Mit einem Fahrzeug der Evangelischen Kirche werden sie umgehend über
die innerdeutsche Grenze in die »Bodelschwinghschen Stiftungen«
im nordrhein-westfälischen Bethel gefahren. Roland Jahn fliegt sofort hin. Freya Klier ist froh über seine Hilfe. »Wir waren ja völlig
desorientiert, frisch aus der DDR geworfen, kannten uns im Westen
überhaupt nicht aus«, erinnert sie sich. Schnell trommelt Jahn alle
ihm bekannten Medienvertreter in der Region zu einer Pressekonferenz zusammen. Diese wird, zu seiner eigenen Überraschung, ein
Großereignis. Das Foto der zwei Ausgebürgerten geht um die Welt
und findet sich seitdem in vielen Geschichtsbüchern wieder.

Ein paar Tage später reisen Klier und Krawczyk nach West-
Berlin, die ersten Wochen leben sie in Roland Jahns kleiner Wohnung in der Görlitzer Straße, die einmal mehr zum Aufnahmelager ausgebürgerter DDR-Oppositioneller wird. Kurz darauf verlassen auch Bärbel Bohley, Werner Fischer, Wolfgang Templin, Renate
Templin, Vera Wollenberger und andere im Zuge der »Luxemburg-
Liebknecht-Affäre« Verhaftete die DDR. Es ist ein beispielloser

Aderlass. Die prominenten Bürgerrechtler bekommen zwar alle ein Recht auf Rückkehr zugesagt und werden offiziell nicht ausgebürgert, aber es bleibt mehr als zweifelhaft, ob sie tatsächlich jemals zurückkehren können. Und die DDR-Führung hofft, wenn sie erst einmal den Westen kennengelernt haben, würden sie die ihnen zugestandene Rückkehrmöglichkeit ohnehin nicht mehr wahrnehmen wollen. Den Parteioberen und ihrer Staatssicherheit ist offenbar klar, dass das Leben im Westen für die meisten Menschen attraktiver ist als in der DDR.

Für die Opposition in Ost-Berlin ist dieser Aderlass ein harter Schlag. Die Initiative Frieden und Menschenrechte beschließt, sich mit Protestaktionen bis zur geplanten Rückkehr von Bohley und Fischer im Herbst 1988 politisch zurückzuhalten, um deren Wiedereinreise nicht zu gefährden. Ein wirklicher Sieg für die SED und die Staatssicherheit ist die ganze Affäre trotzdem nicht. Die von Roland Jahn und anderen losgetretene breite Medienberichterstattung im Westen erreicht große Teile der DDR-Bevölkerung. Das rüde Vorgehen gegen Bohley, Krawczyk, Klier, Wollenberger, Templin und andere löste eine breite Solidarisierungswelle aus. Überall im Land, selbst in Kleinstädten wie Grimmen, Sebnitz oder Radebeul bei Dresden, tauchen Flugblätter und Losungen an Häuserwänden auf: »Freiheit für Stephan und Freya«, »Nieder mit der SED«, »Stasi raus!«. Dies hat oft drastische Folgen, denn das Regime misst mit zweierlei Maß. Die durch Jahns Medienkampagne in West und Ost bekannt gewordenen Oppositionellen will man einfach nur möglichst schnell loswerden. Ihren Sympathisanten aber, vor allem in der DDR-Provinz, wohin sich kein westliches Fernsehteam verirrt, begegnet das Regime mit aller Härte. Unter den Hunderten, die nach der »Luxemburg-Liebknecht-Affäre« ins Gefängnis kommen, sind auch viele, die seit Jahren Ausreiseanträge gestellt haben. Von ihrer Beteiligung an den Protesten erhoffen sie sich, endlich genauso schnell wie die prominenten Bürgerrechtler abgeschoben zu werden. Doch das ist ein Trugschluss.

Dies muss auch die 24-jährige Elke Schidek aus Rostock erfahren, die am 8. März 1988 mit einem Protestschild aus braunem Packkarton auf dem Uni-Platz steht. »Frauenrechte in der DDR?« und »Ich fordere für mich und meine Familie die umgehende Ausreise« hat sie darauf geschrieben. Seit zwei Jahren versucht sie vergeblich, die

DDR zu verlassen. Während ihrer Ausbildung zur Kindergärtnerin hatte sie den Bildungs- und Erziehungsplan kennengelernt, mit dem bereits die Kleinsten frühzeitig politisch beeinflusst werden sollten, etwa mit den Liedern von »Soldaten auf Friedenswacht« an der Berliner Mauer. Und die Ausbildung deshalb vorzeitig abgebrochen. Als nun ihr eigener dreijähriger Sohn mit so einem Lied aus dem Kindergarten nach Hause kam, war sie geschockt. Das war für sie der letzte Auslöser, einen Ausreiseantrag zu stellen. Elke Schidek erinnert sich:»Ich sah in der DDR keine Perspektive, fühlte mich wie in einem großen Gefängnis, hatte wegen meiner politischen Einstellung auch keinerlei berufliche Chancen mehr.« Ihr 1986 eingereichter Antrag wurde von den Behörden konsequent ignoriert. In der Abteilung Inneres erklärte man ihr:»Sie können machen, was sie wollen, sie kommen hier nie raus!« Elke Schideks Sohn ist inzwischen viereinhalb Jahre alt, sie will verhindern, dass er in der DDR eingeschult wird und damit noch mehr der staatlichen Indoktrination ausgesetzt ist. Die Zeit läuft ihr davon. Jetzt hofft sie, ermutigt durch die schnelle Ausreise der Berliner Oppositionellen, mit einer politischen Protestaktion ihren Fall beschleunigen zu können. Ihr ist klar, dass man sie verhaften wird, doch ähnlich wie bei den »Berlinern« rechnet sie damit, nach einigen Wochen gemeinsam mit ihrem Mann und ihrem kleinen Sohn in den Westen abgeschoben zu werden.

Am Rostocker Uni-Platz haben sich an diesem Morgen Tausende Menschen versammelt, es ist der Internationale Frauentag, auf einer dort aufgebauten Tribüne soll gleich das offizielle Festprogramm beginnen. Es dauert nur fünf Sekunden, bis ihr jemand das Protestplakat aus der Hand reißen will. Verbissen hält sie es fest, so lange es geht. Nach fünf Minuten Gerangel versucht sie zu entkommen. Doch Stasi-Leute in Zivil halten sie fest, verhaften sie. Durch eine breite Gasse derer, die lieber Abstand halten, wird sie abgeführt, in einem Spießrutenlauf. Einige der Menschen links und rechts spucken sie an, andere schreien:»So was wie dich sollte man ins Arbeitslager stecken.«

Statt wie die Berliner Oppositionellen schnell in den Westen abgeschoben zu werden, wird Elke Schidek nach drei Monaten Untersuchungshaft zu 18 Monaten Haft verurteilt, nach Paragraph 214 des DDR-Strafgesetzbuchs, der »Beeinträchtigung staatlicher Tätigkeit« unter Strafe stellt. Die Haft muss sie bis zum letzten Tag absitzen, erst im September 1989, eineinhalb Jahre später, wird sie entlassen und in den Westen abgeschoben.

Der Historiker Ilko-Sascha Kowalczuk zählt in von ihm ausgewerteten Stasi-Akten allein zwischen Anfang Februar und Ende März 1988 rund 83 Ermittlungsverfahren gegen Personen, die sich in verschiedener Form offen mit den Berliner Verhafteten solidarisieren. In den Folgewochen werden laut Kowalczuk wöchentlich 60 Menschen wegen derartiger Proteste verurteilt, viele davon zu Strafen bis zu zwei Jahren Haft.

Die Gruppe der »Ausreiser«, also jener, die der DDR möglichst schnell den Rücken kehren wollen, ist weit größer als jene, die dableiben und sich innerhalb ihres Landes für Reformen engagieren wollen. Trotz Repressalien wie beruflicher Benachteiligungen und gesellschaftlicher Ächtung, denen Antragsteller ausgesetzt sind, warten 1988 offiziell 113 000 DDR-Bürger auf die Genehmigung ihrer Ausreise, rund zwei Drittel davon bereits länger als ein Jahr. Bis zum Ende der DDR wächst diese Zahl um jährlich 40 000. Und sie sind nur die Spitze des Eisbergs. Dass es nicht nur Zehntausende, sondern Hunderttausende sind, die aus Frust über den SED-Staat ihre Heimat verlassen wollen, zeigt sich mit der großen Fluchtwelle 1989/90, als trotz der hoffnungsvollen Veränderungen nach dem Fall des Eisernen Vorhangs mehr als eine Million Ostdeutsche ihre Heimat Richtung Westen verlassen.

Der Anstieg der Zahl der Ausreisewilligen seit Mitte der 80er Jahre ist ein Zeichen der Enttäuschung vieler Menschen darüber, dass trotz der reformwilligen Führung in der Sowjetunion unter Michail Gorbatschow keinerlei Veränderungen in der DDR stattfinden. Anders als in Ungarn oder Polen, wo 1988 demokratische Veränderungen bereits in vollem Gange sind, tut sich in der DDR in dieser Hinsicht gar nichts. In einem Interview mit der westdeutschen Illustrierten »Stern«, das vom »Neuen Deutschland« nachgedruckt wurde, verhöhnt das für Ideologiefragen zuständige SED-Politbüromitglied Kurt Hager im April 1987 alle Enttäuschten, indem er die Frage, warum die DDR nicht wie die Sowjetunion auf Reformen und Offenheit setzt, bemerkte: »Würden Sie, wenn Ihr Nachbar seine Wohnung tapeziert, sich verpflichtet fühlen, Ihre Wohnung ebenfalls neu zu tapezieren?« Von da an ist Kurt Hager für die DDR-Bewohner der »Tapeten-Kutte«.

Ende der 80er Jahre schließen sich viele Ausreisewillige den Bürgerrechtsgruppen an. Zu einem ihrer wichtigsten Treffpunkte entwickeln sich die wöchentlichen »Friedensgebete« an jedem Montag in der Leipziger Nikolaikirche. Manche Oppositionelle sehen diesen Trend mit Argwohn. Die »Ausreiser« sind ihnen zu radikal, man hat sie im Verdacht, die Staatsmacht lediglich provozieren zu wollen, um schneller ausreisen zu können. Ihr Wunsch nach einem freieren Leben im Westen ist auch so manchem Bürgerrechtler, der noch immer von demokratischen Reformen im eigenen Land träumt, eher suspekt. Selbst die Bürgerrechtler, die Anfang 1988 zur Ausreise genötigt wurden, finden nicht die Zustimmung aller in der Bürgerrechtsbewegung. Der Kommentator einer Ost-Berliner Untergrundzeitung charakterisiert sie als »gewogen und zu leicht befunden« für den politischen Kampf in der DDR.

Roland Jahn hingegen sieht ganz deutlich, dass die große Menge der Ausreisewilligen die Mitte der Gesellschaft repräsentiert. Ein »Kontraste«-Beitrag vom März 1988, der auf dem Höhepunkt der Verhaftungswelle unter seiner Mitwirkung entsteht, zeigt das ganze Spektrum auf. Neben vielen jungen Leuten sind es auch solche, die in der Mitte des Lebens stehen und einiges zu verlieren haben. Eine Ost-Berliner Psychologin berichtet nach geglückter Ausreise, dass sie sich ohnmächtig gefühlt habe in einem System, das sie täglich einengte. Ein Wirtschaftswissenschaftler sagt, er habe darunter gelitten, seine Studenten belügen zu müssen. Eine Ärztin berichtet, sie habe ihren christlichen Glauben versteckt und sich nur heimlich konfirmieren lassen. Es sei ihr zunehmend schwerer gefallen, zu schweigen und stets aufpassen zu müssen, nicht anzuecken. »Es sind die Guten, die Besten oft, die sich in der DDR in einer Sackgasse sehen, Leute, die die DDR dringend nötig hat«, meint sie. »Würde mit ihnen vertrauensvoll gesprochen, gäbe es nicht die permanente Vormundschaft, sie würden nie auf die Idee kommen, die DDR zu verlassen«, kommentiert »Kontraste«-Moderator Jürgen Engert den Fernsehbeitrag von Roland Jahn und Peter Wensierski.

Der Ärger vieler Menschen bezieht sich nicht nur auf die Mächtigen da oben, die »versteinerten Verhältnisse« im Land und die allgegenwärtige Verlogenheit, sondern auch auf die Schikanen der kleinen Herrscher im Alltag des ostdeutschen Mangelstaates. Bärbel Bohley fasst das einmal in dem Satz zusammen, die DDR sei vielleicht gar nicht nur die Diktatur der SED, sondern auch die Diktatur der Kellner, Klempner und Taxifahrer gewesen. Und der kleinen Sachbearbeiter, der Verkäufer in der Fleischerei, der Volkspolizisten, die in ihrem mikroskopisch kleinen »Herrschaftsbereich«, den ihnen die Staatsmacht zugewiesen hat, oft genauso willkürlich und herrisch agieren wie die Machthaber ganz oben.

Wie die Stasi versucht, ein Leben zu vergiften

Obwohl die Ost-Berliner Umwelt-Bibliothek Roland Jahn Ende 1987 zum Ehrenmitglied ernannt hat, begegnen ihm auch einige Bürgerrechtler mit Skepsis und Missgunst. Dies ist vor allem ein Resultat der Desinformationskampagnen der DDR-Staatssicherheit, die ihn als West-Agenten denunziert, und verbreitet, er würde auf dem Rücken derjenigen, die in Ost-Berlin verfolgt und inhaftiert werden, im Westen viel Geld verdienen. Unter den Exjenaern in West-Berlin soll ebenfalls der Eindruck verbreitet werden, Jahn ginge es bei den vielen Fernseh- und Zeitungsberichten über die DDR-Opposition vor allem um die Honorare, er verdiene sich auf Kosten der im Osten verfolgten Oppositionellen eine goldene Nase. Viele von Jahns Freunden erhalten anonyme Briefe. Und als er eines Abends in seine Stammkneipe, den »Punkt« in der Kreuzberger Mariannenstraße, geht, wo er sich spätabends oft mit Journalisten und ehemaligen Jenaern trifft, hängt auf der Toilette ein nachgemachter »Spiegel«-Titel. Darauf prangt sein Porträtfoto, einkopiert in einen Tausendmarkschein. »Roland Jahn exklusiv« und »Das Geschäft mit der DDR« steht darunter.

Der »Punkt« ist ein kleiner heruntergekommener Laden, es gibt nur zwei Tische darin und einen Tresen mit ein paar Barhockern. Wirklich viel los ist hier nie, es ist ein ideales und verschwiegenes Plätzchen, so könnte man meinen. Doch sogar in dieser West-Berliner Kneipe, in der neben dem Wirt Werner, einem schrulligen Österreicher, oft nur ein oder zwei Gäste am Tresen rumhängen, wenn die »Jenaer« nicht da sind, ist die DDR-Staatssicherheit präsent. Die Aktion mit dem Spiegel-Fake soll so aussehen, als feindeten ihn mit zielgenauen Nadelstichen seine Jenaer Freunde in West-Berlin an. Dass derartige »Zersetzungsmaßnahmen« System haben und einer der rund 20 Spitzel, die in West-Berlin auf die Gruppe um Jahn angesetzt sind, den »Spiegel«-Titel auf der Toilette im »Punkt« platziert hat, erfährt er erst Jahre später aus den Stasi-Akten.

Die Anfeindungen, die selbst bei einstigen Jenaer Jugendfreunden nicht ohne Wirkung bleiben, setzen Jahn zu. Da vergisst er schon mal jede Vorsicht und lässt in Telefongesprächen, die er mit Vertrauensleuten in Ost-Berlin führt, gehörig Dampf ab: Jene Ost-Berliner Bürgerrechtler, die wohl die Vorstellung hätten, er sei im »goldenen Westen« komfortabel eingerichtet, während sie verfolgt werden, hätten falsche Vorstellungen. »Golden« sei der Westen bei Weitem nicht. Manch einer, wenn er das alltägliche Leben in der BRD oder West-Berlin zu leben hätte, würde dann erst feststellen, dass der Sozialismus in der DDR, was die materielle Absicherung des Einzelnen betrifft, durchaus Vorzüge habe. Die vielen Materialien, Druckfarben, Zeitungen, Bücher, Kameras und die mehreren 100 Mark im Monat, die allein seine Telefonrechnung ausmache, bedeuteten auch für ihn erhebliche finanzielle Belastungen. Fast alles zahle er von seinem Privatgeld und den gelegentlichen Honoraren der Medien. Die Lebenshaltungskosten in West-Berlin seien nicht von Pappe, und von irgendetwas müsse auch er leben. Er stelle sich diesen Belastungen, wolle aber überhaupt nicht klagen, schließlich gehe er auch gern gut essen.

Die Staatssicherheitsoffiziere, die das Tonband dieses mitgeschnittenen Gesprächs auswerten, freuen sich, dass ihre »Zersetzung« Wirkung zeigt. Auch der Vorwurf, er stelle sich mit seiner Arbeit und seinen Netzwerken zu sehr selbst in den Mittelpunkt, trifft ihn. Er, der lieber hinter der Kamera agiert als vor ihr und seine ganze Energie dafür einsetzt, DDR-Bürgerrechtler wie Bärbel Bohley, Stephan Krawczyk oder Wolfgang Templin deutschlandweit bekannt zu machen, ist wütend über derartige Vorwürfe. In seiner Akte protokolliert die Staatssicherheit den Streit, in dem er sich zu verteidigen sucht: »Ich habe hier in der ersten Zeit viel zu viel Rücksicht genommen. Ich hätte noch viel vehementer mein Ding machen müssen. Was wollte ich? Ich wollte immer auf die ganzen Jenaer Rücksicht nehmen. Und alle haben gesagt, immer nur deine Person und sonst was. Dabei habe ich immer versucht, andere mit einzubeziehen, bestimmte Äußerungen zurückzuhalten.« Aus Rücksichtnahme verzichte er weitgehend auf eigene Medienpräsenz, einen Fernsehauftritt habe er gar abgelehnt, weil er den Eindruck gehabt habe, der Beitrag sei zu sehr auf seine Person fokussiert. »Ich habe in dem Moment die Chance nicht genutzt, unser gemeinsames

Zielobjekte der Stasi-Zersetzungsmaßnahmen: Roland Jahn und seine Eltern, Aufnahme von 1999 im Gartenhaus der Eltern nahe Jena

Anliegen rüberzubringen, aus falscher Rücksichtnahme«, bedauert Jahn später.

Nicht nur Jahns Beziehungen zu anderen Bürgerrechtlern, sondern auch das ohnehin belastete Verhältnis zu seinen Eltern versucht die Staatssicherheit negativ zu beeinflussen. 1987 bekommt seine Mutter in Jena einen anonymen Brief, der den Eindruck erweckt, als habe einer der Exjenaer in West-Berlin ihn geschrieben. Darin heißt es: »Liebe Familie Jahn. Ich habe lange überlegt und mich gefragt, ob ich diesen Brief schreiben soll. Nun bin ich zu der Meinung gekommen, dass es besser ist zu schreiben. In einem Gespräch mit Roland, welches wir kurz vor Weihnachten führten – also kurz vor Ihrem Besuch in West-Berlin –, äußerte sich Roland in einer für mich unerklärlichen, abfälligen Art und Weise, dass ich jede Achtung vor ihm verlor. Er sagte, dass es ihn ankotze, wenn Sie zu Besuch kämen und er sich das dumme Gerede anhören müsse. Ihm würde das die Zeit stehlen, die Nerven rauben und dazu noch Geld kosten. Solche Gedanken würde er Ihnen jedoch nie zum Ausdruck bringen, da man nie wisse, wozu man die noch einmal braucht. Wenn ich diese Worte nicht selbst aus seinem Munde gehört hätte, ich würde es nicht glauben und jedem sagen, dass dies eine Lüge sei und man Roland nur verleumden will. Aber ähnliche Worte hörte ich wieder von ihm in Vorbereitung der Reise von Lina nach Jena. In einer solchen Art spricht er aber nicht nur mit mir, sondern äußert sich auch anderen Bekannten gegenüber. Er sollte doch froh sein, dass er noch Eltern hat, die zu ihm halten! Entschuldigt meine Offenheit und die direkten Worte, aber ich fühle mich verantwortlich, und Sie sind besser eingestellt bei weiteren Besuchen. In Jena wusste er, wer seine Feinde sind! Hier schafft er sich durch sein persönliches Verhalten unter seinen Freunden möglicherweise welche! In alter Verbundenheit!«

In Wahrheit ist dieser Brief fingiert, ein Stasi-Offizier hat ihn geschrieben und abgeschickt, um Roland Jahn und seine Eltern zu entzweien. Der Beweis dafür findet sich nach 1990 in den Akten. Die Folgen bleiben jedoch nicht aus: Vielen einstigen DDR-Oppositionellen, die im Westen einen an die linksalternative Szene angelehnten offenen Lebensstil pflegen, erscheint die Konspiration, mit der Jahn aus Furcht vor Ausspitzelung durch die Stasi arbeitet, arrogant und egoistisch, und seine engen politischen Kontakte in alle Richtungen, auch zu den unter vielen Bürgerrechtlern verpönten CDU-Politikern und dem bis Anfang 1989 CDU-geführten West-Berliner Senat, sind ihnen suspekt. Das berichtet der Stasi im August 1988 ihr Agent IM »Mario«, der Exil-Chilene, der wieder einmal als »Kundschafter« die Exjenaer Kreise in West-Berlin besucht und dabei aushorcht. Das geht so weit, dass Jahn seine Gesprächs- und Arbeitskontakte mit CDU-Politikern und CDU-nahen Journalisten vor seinen Freunden in der DDR-Bürgerrechtsbewegung zunehmend verschweigt, um nicht noch mehr Unfrieden zu provozieren.

Mehr und mehr zeigt die Exjenaer Oppositionellenszene in West-Berlin Auflösungserscheinungen. Jahn und seine wenigen Vertrauten mutieren zu Einzelkämpfern. Zur Freude der Staatssicherheit berichtet Spitzel »Mario«, dass viele der früheren DDR-Oppositionellen in West-Berlin langsam von ihren »vormaligen politischen Idealen und Zielstellungen, die sie noch in der DDR hatten, abrücken«. Sie nähmen zwar noch gelegentlich an Demonstrationen teil, seien inzwischen jedoch vornehmlich damit beschäftigt, sich im Westen eine neue Existenzgrundlage zu schaffen und sich den »kapitalistischen Gesellschaftsverhältnissen« anzupassen. Viele beginnen, sich ein neues Leben aufzubauen, so auch Jahns Jugendfreund Siegfried Reiprich, der nach dem Abschluss seines Geophysikstudiums 1987 ein ganzes Jahr als Forscher in der Antarktis verbringt. Klar ist den Stasi-Offizieren in Ost-Berlin auch: Verhaften und einsperren können sie Jahn in West-Berlin nicht, und nachdem er in den SED-Medien öffentlich als Staatsfeind gebrandmarkt worden ist, dürfte er vermutlich auch nicht noch einmal die Frechheit begehen, wie im Jahr 1985 freiwillig in die DDR einzureisen. Entführungen von Regimegegnern aus West-Berlin, wie sie in den 50er Jahren häufig vorkamen, würden der DDR nicht nur diplomatisch, sondern inzwischen auch wirtschaftlich schweren Schaden zufügen. Das SED-Regime ist auf die Kredite, den Ost-West-Handel und Finanztransfers aus dem Westen angewiesen, damit die Wirtschaft aufrechterhalten und die Versorgung der Bevölkerung gewährleistet werden kann.

Als abschreckendes Beispiel hat Honecker das Nachbarland Polen vor Augen. Im Dezember 1981 musste Staatschef Wojciech Jaruzelski angesichts einer immer mächtiger werdenden Protestbewegung gegen die Misere im Land die Notbremse ziehen und das Kriegsrecht verhängen. Tausende Oppositionelle wurden verhaftet und für lange Zeit interniert. Die Macht der Kommunisten in Polen konnte zwar vorübergehend gerettet werden, doch die wirtschaftlichen Folgen waren für Polen verheerend. Ein Jahr später musste das Land seine Zahlungsunfähigkeit erklären, da es von nirgendwo mehr Kredite erhielt. Die Versorgungslage der Bevölkerung verschlechterte sich so dramatisch, dass Millionen polnischer Familien über Jahre auf Hilfspakete angewiesen waren, die in großer Zahl, organisiert von der katholischen Kirche, vor allem aus dem Westen kamen. Dies untergrub letztlich doch die Macht der Partei, während die Opposition erstarkte.

Als Bärbel Bohley und Werner Fischer nach einem halben Jahr erzwungenem Auslandsaufenthalt wegen der »Luxemburg-Liebknecht-Affäre« Anfang August 1988 wieder in die DDR zurückkehren, berichten sie vor Siegbert Schefkes Videokamera, die Roland Jahn geschickt hatte, von ihren Erfahrungen und Schlussfolgerungen. Werner Fischer erzählt, dass ihm in den sechs Monaten, die er nach seiner Verhaftung anlässlich der »Luxemburg-Liebknecht-Demonstration« im Westen verbrachte, noch bewusster sei, wie kriminell die Menschen in der DDR in Unmündigkeit gehalten würden und wie wichtig es sei, dass sie sich endlich die Welt selbst anschauen könnten. Zu Jahn nach West-Berlin geschmuggelt, werden die Aufnahmen im West-Fernsehen gezeigt.

Schefke filmt auch in Dresden bei einer kirchlichen Veranstaltung, bei der der Ost-Berliner Physiker Hans-Jürgen Fischbeck ein verheerendes Bild der DDR-Gegenwart zeichnet: »Zu den Folgen gehört eine Verarmung von Kultur und Kunst, eine vergleichsweise unproduktive Wissenschaft und eine innovationsarme Technik.« Die Flut der Ausreiseanträge und die jahrelange Not derer, die sie stellen, zeugten von den Folgen einer inneren und äußeren Abgrenzung, die die gesamte Gesellschaft krank gemacht habe.

In Ost-Berlin filmt Schefke dann Wolfgang Templin, den Sprecher der Bürgerrechtsgruppe Initiative Frieden und Menschenrechte, der institutionelle Veränderungen, Rechtsstaatlichkeit und eine Reform des Wahlrechts fordert, inklusive der Möglichkeit, unabhängige Kandidaten aufzustellen. Und schließlich dokumentiert Schefke ebenfalls in Ost-Berlin eine Demonstration gegen die Zensur von Kirchenzeitungen, bei der 80 Demonstranten verhaftet werden. All diese Aufnahmen, von Jahns Kurieren wie dem »Spiegel«-Korrespondenten Ulrich Schwarz oder »Süddeutsche Zeitung«-Kollegen Helmut Lölhöffel heimlich in den Westen geschmuggelt, werden im ARD-Magazin »Kontraste« und in den ARD-Nachrichtensendungen gezeigt. Die Ost-Berliner Opposition bekommt so wahrnehmbare Stimmen und prominente Gesichter, die deutschlandweit bekannt werden.

Ab Februar 1989 ist Jahn nicht mehr nur als Informationsbeschaffer, sondern als fester Mitarbeiter beim Sender Freies Berlin tätig. Eine mutige Entscheidung des öffentlich-rechtlichen Senders, wird Jahn in den DDR-Medien doch weiterhin als angeblicher Agent denunziert. Und wie die »Luxemburg-Liebknecht-Affäre« gezeigt hat, werden ostdeutsche Oppositionelle alleine schon wegen ihrer Kontakte zu Roland Jahn strafrechtlich verfolgt. Zur allgemeinen Deeskalation werden seine Berichte fortan unter dem Pseudonym »Jan Falkenberg« ausgestrahlt. Damit sollen nicht nur seine Quellen im Osten geschützt, sondern auch Kritiker innerhalb der ARD beruhigt werden, denn manche Kollegen sehen in Jahn einen Entspannungsgegner und Dunkelmann.

Wie stimmt man eigentlich gegen die SED?

Für den 7. Mai 1989 sind in der gesamten DDR Kommunalwahlen angesetzt. Wie immer verlangt die SED, die Bürger mögen mit ihrem Stimmzettel ein Bekenntnis ablegen »für Frieden und Sozialismus«. Zu bestimmen hat das Wahlvolk dabei praktisch nichts. Dafür sorgt schon der Wahlmodus. Eine Auswahl zwischen verschiedenen Parteien ist dem Wähler nicht möglich. Auf dem Stimmzettel stehen nur die Namen der Kandidaten der »Nationalen Front«, der Einheitsliste aller Parteien und Massenorganisationen der DDR. Anzukreuzen gibt es nichts, der Zettel soll nur gefaltet und eingeworfen werden. Die Wahlen werden deswegen auch »Zettelfalten« genannt. Über die tatsächliche Sitzverteilung in den Parlamenten entscheiden nicht die Wähler, sondern ein von der SED festgelegter Verteilerschlüssel. So hat zum Beispiel von den 500 Sitzen in der 1986 »gewählten« Volkskammer der DDR die SED 127 Sitze, die FDJ 37, der Gewerkschaftsbund FDGB 61, die Vereinigung der gegenseitigen Bauernhilfe 14, die Blockparteien LDPD, CDU, Bauernpartei und NDPD jeweils 52, der Frauenbund 32 und der Kulturbund 21 Sitze. Da die Spitzen aller Massenorganisationen mit SED-Funktionären besetzt und die Blockparteien seit ihrer faktischen Gleichschaltung Ende der 40er Jahre von Gewährsleuten der SED gesteuert werden, ist sichergestellt, dass die »führende Partei« unabhängig vom Wählerwillen in jedem Fall das alleinige Sagen hat. Dies sichert zusätzlich der Artikel 1 in der 1968 neu formulierten DDR-Verfassung: »Die Deutsche Demokratische Republik ist ein sozialistischer Staat der Arbeiter und Bauern (...) unter Führung der Arbeiterklasse und ihrer marxistisch-leninistischen Partei.«

Zudem existiert eine Vielzahl weiterer Manipulationstricks. Um eine hohe Wahlbeteiligung mit entsprechendem Verhalten sicherzustellen, treten auf Betreiben von Parteifunktionären viele Arbeitskollektive und Hausgemeinschaften »geschlossen« zum Wählen an. Nichtwähler werden noch Stunden vor Schließung der Wahllokale zu Hause aufgesucht und an ihre staatsbürgerlichen Pflichten erinnert, unausgesprochen drohen jedem Nichtwähler unwägbare Sanktionen, wozu berufliche Repressalien, Behördenschikanen oder gesellschaftliche Ausgrenzung gehören können. Nur ein verschwindend geringer Teil der DDR-Bürger wagt es trotzdem, nicht wählen zu gehen. Selbst wer zu den Wahlen geht und eine Gegenstimme abgeben will, braucht gehörigen Mut, denn wer eine Wahlkabine benutzt, macht ebenso wie der Nichtwähler seine oppositionelle Gesinnung öffentlich. Als Sensation wird deshalb im Frühjahr 1989 gewertet, dass der sowjetische Parteichef Michail Gorbatschow bei den (ersten halbfreien) Wahlen zum Volksdeputiertenkongress der Sowjetunion, wo bislang ein ähnlich perfides Wahlsystem galt, demonstrativ vor laufender Kamera in eine Wahlkabine geht.

Wie die Zustimmung zur vorgedruckten »Einheitsliste« in der DDR zu erfolgen hat, ist klar – Falten und Einwerfen –, doch wie eigentlich eine gültige Gegenstimme aussieht, wird nirgends erklärt. Vier Wochen vor der Kommunalwahl, im April 1989, werden die DDR-Bürger in einem »Kontraste«-Beitrag von Roland Jahn und seinem Kollegen Peter Wensierski darüber informiert: Mit einem Kugelschreiber müssen sämtliche Einheits-Kandidaten einzeln waagerecht durchgestrichen werden, ein schräger Strich über alle Kandidaten macht dagegen die Stimme ungültig. Berichtet wird zudem von den geplanten Zählungen, die Oppositionsgruppen in der ganzen DDR gegen die von ihnen erwartete Fälschung der Wahl organisieren. Die demokratische Entwicklung in Polen und Ungarn und sogar in der Sowjetunion, wo im April 1989 der prominente Dissident und Menschenrechtler Andrej Sacharow, eines der Vorbilder der Oppositionsbewegung in der DDR, als gewähltes Mitglied in den Volksdeputiertenkongress einzieht, ermutigt die ostdeutschen Bürgerrechtler. Kameramann Siegbert Schefke interviewt die Organisatoren der Anti-Wahlfälschungsaktionen. Dabei fordert beispielsweise der Ost-Berliner Pfarrer Reinhard Lampe eine Reform des politischen Systems, insbesondere des Wahlsystems, eine freie Presse, Versammlungs- und Vereinigungsfreiheit. Bärbel Bohley appelliert an alle DDR-Bürger, die Wahlkabine zu benutzen, so wie das Gorbatschow in der Sowjetunion vorgemacht hat. Bürgerrechtler Werner Fischer formuliert in »Kontraste« die Position der Oppositionellen: »Die Ergebnisse der Wahlen in der DDR dienen dazu, die tatsächlichen Verhältnisse zu verschleiern und ein Einverständnis innerhalb der Bevölkerung mit der Politik der DDR-Regierung vorzutäuschen, das immer weniger gegeben ist. Die Offenlegung der tatsächlichen Meinungs- und Mehrheitsverhältnisse bedeutet eine notwendige Voraussetzung für den breiten innergesellschaftlichen Dialog, den wir anstreben.«

Am Wahlabend selbst sind in rund 1000 Wahllokalen, überwiegend in den größeren Städten, Oppositionelle als unabhängige Beobachter anwesend. Sie berufen sich dabei auf die nach dem Wahlgesetz garantierte Öffentlichkeit der Stimmauszählung und versuchen, eigenständig zu registrieren, wie viele Gegenstimmen es gibt und wie hoch die Wahlbeteiligung ist. Sie stellen dabei einen Anteil von Gegenstimmen zwischen drei und 30 Prozent fest sowie eine Wahlbeteiligung zwischen 60 und 80 Prozent. Der Vorsitzende der staatlichen Wahlkommission, Politbüromitglied Egon Krenz, lässt sich jedoch nicht beirren, noch am Wahlabend verkündet er den grandiosen Sieg der SED und der ihr hörigen Blockparteien. Fast alle wahlberechtigten DDR-Bürger (98,77 Prozent) hätten sich an der Wahl beteiligt, und davon hätten 98,85 Prozent für die Kandidaten der Nationalen Front gestimmt. »Eindrucksvolles Bekenntnis zu unserer Politik des Friedens und des Sozialismus«, titelt am darauffolgenden Morgen das SED-Zentralorgan »Neues Deutschland«. Die Proteste gegen diese von den Bürgerrechtlern enttarnten Wahl-Lügen, über die Roland Jahn mit Kollegen in »Kontraste« berichtet, ebben bis zum Herbst 1989 nicht mehr ab. Die Wut darüber, von der SED-Führung so plump und offensichtlich betrogen und für dumm verkauft zu werden, wird für viele bislang eher angepasste DDR-Bürger zum Auslöser, endlich auch auf die Straße zu gehen.

Roland Jahn hatte das Glück, in dem westdeutschen Fernsehjournalisten Peter Wensierski einen Mentor, Kollegen und Freund gefunden zu haben, der einer der besten Kenner der DDR war und mit ihm Beiträge produzierte, die nicht nur den Niedergang der DDR dokumentierten, sondern selbst zum Zerfall der Herrschaft beitrugen. Durch ihre offene und realistische Berichterstattung beförderten sie das Nachdenken vieler DDR-Bürger und damit letztlich das Engagement für Veränderungen im Land.

Der Schulterschluss von »Ausreisern« und »Dableibern«

Die Zahl derer, die als »ganz normale« Menschen sich endlich trauen, ihre Meinung offen zu sagen, nimmt im Sommer 1989 rasant zu. Das registriert auch Siegbert Schefke, als er für »Kontraste«-Redakteur Jan Falkenberg alias Roland Jahn in Leipzig unterwegs ist und schockierende Szenen aufnimmt: Verfallende Stadtviertel, graue Fassaden, leere Regale. Hinzu kommen die katastrophalen Folgen der hier besonders spürbaren Umweltverschmutzung. Es sind Szenen, die fast überall in der DDR aufgenommen sein könnten. Die meisten Menschen haben sich an den zunehmenden Verfall in ihrer Umgebung gewöhnt, sie kennen es nicht anders. Und die Mitglieder der SED-Führung nehmen den desolaten Zustand der Bausubstanz in der DDR schon deshalb nicht wahr, weil sie selbst in der gepflegten und hermetisch abgeriegelten Waldsiedlung bei Wandlitz in einer vermeintlich heilen Welt leben und die Häuserfassaden entlang ihrer »Protokollstrecke«, auf der sie täglich ins Berliner Stadtzentrum chauffiert werden, wie potemkinsche Fassaden restauriert und angepinselt sind. Schefke filmt, wie schockiert, aber auch wie offen Leipziger Bürger auf die vollmundige Ankündigung von SED-Chef Erich Honecker reagieren, Leipzig als Ausrichter der Olympischen Spiele 2004 ins Rennen schicken zu wollen. »Wenn ich sehe, wie Fassaden einfallen, dann sind diese Visionen haltlos«, meint eine Leipzigerin, und ein anderer sagt: »Leipzig war sicher mal eine berühmte Messestadt, aber das ist schon lange nicht mehr so, das ist eine Stadt voller Ruinen.« Vielen Zuschauern in der DDR, die die schockierenden Bilder im ARD-Politmagazin »Kontraste« sehen, dämmert es: Bei ihnen zu Hause, in ihrer eigenen Stadt, sieht es schließlich genauso aus. Zerfallende Bausubstanz gibt es allerorten. Leipzig ist überall.

Doch die Probleme dürfen nicht offen benannt werden, nicht genehmigte Initiativen und kritische Meinungen werden rigoros unterbunden. Im Juni 1989 wiederum zeigt Roland Jahn im West-

Fernsehen, wie massiv die Leipziger SED-Führung mit Hilfe der Staatssicherheit und der Volkspolizei gegen ein von Oppositionellen organisiertes »Straßenmusik-Festival« vorgeht. Einen Tag lang wollen viele aus der ganzen DDR angereiste Straßenmusiker die Leipziger Innenstadt beleben und so Freude in den tristen Alltag bringen. Stattdessen wird die gesamte Innenstadt von Volkspolizisten abgeriegelt, zahlreiche Musiker und Zuhörer werden verhaftet. Die in der DDR akkreditierten West-Journalisten sind nicht anwesend, aber einige Leipziger Bürgerrechtler machen Beweisfotos von dem harten staatlichen Vorgehen, die dann »Kontraste« zeigt. Der Leipziger Bürgerrechtler Uwe Schwabe prangert vor laufender Kamera die stalinistischen Methoden an, mit denen der totalitäre Staat Freiheitsliebende und Andersdenkende unterdrückt. Anfang September 1989, im Wendeherbst, ist Uwe Schwabe dann einer der Initiatoren der ersten Leipziger Montagsdemonstrationen. Während gleichzeitig immer mehr Menschen die Flucht ergreifen und versuchen, über Ungarn und die bundesdeutschen Botschaften in Prag und Warschau in den Westen zu gelangen, wird die kleine Schar der bisher gesellschaftlich eher isolierten Bürgerrechtler zu Wegbereitern der friedlichen Revolution, die bald die unzufriedenen Massen auf die Straße bringt. »Ausreiser« und »Dableiber« agieren jetzt zusammen. Bei der ersten Leipziger Montagsdemonstration am 4. September 1989 sind beide Strömungen nebeneinander vertreten. Da gleichzeitig die Leipziger Herbstmesse stattfindet, sind auch viele West-Korrespondenten in der Stadt, und so gibt es davon, anders als von den Montagsdemonstrationen in den Wochen danach, auch professionelle Fernsehbilder. Der ZDF-Reporter Christhard Läpple und sein Kamerateam filmen, wie Hunderte ausreisewilliger Montagsdemonstranten in Leipzig »Wir wollen raus!« skandieren. Zugleich bahnen sich einige der »Dableiber«, darunter der Leipziger Bürgerrechtler Uwe Schwabe, mit Transparenten den Weg durch die Menge. Auf dem ersten dieser Banner, die Leipziger Bürgerrechtlerinnen Gesine Oltmanns und Katrin Hattenhauer tragen es, steht der Satz »Für ein offenes Land mit freien Menschen«. Dies wird zum Konsens zwischen »Ausreisern« und »Dableibern« und damit zu einer der Parolen der friedlichen Revolution. Und es ist auch das Ziel von Roland Jahn, der diese Bilder am 12. September in einem »Kontraste«-Beitrag unterbringt. Täglich telefoniert Jahn nun mit den Leipziger Bürgerrechtlern, und weil es keine West-Journalisten vor Ort gibt, stammen die Informationen, die die West-Medien in den Folgewochen über den anwachsenden Zulauf der Montagsdemos erhalten, im Wesentlichen von ihm und seinen Gewährsleuten, inklusive der Teilnehmerzahlen.

Es sind hektische Tage für Roland Jahn. Ihm geht das alles nicht schnell genug, und in der Ost-Berliner Opposition wird ihm zu viel diskutiert und zu wenig gehandelt. Was in Leipzig bei den Montagsdemos passiert, öffentlich und massenwirksam, entspricht mehr seinem Geschmack. In der »Kontraste«-Sendung vom 12. September 1989 hadert er öffentlich mit seinen Oppositionsfreunden in Ost-Berlin. Die seien zu sehr nach innen orientiert, handelten und dächten nicht massenwirksam genug. »Hin und wieder eine Ausstellung in Berliner Hinterhöfen, hin und wieder ein paar aufmüpfige Publikationen, die aber über den kleinen Kreis der eigenen Leute kaum hinausgehen«, so sagt er, reichten nicht. Es müssten endlich Strukturen und Aktionen her, die der Opposition mehr öffentliches Gewicht verleihen. Auch der Bürgerrechtler Reinhard Schult konstatiert in derselben Sendung im Interview mit Jahns Kollegen Peter Wensierski, die Oppositionellen würden Fragen aufwerfen und Probleme formulieren, sähen aber ansonsten genauso schwach und blass aus »wie die Partei«.

Vor Augen haben Jahn und Schult die Entwicklung in Polen, wo im Juli 1989 bei einer ersten, halbfreien Wahl die professionell organisierte Oppositionsbewegung »Solidarność« einen überwältigenden Sieg davontrug und mit Tadeusz Mazowiecki im August 1989 ein Bürgerrechtler Ministerpräsident wurde. Jahns Frust über viel zu viele Diskussionen in ostdeutschen Elfenbeintürmen und zu wenig massenwirksame Aktionen ist bestärkt worden durch die jüngsten Erfahrungen vom 9. September. An diesem Tag sollte Siegbert Schefke im Haus von Katja Havemann in Grünheide bei Berlin mit der Kamera dabei sein, als dort 30 Bürgerrechtler, darunter Bärbel Bohley und Reinhard Schult, die Oppositionsplattform Neues Forum gründen und von der SED-Führung einen »Dialog« über die Zukunft der DDR fordern. Diese neue Bürgerbewegung soll alle, in ihren jeweiligen Zielen durchaus uneinigen Oppositionellen endlich zusammenführen. Fernsehbilder von diesem im Nachhinein historisch zu sehenden Ereignis gibt es jedoch nicht. Denn die versammelten Bürgerrechtler schicken Schefke weg, die Gründung des Neuen Forum sei zunächst nicht für die Öffentlichkeit bestimmt, schon gar nicht für die West-Medien und für Roland Jahn, für die Schefke dreh. Man will den angestrebten »Dialog« nicht durch zu enge Kontakte mit dem Westen gefährden, dessen »Ellenbogengesellschaft« man zudem auch nicht anstrebe. Die von der SED kolportieren eingepflanzten Feindbilder zeigen auch bei vielen Bürgerrechtlern Wirkung. So läuft die Meldung über die Gründung des Neuen Forum am nächsten Tag in der ARD-Tagesschau notgedrungen ohne bewegte Aufnahmen, nur mit einem Standbild.

In anderen Fällen läuft es besser. Am 7. Oktober 1989 filmt Jahns Kameramann Aram Radomski in Schwante bei Berlin die Gründung der Sozialdemokratischen Partei der DDR, die sich, um nicht den Eindruck zu provozieren, man sei lediglich die Fünfte Kolonne des Westens, erst einmal mit SDP und nicht mit SPD abkürzt. Das Gründungstreffen ist von den beiden evangelischen Pfarrern und Oppositionellen Martin Gutzeit und Markus Meckel konspirativ vorbereitet worden, die Staatssicherheit soll nicht Wind davon bekommen. Dies erweist sich im Nachhinein als Illusion. Mit Ibrahim Böhme ist einer der wichtigsten Spitzel der Staatssicherheit in der DDR-Opposition bei der SDP-Gründung dabei. Er wird von der Versammlung sogar zum Geschäftsführer der Partei gewählt und damit als Leiter der Arbeitsebene unterhalb der zu Sprechern gewählten Stephan Hilsberg, Angelika Barbe und Markus Meckel. Kurioserweise gibt Böhme alias »Maximilian« Aram Radomski sogar noch Tipps, wie er auf der nicht ungefährlichen Rückfahrt nach Ost-Berlin das Videoband am besten vor der Stasi verstecken soll. Es sind historische Aufnahmen, die an diesem Abend zu Roland Jahn nach West-Berlin geschmuggelt werden und die nur wenig später im West-Fernsehen laufen: Es ist die Neugründung der 1946 mit der Zwangsvereinigung von SPD und KPD in der DDR faktisch untergegangenen und seitdem verbotenen ostdeutschen sozialdemokratischen Partei. Diese Dimension erkennt auch der SPD-Ehrenvorsitzende Willy Brandt, der sich wenig später parteiintern dafür stark macht, die kleine »Pfarrer-Partei« aus Schwante als einzigen Partner der West-SPD im Osten anzuerkennen und die mitgliederstarke SED »links« liegen zu lassen. Als Hoffnungsträger sucht sich Willy Brandt 1989 allerdings den Falschen heraus. Da ist er nicht allein, denn auch Roland Jahn bringt den redegewandten Ibrahim Böhme als eine der Führungspersönlichkeiten der DDR-Opposition ins Gespräch. Nach dem von Brandt beförderten kometenhaften Aufstieg Manfred »Ibrahim« Böhmes in der SDP-SPD und dessen anschließender Enttarnung als Spitzel der Staatssicherheit im April 1990 trinkt sich Böhme später in seiner Wohnung im Berliner Stadtbezirk Prenzlauer Berg systematisch zu Tode und wird bis zuletzt trotz der erdrückenden Aktenlage von sich behaupten, niemals ein Stasi-Agent gewesen zu sein.

Wie die Montagsdemos ins West-Fernsehen kommen

Am 10. Oktober 1989 starrt ganz Deutschland gebannt auf die Bilder, die die ARD-Tagesthemen ausstrahlen: Zehntausende Demonstranten auf dem Marsch durch Leipzig – Aufnahmen von der Leipziger Montagsdemo einen Tag zuvor. Wer die Aufnahmen gemacht hat, verrät Tagesthemen-Moderator Hans-Joachim Friedrichs nicht. Er spricht von einem »italienischen Kamerateam«, das sich nach Leipzig geschmuggelt habe. West-Korrespondenten ist es schon seit Wochen verboten, nach Leipzig zu reisen, diejenigen, die keine ständige Akkreditierung haben, müssen die DDR ganz verlassen. Undenkbar, dass es ausgerechnet ein ausländisches Team geschafft haben soll, trotzdem dort zu filmen. Mit seiner kleinen Notlüge will Friedrichs nur die wahren Urheber schützen und die Häscher von der Staatssicherheit auf eine falsche Fährte lenken. Denn die Bilder stammen von Roland Jahns Kameramann Siegbert Schefke, der gemeinsam mit Aram Radomski, der gleichzeitig Fotos für die westlichen Presseagenturen schießt, vor Ort ist.

Am Morgen des 9. Oktober, der als »Tag der Entscheidung« in die Geschichte eingehen wird, sind sie heimlich über die Dächer ihrer Wohnungen in Ost-Berlin den Stasi-Offizieren entkommen, die sie bereits seit Wochen offen vor ihren Haustüren überwachen. Mit einem uralten Trabant, die Kamera und eine Fotoausrüstung im Kofferraum, fahren sie nach Leipzig, wohin sie mit viel Glück durchkommen, ohne in eine Kontrolle in der bis zum Abend von Sicherheitskräften abgeriegelten Innenstadt zu geraten. Dass es diesmal um Leben und Tod gehen kann, ist ihnen bewusst, spätestens, als sie auf der Autobahn ganze Kolonnen von Mannschaftswagen überholen. Mitten in der Menge der Demonstranten zu filmen, halten sie für zu riskant. So fragen sie den Pfarrer der Reformierten Gemeinde, Hans-Jürgen Sievers, ob sie von seiner Kirche aus, die direkt am Leiziger Innenstadtring liegt, filmen können, und der willigt spontan ein und sperrt ihnen den Turm auf. Was die beiden dann

Siegbert Schefke, Roland Jahn und Aram Radomski bei der Premiere des SAT.1-Films »Wir sind das Volk«, 2008

von da oben Stunden später filmen und fotografieren, können sie selbst kaum fassen. Zehntausende Menschen ziehen dort unten in der frühen Dunkelheit dieses Herbsttages an der Kirche vorbei und skandieren »Wir sind das Volk«. Trotz des großen Risikos, dass diese fünfte und bisher weitaus größte Montagsdemonstration in einem Massaker endet, sie von Staatssicherheit und Bereitschaftspolizei zusammengeschossen werden, sind sie auf die Straße gegangen.

Als die Aufnahmen bereits am nächsten Abend in den ARD-Tagesthemen gezeigt werden, können DDR-Bürger via West-Fernsehen endlich sehen, was ihnen die SED-Führung und ihre gleichgeschalteten Medien bis dahin verheimlichen: dass der Widerstand gegen das System zu einer Massenbewegung geworden ist. Und dass es plötzlich möglich ist, offen gegen das Regime zu demonstrieren, ohne verhaftet oder gar zusammengeschossen zu werden. Dadurch ermuntert, gehen nun immer mehr Menschen im ganzen Land auf die Straße, es ist das Signal zum Sturz des SED-Regimes, die Initialzündung der friedlichen Revolution. Es ist das inzwischen mehrfach gefeierte »Wunder von Leipzig«, an dem auch Roland Jahn seinen Anteil hat, obwohl er gar nicht dabei ist.

Dass das Videoband mit den bewegenden Bildern der Montagsdemo noch in derselben Nacht aus der abgeriegelten Stadt heraus
und über die Berliner Sektorengrenze gelangt und heil bei Jahn
in West-Berlin ankommt, gleicht einem weiteren, genauso großen Wunder. Durch Zufall haben Schefke und Radomski in der
500 000-Einwohner-Stadt am Nachmittag Ulrich Schwarz auf der
Straße getroffen, den Ost-Berliner Korrespondenten des »Spiegel«,
einen der wenigen West-Journalisten, die immer wieder das Risiko
eingehen, für Jahn Kurierdienste zu erledigen. Schwarz hat es als
einziger westlicher Journalist an diesem Tag bis Leipzig geschafft.
Um seine Spur zu verwischen, fährt er mit dem Auto bis zum Ost-
Berliner Flughafen Schönefeld, lässt dort seinen Dienstwagen mit
dem auffälligen Diplomatenkennzeichen stehen und fährt mit einem Zug der Reichsbahn weiter nach Leipzig. Dort läuft er zufällig
Schefke und Radomski in die Arme. Sie verabreden für den späten Abend einen erneuten Treff. Während Schefke und Radomski
von dem Kirchturm ihre Aufnahmen machen, marschiert Schwarz
mitten unter den Montagsdemonstranten mit, was er noch heute
als den bewegendsten Augenblick seines journalistischen Lebens bezeichnet. Spätabends treffen sie sich wie verabredet erneut. Schwarz
stellt sich als Kurier zur Verfügung. Damit er mit dem gefährlichen
Videoband in der Tasche nicht auf den Zug am nächsten Tag warten muss, beschließen sie, gegen alle Regeln der Konspiration gemeinsam in dem uralten und auffällig mit Blumenmustern bemalten
Trabant zurück nach Berlin zu fahren, mit den Kameras und dem
heißen TV- und Fotomaterial im Kofferraum. Dann versagt auch
noch das Auto. Bei Köckern, auf halber Strecke, läuft der Zweitak-
ter nur noch auf einem Zylinder, auch ein Tankwart, den sie fragen, kann nicht helfen. Lange wollen die drei sich dort auch nicht
aufhalten, die Raststätte an der Transitstrecke wird von der Stasi
streng überwacht. Mit Tempo 60 knattert der Trabi auf einem Zylinder mit den brisanten Aufnahmen von der Montagsdemo weiter
Richtung Berlin, spät nach Mitternacht kommen sie an. »Im Nachhinein hatten wir natürlich sehr viel Glück«, meint Schwarz, »wenn
sie uns erwischt hätte, gemeinsam im Auto, mit diesen Aufnahmen,
wäre das für die Stasi natürlich ein Fest gewesen. Mir war das aber
auch egal. Uns war allen dreien klar, dass das unheimlich wichtige
Aufnahmen sind, die alles verändern werden, die den Menschen in

ganz Deutschland zeigen werden, dass in Leipzig eben nicht 500 betrunkene Rowdys randaliert haben, wie das die SED-Propaganda darstellte, sondern Zehntausende engagierte und friedfertige Bürger demonstrierten. Dafür wäre ich auch bereit gewesen, aus der DDR rauszufliegen. Außerdem: Mein Risiko war ja begrenzt, den gefährlichsten Job hatten Schefke und Radomski. Alles hing an ihnen. Sie waren auch die Einzigen, die es machen konnten. Die offiziellen ARD-Korrespondenten waren viel zu sehr überwacht. Auch wenn die ARD natürlich zumindest Leute ohne Kamera zur Absicherung hätte mitschicken können. Dass keine dabei waren, lag wohl daran, dass Roland Jahn vorab bei der ARD niemanden informiert hat, weil er Angst hatte, dass es auch dort Spitzel der Stasi geben könnte. Es war auf jeden Fall das Risiko wert. Was wäre gewesen, wenn diese Bilder nicht gesendet worden wären? Dann wäre die ganze Montagsdemo doch verpufft, keiner außerhalb von Leipzig hätte das Ausmaß der Proteste realisiert.«

Weit nach Mitternacht bringt Schwarz, nun wieder in seinem Diplomatenauto sitzend, das Videoband und die noch unentwickelten Filme versteckt in seiner Unterwäsche in den Westen und übergibt das Material an Roland Jahn. Die beiden Männer ahnen, dass sie gerade Geschichte schreiben. Am nächsten Tag verbreiten Jahn und Wensierski die Bilder in alle Welt.

Wiedersehen am 9. November 1989

»Die Mauer ist auf«, ruft Roland Jahn am Abend des 9. November durch die »Kontraste«-Redaktion im Hochhaus des Senders Freies Berlin am Theodor-Heuss-Platz, als er die kurz vor 19 Uhr aus Ost-Berlin live übertragene Pressekonferenz verfolgt, in der SED-Politbüromitglied Günter Schabowski eine neue Reiseregelung verkündet, die »ab sofort, unverzüglich« gelten soll. Horst Schättle, der frisch gekürte Fernsehdirektor des SFB, der gerade draußen im Flur ist, kommt ungläubig herein. »Ist das wahr?« Er ist erst mal skeptisch, wie denn die Nachricht von der neuen »Reiseregelung« zu werten sei. Doch er lässt sich überzeugen und entscheidet: Wir machen sofort eine Sondersendung – mit Diepgen, Momper, Schättle und Jahn. Die läuft gegen 21 Uhr abends im Fernsehprogramm des Norddeutschen Rundfunks (NDR), im dritten Programm. Als später die ersten Fernsehbilder von den jubelnden Menschenmassen am Brandenburger Tor eintreffen, sendet die ARD sie im Hauptprogramm, und der Exjenaer Oppositionelle Roland Jahn kommentiert im ersten Programm und live vor der Kamera den Mauerfall für ganz Deutschland. Auf der einen Seite wirkt er euphorisch, wie alle an diesem Abend, zugleich äußert er vor der Kamera aber auch Skepsis, ob die SED-Führung nicht schnell zum »Rollback« ansetzt und die Grenzen wieder schließen lässt. Er weiß, dass denen alles zuzutrauen ist.

In einer Sendepause meldet sich plötzlich Siegbert Schefke per Telefon im »Kontraste«-Büro. »Ich bin in West-Berlin«, sagt er. »Du musst sofort zum Sender kommen, ins Studio«, sagt Jahn. »Nein«, sagt Schefke, »ich will doch wieder zurück in den Osten.« Er fürchtet, dass er nach einem solchen Auftritt im West-Fernsehen nicht mehr in die DDR zurückgelassen wird. Gemeinsam mit Aram Radomski gehörte Schefke zu den ersten, die am Abend des 9. November von Ost nach West gelangten. Unter den Tausenden Menschen, die sich am Grenzübergang Bornholmer Straße auf der Ostseite versammelt hatten, um das gerade von Schabowski verkündete freie Reiserecht einzufordern, standen die beiden ganz vorn am

Schlagbaum und riefen, die Grenzer sollten ihn endlich öffnen. Als diese beschlossen, »Druck aus dem Kessel« zu lassen und ein paar Dutzend der lautesten Schreihälse nach West-Berlin zu lassen, waren Schefke und Radomski dabei. Ob sie je wieder zurück dürfen, war jetzt fraglich, denn die Grenzer haben in ihre Personalausweise den grün-violetten Ausreisestempel direkt neben die Passbilder gestempelt. Daran sollen die Schreihälse auf dem Rückweg wiedererkannt und ihnen die Einreise verweigert werden. Doch was es mit dem merkwürdigen Stempel auf sich hatte, war den beiden erst einmal egal. Als sie auf der West-Seite der Bornholmer Brücke ankamen, war dort noch alles menschenleer. Ein einsamer Taxifahrer wartete auf Kundschaft, er hatte keine Ahnung, was gerade jenseits der Brücke passierte. Schefke stieg ein, zog einen 100-D-Mark-Schein, den er versteckt in seiner Kleidung herübergeschmuggelt hatte, heraus und ließ das Taxi zu einer Bekannten nach Kreuzberg fahren. Von dort ruft er sofort die »Kontraste«-Redaktion an. Jedoch im Fernsehen reden will er nicht. »Okay«, sagt Jahn schließlich, »ich muss hier noch ein bisschen senden, wir treffen uns später im Kuckucksei«, einer Kneipe in Kreuzberg. Auf der Fahrt dahin, kurz nach Mitternacht, nimmt er mit seinem alten VW Polo den Umweg über den Kurfürstendamm, wo er sich inmitten der Trabi-Kolonnen und einem Hupkonzert jubelnder Ostler wiederfindet. Er kann es nicht fassen, dass es wirklich vorbei sein soll, dass die Mauer offen ist, er kann seine Tränen nicht mehr zurückhalten. Er kurbelt die Scheiben herunter, und auf dem Ku'damm riecht es tatsächlich nach Trabi-Abgasen. Es ist wie zu Hause in Jena, es ist kein Traum. Im »Kuckucksei« trifft er mitten in der Nacht zum ersten Mal auf seine beiden Kameraleute. Obwohl er, Schefke und Radomski schon seit Jahren eng und unter hohem Risiko zusammenarbeiten, kennen sie sich bisher nur vom Telefon, sie sind sich noch nie zuvor persönlich begegnet. Sofort haben alle ein Gefühl großer Vertrautheit, erinnert sich Jahn, »es war, als hätten wir uns schon immer gekannt«. Dann stoßen noch andere Ost-Berliner Bürgerrechtler dazu, Reinhard Schult und viele der 1988 ausgebürgerten Oppositionellen. An diesem Abend feiert die Bürgerrechtsbewegung der DDR in einer West-Berliner Kneipe ihre eigene Wiedervereinigung. Nachts um drei fährt Jahn dann mit Uli Neumann, einem Fernsehkollegen, der wie er aus dem Osten stammt, noch zur Mauer. Er lässt das Auto nahe dem Grenzübergang Invalidenstraße stehen und drängelt sich, gegen den Strom der Massen, der noch immer von Ost nach West kommt, in die entgegengesetzte Richtung gen Osten. Zum ersten Mal seit vier Jahren ist er wieder auf DDR-Gebiet. Am Morgen geht er zu Bärbel Bohley und zu einer eilends einberufenen Versammlung des Neuen Forum. Erst gegen Abend am 10. November setzt er sich in den Zug und fährt in seine Heimatstadt Jena. Vor sechseinhalb Jahren wurde er mit Gewalt hier weggeschafft, vor vier Jahren, als er für einen Tag illegal in Jena war, hatte er sich nicht getraut, bei den Eltern zu klingeln. Jetzt steht er vor ihrer Tür, und die Familie fällt sich in die Arme. Da ist die große Politik, die Revolution in der DDR, für einen Moment ganz weit weg, sie weinen vor Freude, der 1983 »gestohlene« Sohn ist heimgekehrt, sie dürfen wieder zusammen sein, jetzt ohne Angst. Er übernachtet in seinem alten Kinderzimmer und geht mit seinen Eltern in Jena spazieren. Er besucht Freunde, fährt mit den Eltern in das Wochenendhaus in den Jenaer Bergen, wo er in seiner Kindheit und Jugend viele glückliche Stunden verbracht hat. Es wird Montag, der 13. November 1989. In Berlin hält Stasi-Chef Erich Mielke vor der DDR-Volkskammer seine erste und letzte Rede und wird ausgelacht, als er sagt, er »liebe doch alle Menschen«.

Roland Jahn fährt an diesem Tag von Jena nach Leipzig und ist zum ersten Mal bei einer Montagsdemonstration dabei. Er trifft auf die Organisatoren der Demonstration, Uwe Schwabe, Gesine Oltmanns und viele andere, mit denen er oft telefoniert, sie aber bisher nie persönlich gesehen hat. Abends marschieren sie zusammen bei der Demonstration mit, in der Nacht kehrt er im Zug zurück nach Ost-Berlin. Den Grenzern am Bahnhof Friedrichstraße erzählt er, er sei am Morgen im Trubel der Eröffnung eines neuen Grenzübergangs in Berlin-Lichterfelde in den Osten gereist und habe deshalb keinen Einreisestempel. Er hat Glück, sie schauen sich den Ausweis nicht so genau an und winken ihn durch. Noch immer steht er auf der Fahndungsliste, seit 1987 haben die Grenzer die Weisung, ihn im Auftrag der Staatssicherheit festzunehmen.

Wenige Tage später haben die DDR-Grenztruppen und die der Staatssicherheit unterstellten Passkontroll-Einheiten die Lage an den Grenzübergängen wieder im Griff. Als Roland Jahn am 15. November versucht, über den gerade neu eröffneten Berliner Grenzübergang Schlesische Straße wieder in die DDR zu fahren, verweigern ihm die Grenzer die Einreise. Es dauert noch zwei Wochen, bis er auch offiziell einreisen darf. Es ist Freitag, der 1. Dezember 1989, derselbe Tag, an dem die Volkskammer der DDR die Führungsrolle der SED aus der Verfassung der DDR streicht. Ein Barkas-Bus mit Ost-Berliner Kennzeichen fährt an diesem Tag vor dem West-Berliner Wohnhaus von Jürgen Fuchs vor. Wolf Biermann und seine Frau Pamela, Fuchs und dessen Frau Lilo sowie Roland Jahn steigen zu. Der Bus bringt sie über den Grenzübergang Invalidenstraße nach Ost-Berlin. Das »Haus der Jungen Talente« hat dem 1976 ausgebürgerten Liedermacher Biermann für den Abend ein Konzert in Leipzig organisiert, man will ihn damit rehabilitieren. Außerdem empfängt ihn der neue DDR-Kulturminister Dietmar Keller, er entschuldigt sich bei Biermann für die Ausbürgerung, die ein Fehler gewesen sei. Als Bedingung hatte Biermann gefordert, dass Fuchs und Jahn mit ihm zusammen in die DDR einreisen dürfen. Abends fahren sie gemeinsam zum Konzert nach Leipzig. Da fallen auch Sätze, die Biermann heute vermutlich so nicht mehr sagen würde. Vor 6000 Zuhörern erklärt er, dass ihn die »Deutschland, Deutschland über alles«-Stimmung auf den Montagsdemos, wo inzwischen »Wir sind *ein* Volk« die dominierende Parole geworden ist, störe. »Ihr wäret schön dumm, wenn ihr rückwärts laufen würdet ins alte Reich à la Kohl«, ätzt Biermann. Zur Wiedervereinigung und der Einheit der Nation, dass zeigt sich erneut, haben viele DDR-Bürgerrechtler ein gebrochenes Verhältnis. Roland Jahn sieht dies anders, auch weil er im Gegensatz zu Wolf Biermann seit seiner Ausbürgerung bereits ein »wiedervereintes Leben« zwischen Ost und West führt und sich bemüht, zwischen den verschiedenen Seiten zu vermitteln.

Eine Woche später, am 7. Dezember, werden die juristischen Auseinandersetzungen zwischen der DDR und Roland Jahn offiziell beendet, er bekommt vom Ministerrat eine Akkreditierung als Journalist und darf fortan unbehelligt im Osten arbeiten. Weihnachten feiert Familie Jahn in Jena ihre Wiedervereinigung, gemeinsam mit Tochter Lina, mit Eltern und Geschwistern. Ein paar Tage später feiert er dann mit Freunden wie Siegbert Schefke und mehr als einer Million Menschen aus Ost und West am Brandenburger Tor den Übergang ins neue Jahr, aber vor allem den Fall der Mauer.

Der Beginn der »Schlussstrich-Debatte«

Mitte Dezember 1989, sechs Wochen nach dem Mauerfall, zieht Roland Jahn zum ersten Mal mit einem Kamerateam des Senders Freies Berlin und dem Mikro in der Hand vor die Tore von Mielkes langjährigem Hauptquartier. Der Stasi-Chef sitzt zu diesem Zeitpunkt schon im Gefängnis, und zwar ausgerechnet in seiner eigenen Untersuchungshaftanstalt Hohenschönhausen. Anfang Dezember haben Bürgerrechtler, ausgehend von Leipzig und Erfurt, die meisten Dienststellen der Staatssicherheit gestürmt. 13 der 15 Bezirksverwaltungen der Staatssicherheit sind zum Zeitpunkt von Jahns Dreharbeiten bereits von Bürgerkomitees besetzt, die Türen wurden von herbeigerufenen DDR-Militärstaatsanwälten versiegelt, die Mitarbeiter nach Hause geschickt. Auch die meisten der rund 200 Kreisdienststellen des Ministeriums arbeiten zu diesem Zeitpunkt nicht mehr, selbst in vielen kleinen Städten auf dem Lande finden sich genug aufgebrachte Bürger, die in der zweiten und dritten Dezemberwoche 1989 dort eindringen, um die Vernichtung von Stasi-Akten zu stoppen und die Gebäude und die Akten unter ihre Kontrolle zu bringen. Noch herrscht Chaos, noch hat keiner einen Überblick, was vernichtet ist, wie viel noch da ist, wo die DDR-Staatssicherheit noch weiterarbeitet und wo die Reißwölfe laufen, um Beweise zu vernichten. Und wo vielleicht gerade Millionenbeträge aus der auch gut mit Devisen gefüllten Kriegskasse der Stasi in dunklen Taschen verschwinden.

Das DDR-Ministerium für Staatssicherheit selbst, ein hermetisch von der Außenwelt abgeriegelter weiträumiger Komplex von 29 Bürogebäuden und elf Innenhöfen, in dessen Mitte »Haus Eins« thront, mit Mielkes eichenholzgetäfeltem Büro im ersten Stock, und – im »Haus Acht« – mit dem Herzstück, dem zentralen Archiv der Staatssicherheit mit Millionen Akten, scheint von der friedlichen Revolution immer noch unbehelligt. Nach dem Willen der seit Mitte November amtierenden Übergangsregierung unter Hans Modrow soll das auch so bleiben, die Stasi-Krake wird in »Amt für Nationale Sicherheit« umbenannt und soll etwas verkleinert werden.

Nun steht Roland Jahn vor der Pforte des Ministeriums und ist überrascht über das rege Treiben. Hunderte Mitarbeiter strömen am späten Nachmittag an ihm vorbei auf dem Weg in den Feierabend. »Entschuldigen Sie, das Ministerium für Staatssicherheit soll aufgelöst werden, was sagen Sie dazu?«, fragt er die Vorbeikommenden. »Kein Kommentar«, ist die einzige Antwort. Der am 7. Dezember erstmals zusammengetretene Zentrale Runde Tisch, an dem die Oppositionsgruppen mit der Regierung die politischen Grundentscheidungen bis zu den ersten freien Wahlen treffen sollen, hatte die sofortige Auflösung des MfS gefordert, was die Regierung am 14. Dezember zähneknirschend akzeptierte. »Gibt es ein schlechtes Gewissen?«, will Jahn von einer Stasi-Mitarbeiterin wissen, die ihm als Einzige lächelnd und mit einem schwarz-rot-goldenen Schal um den Hals, entgegenkommt. Doch sie meint: »Von unserer Seite? Nee, warum auch!« So ähnlich sieht das offenbar auch der von Modrow gerade eingesetzte Regierungsbeauftragte für die Stasi-Auflösung, Peter Koch, den Jahn vor die Kamera bekommt. Man könne die Mitarbeiter des Ministeriums für Staatssicherheit doch nicht für die »falsche Sicherheitspolitik« der SED-Führung verantwortlich machen, sondern man müsse endlich einen »Schlussstrich« ziehen.

Jahn deckt auf, wie die Stasi-Leute sich diesen »Schlussstrich« vorstellen. Er zeigt ein Fernschreiben, eine am 7. Dezember 1989 ergangene Anweisung der Modrow-Regierung, wonach »die unberechtigt angelegten Dokumente unverzüglich zu vernichten« seien. Die Reißwölfe laufen spätestens seit diesem Tag heiß, auch wenn viele Stasi-Leute bereits weit vorher auf eigene Kappe angefangen haben, Akten verschwinden zu lassen. Der »Schlussstrich« beinhaltet zudem einen goldenen Handschlag, wie Jahn enthüllt. Die ausscheidenden Stasi-Mitarbeiter sollen für drei Jahre ihre vollen Gehälter weiterbezahlt bekommen, die ohnehin schon weit über dem DDR-Schnitt liegen.

Dann fährt Jahn nach Gera, wo er sieben Jahre zuvor selbst in Haft war, und erlebt eine ähnliche Situation. Auch dort herrscht im Gebäude der Stasi-Bezirksverwaltung noch reger Betrieb. Immerhin hat ein Bürgerkomitee inzwischen die U-Haftanstalt der Stasi besetzt. Gemeinsam mit einem Kamerateam und dem einstigen Jenaer Diakon Thomas Auerbach, der hier ebenfalls in Haft saß, lässt er sich von dem nunmehr recht eingeschüchtert wirkenden Leiter der Haftanstalt durch die Zellentrakte führen und steht schließlich wieder in den »Tigerkäfigen«, in denen er einst Hofgang hatte. »Hier waren doch viele zu Unrecht inhaftiert, empfinden Sie dafür Verantwortung?«, fragt er den Gefängnisdirektor. Der redet sich raus. Er sei als Direktor nur verantwortlich gewesen für die »Unterbringung« der Gefangenen und die »Sauberkeit im Hause«. Mit der Untersuchungsabteilung der Geraer Stasi unter Oberstleutnant Horst-Jürgen Seidel, die die Verhöre führte, habe er nichts zu tun gehabt. »Wieder einmal will es keiner gewesen sein«, kommentiert Jahn. »Jetzt willst du wohl Rache?«, fragt ihn ein Stasi-Offizier, einer seiner ehemaligen Vernehmer, den er bei den Dreharbeiten in Gera zufällig auf der Straße trifft. »Nein«, meint Jahn, »Gerechtigkeit.« Ein hoher Stasi-Offizier, den er dann noch vor die Kamera bekommt, erklärt mit Unschuldsmiene, natürlich habe man noch Zugriff auf die Waffenkammer. Das ist kurz nachdem der Beitrag am 2. Januar 1990 gesendet wird, allerdings vorbei. Die »Kontraste«-Sendung sorgt für große Aufregung, wenig später besetzen Bürgerrechtler die Geraer Stasi-Zentrale, als einen der letzten Provinzposten der DDR-Staatssicherheit.

13 Tage später, am 15. Januar 1990, wird auch das Hauptquartier, das Ministerium für Staatssicherheit in Berlin, von einigen tausend Bürgerbewegten nach einer Demo gestürmt, Roland Jahn ist mit dabei. Und noch am selben Tag gründet sich dort ein Bürgerkomitee, das die Kontrolle über die Gebäude und vor allem die Akten übernehmen soll.

Das mühsame Geschäft mit der Aufarbeitung

Wenn selbst die meisten Mitarbeiter der Staatssicherheit keine Verantwortung für ihre Taten übernehmen, so reden sich viele andere »Rädchen im Getriebe« erst recht heraus. Zum Beispiel auch viele leitende Offiziere der DDR-Volkspolizei. Dass die selbstverständlich bei Bedarf im Dienste der Partei mit der Staatssicherheit zusammenarbeitete, ist zur DDR-Zeit eigentlich Gemeingut. Doch davon will jetzt keiner mehr etwas wissen, ein Fall von kollektivem Gedächtnisschwund. Das enthüllt Jahn in einem »Kontraste«-Beitrag Anfang Februar 1990. Freunde aus dem Bürgerkomitee, die Mitte Januar 1990 die Stasi-Zentrale besetzt hatten, verhalfen ihm zu dort aufgefundenen Videobändern. Sie zeigen die Festnahme von Oppositionellen, die Anfang September 1989 auf dem Berliner Alexanderplatz gegen die Wahlfälschungen demonstriert hatten. Aufgenommen wurden sie nicht etwa von der Stasi, sondern von der Volkspolizei, die mit einem System von Kameras – »Operatives Fernsehen« genannt – das Ost-Berliner Zentrum überwachte. Vor laufender Kamera überführt Jahn den amtierenden und den ehemaligen DDR-Innenminister der Lüge, die behaupten, die Kameras hätten nicht der Überwachung, sondern der Verkehrskontrolle gedient. Mehrere leitende Mitarbeiter der Volkspolizei bestreiten vor der Kamera die enge Zusammenarbeit mit der Staatssicherheit. Doch die Bänder, die Jahn zeigt, beweisen das Gegenteil. Da wird ein Demonstrant zusammengeprügelt, und die Volkspolizei filmt alles im Auftrag der Stasi. Ein ZDF-Kamerateam, das in der Nähe ist, wird von den Kameras ins Visier genommen, schnell sind dann auch zahlreiche Volkspolizisten und Stasi-Leute da, die die westlichen Journalisten umringen, einschüchtern und des Ortes verweisen.

Bei Dreharbeiten im frisch besetzten Ministerium für Staatssicherheit in Ost-Berlin stößt Roland Jahn Anfang März 1990 zum ersten Mal auf Teile seiner eigenen Stasi-Akte. Mit Mitgliedern des Bürgerkomitees und einem Kamerateam schafft er es als erster West-Journalist überhaupt, in das zentrale Archiv vorzudringen, wo die Millionen von Stasi-Dossiers lagern. Die Kontrolle über die Gebäude hat die Volkspolizei, denen ein paar Mitglieder des Bürgerkomitees mehr schlecht als recht auf die Finger gucken. Die Oppositionellen sind einfach zu wenige, um den gigantischen Apparat, der sich an allen Ecken und Enden noch regt, zu überwachen. Ein Stasi-Archivar begrüßt Jahn mit den Worten: »Das kann doch nicht wahr sein, jetzt sind Sie in das Herz und Hirn unseres Geheimdienstes vorgestoßen!« Er fängt auf Drängen des Reporters an, nach Akten über Jahn zu suchen, und zieht schließlich einen blauen Ordner aus einem Regal. Es ist ein Teil des Operativen Vorgangs »Weinberg«, der die jüngsten Unterlagen enthält, die zum Teil noch nach dem Mauerfall vom Stasi-Nachfolger Amt für Nationale Sicherheit angelegt worden sind. Bis zum Ende der operativen Arbeit Mitte Januar hatte die Staatssicherheit Roland Jahn noch im Visier. Mit zitternden Händen beginnt Jahn zu lesen, was seine Gegner alles gegen ihn unternommen haben. Sie waren all die Jahre dicht an ihm dran, beschatteten ihn regelmäßig auch in West-Berlin, um seinen Tagesablauf und seine typischen Wege herauszubekommen, sie ermittelten selbst den Schulweg seiner Tochter und fragten Kreuzberger Nachbarn über ihn aus. Mehrere Dutzend Spitzel waren im Westen auf ihn angesetzt, die sich dort offenbar wie Fische im Wasser bewegten.

Der Runde Tisch fasst am 19. Februar den Beschluss, bis Mitte März alle elektronischen Speichermedien der Stasi zu vernichten. Auf einem Schrottplatz am Berliner Stadtrand werden Roland Jahn und sein »Kontraste«-Kollege Wensierski Zeuge dieser fragwürdigen Vernichtung. Begründungen dafür werden viele vorgebracht. Das Material sei ohnehin »doppelt« noch einmal auf Papier vorhanden. Außerdem sollten fremde Geheimdienste darauf keinen Zugriff erlangen. Lkw-Ladungen voller Magnetbänder aus dem Stasi-Rechenzentrum rattern dort über ein Laufband Richtung Schrotthäcksler, wo sie in kleine Teile zerstückelt werden. Statt die Verschrottung der Akten zu filmen, sagt er später, hätte er an diesem Tag lieber alles tun sollen, das Laufband zu stoppen oder so viele Bänder wie möglich zu sichern.

Wie wichtig dieses Material wirklich ist, zeigt sich erst später, als Archivare der Stasi-Unterlagenbehörde beginnen, alle Akten für die

Einsichtnahme der Betroffenen aufzuarbeiten. Da fällt schnell auf, dass insbesondere die Findhilfsmittel fehlen, mit denen die Staatssicherheit in der Lage war, sich in Minutenschnelle einen Überblick zu verschaffen, welcher Stasi-Mitarbeiter für welchen Vorgang zuständig ist, was die Staatssicherheit über welche Person weiß oder nicht weiß. Es sollte viele Jahre brauchen, das Archiv neu zu erschließen, der Vorgang dauert bis heute.

Bürgerkomitee-Mitglied Thomas Heise, später selbst Fernsehreporter bei der Sendung »Spiegel TV«, berichtet damals vor der Kamera, dass Stasi-Mitarbeiter noch immer unkontrolliert Akten durch die Reißwölfe jagen. Jahn zeigt Bilder von Lastwagen der Nationalen Volksarmee, die Hunderte von Säcken mit zerrissenen und zerschnipselten Akten zu den Papiermühlen bringen. Dass rund 16 000 dieser Säcke die Zeit überdauern und heute mit Hilfe der Computertechnik wieder rekonstruiert werden können, liegt daran, dass es dem Bürgerkomitee nach Jahns enthüllender Reportage gelingt, die Notbremse zu ziehen und die weitere Zerstörung von Stasi-Akten zu stoppen. Doch was soll aus all dem Material werden?

Darüber gibt es schon damals heftige Diskussionen, nicht nur mit den Vertretern der einstigen SED-Macht, von denen viele noch immer in wichtigen Ämtern sitzen, sondern auch unter den Bürgerrechtlern selbst. Eines der Bürgerkomitee-Mitglieder, die Jahn interviewt, meint, die Akten seien eine »tickende Zeitbombe« und müssten deshalb weg. Raimar Fritsch dagegen, ein 24-jähriger angehender Kulturwissenschaftler aus Strausberg bei Berlin, Mitglied der »Arbeitsgruppe Sicherheit«, die im Auftrag der Oppositionsgruppen vom Zentralen Runden Tisch die Auflösung der Stasi überwachen soll, ist der Meinung, die Akten sollten öffentlich gemacht werden, jeder sollte sich seine Akte abholen können. Einen Geheimdienst könne man nur auflösen, wenn alles offengelegt werde, wer das anders mache, werde nie mit der Vergangenheit fertig. So sieht das auch Roland Jahn.

Eigentlich kümmert sich neben den Bürgerkomitees der Oppositionellen schon seit Februar 1990 offiziell ein von der Modrow-Regierung eingesetztes »Staatliches Komitee« um die Auflösung der DDR-Staatssicherheit. Nach den freien Wahlen wird dieses Komitee im April 1990 dem Verantwortungsbereich des neuen Innenministers Peter-Michael Diestel zugeordnet, der sich seitdem für die weitere Auflösung und vor allem auch für den Umgang mit den Stasi-Akten für allein zuständig erklärt und den Bürgerrechtlern nur noch beratende Funktion zuerkennen will. Das wird immer stärker zum Konflikt, weil Diestel seine ganz eigenen Vorstellungen von »Auflösung« und »Aufarbeitung« hat. Er plädiert laut einem Gutachten von Prof. Klaus Schroeder von der FU Berlin für die Vernichtung aller personenbezogenen Stasi-Akten, mit der Begründung, das bald vereinte Deutschland nicht mit diesem »verbrecherischen Material« belasten zu wollen. In der Kritik steht Innenminister Diestel auch, weil mehrere tausend ehemalige Stasi-Mitarbeiter, die noch unter Modrow in den Arbeitsbereich des Innenministeriums übernommen wurden, dort zunächst weiterbeschäftigt werden.

Erneut legt Roland Jahn den Finger in die Wunde. Obwohl ein Großteil der elektronischen Datenträger vernichtet ist, haben die Bürgerrechtler in den Hinterlassenschaften der Stasi-Zentrale eine Personaldatei gefunden, in der die Namen von mehreren tausend »Offizieren im besonderen Einsatz« (OibE) vermerkt sind. Dies ist ein geheimes Netz von verdeckten Stasi-Mitarbeitern, die in Betrieben, Verwaltungen und Ministerien der ganzen DDR in Schlüsselstellungen tätig waren, auch noch lange nach der Wende, denn an ihren Dienststellen kennt niemand ihr Doppelleben. Jahn konfrontiert in einem Interview Innenminister Diestel mit der Personaldatei und der Tatsache, dass sogar beim Komitee zur Auflösung des MfS/AfNS mindestens zwei Exstasi-Offiziere im besonderen Einsatz tätig sind. Der Minister spielt den Ahnungslosen und erklärt, er könne nichts machen, denn er habe leider keine Liste von verdeckten Stasi-Offizieren in seinem Ministerium. Als Jahn einige der OibEs an ihrem Arbeitsplatz – einen im Presseamt des Ministerrats, einen im Postministerium – aufsucht, leugnen diese. Zugegeben wird in der Regel nur, was unzweifelhaft belegt oder durch Zeugen bewiesen werden kann. Roland Jahn begreift: Aufklärung ist ein verdammt mühsames Geschäft.

Zwischen allem Revolutionstrubel feiert Roland Jahn am 5. Mai 1990 in seiner Heimatstadt Jena ein ganz besonderes Wiedersehen. Mit vielen Jenaer Freunden, die wie er seit Jahren im Exil in West-Berlin leben, fährt er zum »Hirschfest« in seine Heimatstadt, eine

Roland Jahn und seine Lebensgefährtin Anett Volkland, 2011

jährliche Veranstaltung in der Traditionsgaststätte »Roter Hirsch« im Herzen von Jena. Zum ersten Mal seit seiner Ausbürgerung ist er wieder mit dabei. Und da trifft er sie: die blonde junge Frau, nach der er am Tag seiner Ausbürgerung vor sieben Jahren vergeblich Ausschau gehalten hat. Lange blonde Haare hat sie nicht mehr, sondern kurze, trotzdem erkennt er sie sofort wieder. Anett Volkland und Roland Jahn sind seitdem ein Paar, 1994 wird sie in seine Nähe nach Berlin ziehen, seit 1996 leben sie gemeinsam nahe der Gethsemanekirche im Prenzlauer Berg.

Der Fall Monika Haeger

Im Herbst 1990 drehen Roland Jahn und Peter Wensierski für
»Kontraste« einen höchst schwierigen Beitrag. Es geht um eine Spit-
zelin der Stasi in Jahns Umfeld: Monika Haeger. Sie beichtet vor der
Kamera. 1945 geboren, in einem Kinderheim aufgewachsen, war sie
seit 1980 von der Stasi unter dem Decknamen IM »Karin Lenz« auf
die DDR-Bürgerrechtler um Bärbel Bohley angesetzt. Bohley hielt sie
für eine enge Freundin und vertraute ihr. Abends feiern die Frauen
zusammen Geburtstag, nach Mitternacht triff sich Monika Haeger
mit ihrem Führungsoffizier in einer konspirativen Wohnung, um zu
berichten. Sie liefert Details über den harten Kern der Berliner Opposition, neben Bärbel Bohley über Gerd Poppe und Ralf Hirsch,
auch über die West-Politikerin Petra Kelly, die regelmäßig zu Besuch
kommt.

»Warum hast du das gemacht?«, fragt Roland Jahn sie. »Weil
ihr Feinde ward«, antwortet Monika Haeger in die Kamera. Sie
habe an den Sozialismus geglaubt, so sei nun mal ihre Erziehung
gewesen, im DDR-Kinderheim. Bei der Stasi habe sie sich aufgeho-
ben gefühlt, die sei für sie, die Elternlose, zur Ersatzfamilie geworden. Sie erzählt von ihren Albträumen, in denen ihr Bärbel Bohley
und die anderen von ihr bespitzelten Bürgerrechtler begegnen, und
weint dabei. Es ist nach dem PDS-Volkskammerabgeordneten Rainer Börner das erste Mal, dass sich ein Inoffizieller Mitarbeiter der
Staatssicherheit freiwillig zu seinem Tun bekennt und nicht leugnet
bis zuletzt, wie so viele andere, sondern ehrlich um Verzeihung und
Verständnis bittet. Seitdem sie offen über ihre Stasi-Vergangenheit
rede, meint Monika Haeger zu Jahn, gehe es ihr besser. »Es ist der
einzige Weg, wie sich auch Spitzel frei machen können: offen alles
auf den Tisch legen«, sagt sie. Für Jahn ist der Beitrag, der bis heute
nichts von seiner Aktualität eingebüßt hat, ein Angebot an einstige
Täter zum Gespräch. Er dokumentiert auch sein Eintreten dafür,
mit DDR-Biografien differenziert umzugehen.

Anderthalb Jahre nach dem Interview mit Monika Haeger beginnt im Januar 1992 die offizielle Aktenöffnung. Die meisten Men-

schen werden noch Jahre warten müssen, bis sie Einblick bekommen. Als Erste halten Anfang Januar 1992 einige Mitglieder der einstigen DDR-Bürgerrechtsbewegung ihre Akten in den Händen. Bärbel Bohley, Gerd und Ulrike Poppe, Lutz Rathenow, Vera Wollenberger und Rainer Eppelmann. Roland Jahn ist mit der Kamera dabei, begleitet seine Freunde bei der Akteneinsicht, die für viele nicht nur interessant, sondern auch bitter ist. Besonders für Vera Wollenberger, deren Ehemann Knud, mit dem sie zwei Kinder hat, sich erst kurz vor dem Aktentermin ihr gegenüber als Spitzel offenbart. Er war auf seine eigene Frau angesetzt. Lutz Rathenow wiederum findet in seinen Akten Spitzelberichte von IM »Gerhard«, hinter dem sich ein enger Freund, der Literat Rainer Schedlinski, verbirgt. Und von einem weiteren engen Vertrauten, Sascha Anderson, der ihn unter den Decknamen IM »David Menzer« und IM »Fritz Müller« ausspioniert hat. Auch für andere Bürgerrechtler ist es ein großer Schock, dass Sascha Anderson, dem sie bis vor Kurzem bedingungslos vertrauten, sie verraten hat. Roland Jahn muss feststellen, dass Anderson, der seit August 1986 in seinem Umfeld in West-Berlin lebte, über ihn ans MfS nach Ost-Berlin berichtete. Nach seinem Eindruck hat Anderson mit dazu beigetragen, dass er seit Ende 1987 wegen »landesverräterischer Nachrichtenübermittlung« in der DDR auf der Fahndungsliste stand.

Neben der politischen Enttäuschung gibt es auch die menschliche, die nicht ohne Nachwirkungen bleibt. Manche werden von dem deprimierenden Gefühl erfasst, den falschen Menschen vertraut zu haben. Sie zweifeln an ihrer Menschenkenntnis und bleiben misstrauisch allen neuen Freundschaften gegenüber.

Alte Kader in der neuen Regierung

Die ersten freien Volkskammerwahlen am 18. März 1990 sind für die Bürgerrechtler nicht nur ein Freudentag. Die von ihnen im Herbst 1989 gegründeten neuen Parteien bleiben ohne Erfolg. Lediglich 2,9 Prozent erhält ihre Wahlvereinigung »Bündnis 90«, die »Vereinigte Linke«, die sich dem nicht anschließen wollte, nur 0,2 Prozent, der »Demokratische Aufbruch« mit Rainer Eppelmann an der Spitze magere 0,9 Prozent. Damit wird deutlich, dass viele der mutigen Oppositionellen mit ihrer Haltung gegen eine schnelle deutsche Vereinigung womöglich vom Volk genauso weit weg sind wie einst die SED-Führung, wie Jahn es in einem Artikel in der West-Berliner »taz« Ende der 80er Jahre einmal formuliert hatte. Die Bürgerrechtler wollen vor einer möglichen Wiedervereinigung, die auch sie nicht grundsätzlich in Frage stellen, erst die DDR reformieren, um dann erhobenen Hauptes und auf Augenhöhe mit der anderen Seite zusammenzugehen. Aber die Mehrheit der Ostdeutschen hat nach 40 Jahren Sozialismus von Experimenten die Nase voll. Sie stimmt für die »Allianz für Deutschland« unter Führung der CDU und damit für einen schnellen, mehr oder minder bedingungslosen Beitritt zur wirtschaftlich und gesellschaftlich erfolgreichen Bundesrepublik, der »blühende Landschaften« im Osten und einen kompletten Neuanfang verspricht.

Roland Jahn kann mit diesem Wahlergebnis besser leben als die meisten ostdeutschen Bürgerrechtler. Anders als sie lebt er schon sieben Jahre im Westen. Sein Leben dort, sagt er heute, habe ihm vor Augen geführt, dass auch viele Bürgerrechtler in der DDR durch die Zensur und ihre eingeengte Welt lediglich ein eingeschränktes Blickfeld hatten. »Mir wurde bewusst, dass wir nicht nur beschränkt waren im Handeln, sondern auch im Denken«, rekapituliert er diese Erfahrung. Er hat nichts gegen eine schnelle Wiedervereinigung.

Das war jedoch nicht immer so. Bei einer Veranstaltung in der Berliner Mauergedenkstätte im Juni 2011 bekennt er: »Erst als ich im Westen war, dämmerte mir, dass ich mich nicht verschließen darf vor dem Gedanken an die deutsche Einheit. Ich merkte, dass das hier nur eine halbe Freiheit ist, solange meine Familie und meine Heimat im Osten ist. Da merkte ich, dass ich nur wirklich frei sein kann, wenn die Mauer fällt. Und wenn es eine deutsche Einheit gibt. Aber das wurde mir damals erst durch mein eigenes Erleben bewusst, dass mir nur die deutsche Einheit auch die Freiheit bringen kann.«

Ein paar Spitzen-Grüne aus dem Westen sind an dem historischen Wahlabend im März 1990 anders gestrickt, zum Beispiel Otto Schily. Er meint enttäuscht, die Ostdeutschen hätten nur die »Bananen« gewählt, und zieht vor der Kamera zur Illustration eine Banane aus seinem noblen Jackett.

Vier Wochen später, als die neue Regierung vorgestellt wird, gibt es ein paar Personalien, die Jahn schockieren. Neuer Justizminister wird ausgerechnet Kurt Wünsche. Der ist bereits zwei mal Justizminister gewesen, erst von 1967 bis 1972 unter den SED-Chefs Ulbricht und Honecker, dann noch einmal ab Januar 1990 unter Hans Modrow. »Das kann doch nicht wahr sein, habe ich gesagt, da müssen wir genau hinschauen«, erinnert er sich. Offiziell stellt Wünsche sich als Saubermann dar, wenn nicht gar als heimlicher Widerständler. Als Minister der Liberal-Demokratischen Partei in der DDR, der LDPD, eine der SED-hörigen Blockparteien, sei er 1972 aus Protest gegen die Verstaatlichung vieler kleinerer, bis dahin noch privater DDR-Betriebe zurückgetreten. Damals zählten insbesondere die Inhaber dieser Betriebe, die ihr Eigentum abgeben mussten, zur Klientel seiner Partei.

Roland Jahn und seine Kollegen zeigen, wie willfährig Wünsche dem SED-Regime diente. Im Archiv des DDR-Fernsehens spüren sie alte TV-Auftritte des Ministers auf und erinnern daran, dass während Wünsches Amtszeit als Justizminister 1968 das Strafrecht der DDR erheblich verschärft wurde. Insbesondere kamen Paragraphen hinzu, mit denen Andersdenkende verfolgt wurden, etwa »Gummi-Paragraphen« wie »Staatsfeindliche Hetze«, »Staatsverleumdung« und »Zusammenrottung«. Wünsche redet sich im Interview heraus, mit der Schaffung dieses politischen Strafrechts habe er, obwohl der zuständige Minister, letztlich nichts zu tun gehabt, das habe seine Vorgängerin, die gefürchtete DDR-Justizministerin Hilde Benjamin (1902–1989), ausgearbeitet, »außerhalb des Ministeriums«. Doch die historischen Aufnahmen sprechen eine andere Sprache. Da sitzen Wünsche und Hilde Benjamin in trauter Eintracht beisammen im Interview mit dem DDR-Fernsehen, und Wünsche preist die Maßnahmen, mit denen man jetzt die »Souveränität unseres Staates« schützen könne. »Das ekelt mich an«, bekennt FDP-Rechtsexperte Burkhard Hirsch, dem Jahn die Aufnahmen zeigt und der anschließend Wünsches sofortigen Rücktritt fordert. »Ein Globke reicht uns«, meint Hirsch und vergleicht Wünsche so mit dem »schrecklichen Juristen« Hans Globke (1898–1973), der einst für die Nazis an der Kommentierung und Umsetzung der Nürnberger Rassegesetze mitarbeitete und nach 1949 als engster Mitarbeiter von Konrad Adenauer eine erstaunliche Politiker-Karriere machte. Im August 1990 tritt Wünsche von seinem Amt zurück. Dass noch kurz zuvor unter seiner Ägide mehrere hundert SED-treue Richter, Staatsanwälte und sogar Stasi-Vernehmer Zulassungen als Rechtsanwälte erhalten, die bis heute gelten, gehört zu den dunklen Flecken der Wendegeschichte. 14 Tage nach Roland Jahns TV-Bericht lässt sich Minister Wünsche am 13. Juni 1990 noch von seinem eigenen Ministerium eine dieser begehrten Rechtsanwaltszulassungen ausstellen.

Ein anderer »schrecklicher Jurist«, der damals als Rechtsanwalt agiert, ist Jürgen Wetzenstein-Ollenschläger, den Roland Jahn im August 1990 vor der Fernsehkamera zur Rede stellt. Als politischer Richter am Bezirksgericht im Ost-Berliner Bezirk Lichtenberg, direkt neben der einstigen Stasi-Zentrale, fällte Wetzenstein-Ollenschläger in den 80er Jahren politische Urteile am laufenden Band. Er verurteilte zum Beispiel 1985 den Ost-Berliner Architekten Bernd Ettel wegen »öffentlicher Herabwürdigung« und »illegaler Kontaktaufnahme« zu 33 Monaten Haft, weil dieser sich an einem Architekturwettbewerb in West-Berlin beteiligt hatte, bei dem es um die Gestaltung einer künftigen Gedenkstätte auf dem Gelände der einstigen Gestapo-Zentrale ging. Ein Mann, der als Spaziergänger dem Brandenburger Tor zu nahe kam, bekam von Richter Wetzenstein-Ollenschläger neun Monate Haft aufgebrummt. 1988 verurteilte er die Bürgerrechtlerin Vera Wollenberger wegen »Zusammenrottung« zu sechs Monaten Haft, weil sie mit Freunden und eigenen Transparenten an jener »Luxemburg-Liebknecht-Demonstration« der SED teilnehmen wollte, in deren Umfeld auch Bärbel Bohley, Stephan Krawczyk und andere verhaftet wurden.

Vor laufender Kamera versucht sich Richter Wetzenstein-Ollenschläger ein dreiviertel Jahr nach dem Mauerfall in seiner neuen Rechtsanwaltskanzlei aus allem herauszureden. Er habe das alles nicht aus eigenem Willen getan, sondern, weil es eben der Wille der SED gewesen sei. Er sei lediglich ein »kleines Licht« und habe nur die Gesetze angewandt, die man ihm vorgegeben habe, und die Richtlinien der ihm »vorgeordneten Behörden« ausgeführt. Der Oberste Gerichtshof der DDR hebt das Urteil gegen Vera Wollenberger noch vor der Wiedervereinigung auf und stellt fest, dass es sich dabei um Rechtsbeugung gehandelt hat. Juristisch bleibt der Richter, der diese Rechtsbeugung begangen hat, zunächst unbehelligt, er tritt sogar als Anwalt des 1991 angeklagten ehemaligen Stasi-Chefs Erich Mielke auf und beteiligt sich als Notar – auch diese begehrte Zulassung hat er bekommen – tatkräftig an der »Umwandlung« von SED-Vermögen. Das greifen mehrere Zeitungen auf, die ihn auch als den »Freisler von Ost-Berlin« bezeichnen. Anfang 1992 wird ihm der Boden zu heiß. Er flieht und versucht noch, 17 Millionen West-Mark aus dem Stasi-Vermögen über eine österreichische Bank in Sicherheit zu bringen. Er ist bis heute verschollen, wird auf Kuba vermutet, Fahnder konnten immerhin einen Großteil des veruntreuten Geldes sicherstellen.

Wetzensteins Flucht ist eher ein Einzelfall. Hunderte andere Stasi-Offiziere und SED-Richter sind mit ihren Zulassungen weiterhin unbehelligt als Rechtsanwälte tätig, viele bis heute. So auch Jörg H., ein ehemaliger Vernehmer, den Roland Jahn 1992 vor der Kamera mit seiner Vergangenheit konfrontieren will. Doch H., inzwischen gemeinsam mit einem Stasi-Vernehmer-Kollegen Inhaber einer Rechtsanwaltskanzlei im Ostteil Berlins, blockt ab. In der zentralen U-Haftanstalt der Staatssicherheit Hohenschönhausen, in der Jörg H. als Vernehmer zur DDR-Zeit tätig war, interviewt Roland Jahn eines seiner Opfer. Sabine L. berichtet unter Tränen, wie sie als 19-Jährige unter dem Verdacht versuchter »Republikflucht« festgenommen und von Stasi-Vernehmer Jörg H. psychisch malträtiert wurde. Ein anderer Häftling, ein West-Berliner Student, den man an der Grenze unter dem Verdacht der Fluchthilfe festgenommen hatte, berichtet Jahn, dass er nach sechs zermürbenden Monaten von Vernehmer Jörg H. dazu gebracht wurde, am Ende eine Tat zu gestehen, die er gar nicht begangen hatte.

In den U-Haftanstalten der Stasi in den 70er und 80er Jahren wurde nicht mehr gefoltert wie in den früheren sowjetischen Gefängnissen oder denen der frühen DDR, physische Gewalt gegen Häftlinge war eine Ausnahme. Stattdessen setzten Stasi-Vernehmer wie Jörg H., studierte Juristen und intensiv psychologisch geschult, auf die nervliche Zermürbung der Häftlinge. Dazu gehörte, dass sie oft nicht einmal wussten, wo genau sie sich befanden. Sie wurden von der Umwelt vollkommen isoliert, nach außen sowieso, aber auch nach innen, nie bekam ein politischer Häftling einen anderen zu Gesicht, wenn die Staatssicherheit das nicht ausdrücklich wollte. Vom Wachpersonal wurden sie nur als Nummer angesprochen. Der Einzige, der sie mit ihrem Namen ansprach, war der Vernehmer, und für viele, die dort wochenlang in völliger Isolation in ihrer Zelle saßen und wie Schwerverbrecher behandelt wurden, war es schon ein guter Moment, wenn sie in den Vernehmertrakt geführt wurden, wo man sie wenigstens korrekt ansprach und ihnen zuhörte – auch wenn der Vernehmer betonte, die Stasi habe viel Zeit, sie könnten den Festgenommenen unbefristet einsperren, wenn man nicht kooperiere.

Rechtsbeistand gab es nicht oder nur dann, wenn die Staatssicherheit für sich einen Vorteil darin sah. So wurde beispielsweise ein junger Republikflüchtling, der bei seiner ersten Vernehmung einen Anwalt forderte, vom Vernehmer barsch angeblafft: »Anwalt? Sie haben wohl zu viele West-Krimis gesehen? Sie sind hier bei der Staatssicherheit, in der Deutschen Demokratischen Republik. Da entscheiden wir, ob und wann Sie einen Anwalt bekommen!«

Und jetzt, 1991, so berichtet es Roland Jahn im Fernsehen, sind viele dieser einstigen Vernehmer im vereinten Deutschland zugelassene Rechtsanwälte. Hans-Otto Bräutigam, in den 80er Jahren Leiter der Ständigen Vertretung der Bundesrepublik in der DDR und nun, zwei Jahre nach der Wende, Justizminister des Landes Brandenburg, meint im Interview mit Jahn, es sei nicht Aufgabe des Staates, hier regulierend einzugreifen, sondern man müsse auf einen »Selbstreinigungsprozess« innerhalb der Anwaltschaft vertrauen, die Anwälte selbst müssten das Erforderliche tun, um die Wahrheit über die Belastung der »schrecklichen Juristen« unter ihren Kollegen aufzuklären.

Noch im Sommer 2011 enthüllt Roland Jahns Berliner TV-Kollegin Gabi Probst einen besonders schockierenden Fall, der belegt, wie naiv Hans-Otto-Bräutigams Vorstellung von einer »Selbstreinigung« der Anwaltschaft war. Im brandenburgischen Cottbus arbeitete eine ehemals gefürchtete DDR-Staatsanwältin unbehelligt bis zu ihrer Rente 2008 als Rechtsanwältin. Und das, obwohl sie als eine der wenigen acht Jahre zuvor von einem Gericht sogar wegen Rechtsbeugung zu 22 Monaten Haft verurteilt worden war, weil sie Unschuldige als politische Häftlinge ins Gefängnis gebracht hatte.

152 ehemalige Stasi-Mitarbeiter, so muss Brandenburgs neuer Justizminister Volkmar Schöneburg im Mai 2011 einräumen, seien in der Justizverwaltung des Landes Brandenburg nach wie vor tätig, davon 13 sogar als Richter und einer als Staatsanwalt. Von den anderen sind 76 Stasi-Belastete im Justizministerium selbst tätig, weitere 59 Exstasis im Strafvollzug. Als amtierender Bundesbeauftragter wird Roland Jahn 2011 eine erneute Überprüfung der Mitarbeiter der Brandenburger Justiz fordern, was Justizminister Schöneburg von der Linkspartei zunächst ablehnt.

Nicht nur Juristen, auch Ärzte tun vor 1989 Dienst in der gefürchteten Stasi-Untersuchungshaftanstalt in Berlin-Hohenschönhausen. Mit einem Dienstrang bei der Staatssicherheit sind sie dort unter anderem als Psychiater tätig, so wie Dr. Horst Böttger, über den Jahn Mitte der 90er Jahre recherchiert. Dr. Böttger hatte sich inzwischen, wie viele seiner Stasi-Mediziner-Kollegen mit einer eigenen Praxis selbständig gemacht. Ein Häftling, später zu 22 Monaten Gefängnis verurteilt, wirft dem Anstaltspsychiater vor, ihn mit Spritzen und Medikamenten zum Geständnis getrieben zu haben. Ähnlich wie einst seine Amtskollegin Jutta Limbach im Fall der Stasi-Rechtsanwälte sieht auch der damalige Berliner Gesundheitssenator Peter Luther bei den Ärzten keine Möglichkeit und keinen Anlass, etwas zu unternehmen. Mit einem Fall wie dem des Stasi-Psychiaters Böttger müssten sich keine Politiker, sondern Gerichte beschäftigten, er könne da nichts tun, erklärt er Roland Jahn in einem Interview vor der Kamera.

Wendezeiten und Wendehälse

Zwischenzeitlich hatte sich Roland Jahn gefragt, ob er nach der deutschen Vereinigung nicht seinen beruflichen Lebensweg noch einmal grundsätzlich ändern sollte. Es gab Angebote aus Thüringen, in die Politik zu wechseln, erinnern sich Weggefährten. Nun, nachdem Meinungs-, Presse- und Versammlungsfreiheit durchgesetzt waren, müsste es eigentlich genug Menschen geben, die frei von existenziellen Risiken als Journalisten Missstände aufdecken, sich für einen Austausch der abgewirtschafteten Partei- und Stasi-Eliten und eine konsequente Aufarbeitung von 40 Jahren SED-Diktatur einsetzen. Was braucht es da noch zu Journalisten umgeschulte Bürgerrechtler wie ihn, die nun von vielen Medien etwas mitleidig als »Exbürgerrechtler« bezeichnet werden?

Auf der anderen Seite sind gute, kritische und unbelastete Journalisten in Ostdeutschland auch nach der »Wende« Mangelware. Und die »Neuen«, von denen jetzt viele aus dem Westen kommen, sind geistig oft weit weg von den Menschen in Ostdeutschland und ihren besonderen Themen. Einige Ost-Redakteure fangen an, unabhängig von Vorgaben von oben eigene Recherchen anzustellen, und mausern sich zu guten und kritischen Journalisten. Viele andere werden den Rucksack ihrer eigenen Verstrickung aber niemals richtig los. Und wieder andere warten in weiterhin gebeugter Haltung auf die neuen Chefs aus dem Westen, um nun ihnen nach dem Munde zu schreiben. Die einstigen Bürgerrechtler selbst haben nach 1989 wenig Einfluss auf die ostdeutschen Medien. Es gibt nur ein paar Ausnahmen. Siegbert Schefke beispielsweise geht in den Journalismus, wird Fernsehreporter beim Mitteldeutschen Rundfunk (MDR), Werner Fischer wird Rechercheur für einen Kollegen vom ZDF.

Ein Großteil des Personals der nach 1990 neu entstandenen ostdeutschen ARD-Anstalten MDR und ORB rekrutiert sich aus dem Bestand des einstigen DDR-Fernsehens, ihre neuen Chefs kommen dagegen aus dem Westen. Bei den einst im Besitz der SED und der Blockparteien befindlichen Regionalzeitungen sind noch zehn Jahre nach der Wende rund 70 Prozent aller Redakteure dieselben. Ist von ihnen eine kritische Aufarbeitung der DDR-Zeit zu erwarten? Interessieren sie sich für all die Geheimnisse, die sie vorher verschweigen mussten? Konfrontieren sie ihre Leser und Zuschauer nun mit den Geschichten von politischer Verfolgung, Unterdrückung und Misswirtschaft? Schauen sie den Mächtigen nun besser auf die Finger, den Westlern, die mit zahlreichen Affären bei der Treuhand-Privatisierung Korruptionsgeschichte schreiben? Gehen sie den »alten Seilschaften« nach, mit denen sich einstige SED-, Stasi- oder Wirtschaftsfunktionäre ein Plätzchen im Trockenen sichern wollen? Fragen sie, ob der 1990 neu gewählte Bürgermeister nicht vielleicht früher bei der Stasi war? Oder wie es eigentlich denen geht, die damals in ihrem Ort, in ihrer Stadt ausgegrenzt und verfolgt wurden? Oder wieso der einstige Stasi-Offizier gerade am Marktplatz eine Rechtsanwaltskanzlei eröffnet hat?

Viele ostdeutsche Journalisten versagen hier kläglich. Oft auch deshalb, weil sie sich ihrer eigenen Verstrickung durchaus bewusst sind und nicht als »Wendehals« dastehen wollen, wenn sie nunmehr anprangern, was auch zu einem kleinen Teil ihr Werk gewesen ist. Nur wenige finden den Mut, ihre Vergangenheit konsequent und mit Worten des Bedauerns aufzuarbeiten, statt sich im Nachhinein das SED-Regime schönzureden und damit auch die eigene Verstrickung.

Sie gewöhnen sich auch schnell an ihre neuen West-Gehälter, und je mehr westlichen Wohlstand sie sich dafür zulegen, desto schneller weicht die kurzfristige Ehrfurcht, die auch sie Bürgerrechtlern wie Bärbel Bohley zunächst entgegenbringen, wieder einem überlegenen Gehabe gegenüber den vermeintlich naiven Außenseitern, die damals ausstiegen statt Karriere zu machen und von denen nur die Wenigsten wirtschaftlich zu »Wendegewinnlern« wurden. Die Meisten zahlen auch im vereinten Deutschland für ihren einstigen Widerstand gegen die Diktatur einen hohen Preis. Wegen der Verfolgung zur DDR-Zeit stehen sie auf dem neuen, ohnehin siechen ostdeutschen Arbeitsmarkt oft chancenlos da. Viele versuchen erst einmal, 30-jährig oder älter, ihr Abitur oder ein spätes Studium nachzuholen, bringen sich mit ABM-Stellen durch, landen nach deren Ablauf in der Dauerarbeitslosigkeit. Einige schaffen den Sprung in die Politik und kommen sogar in den Bundestag, wie Vera (Wollenberger-)Lengsfeld (erst Grüne, dann CDU) oder Werner Schulz (Grüne), der oppositionelle Pfarrer Rainer Eppelmann (CDU), Arnold Vaatz (CDU) oder Markus Meckel (SPD). Ein sächsischer Pfarrer und Bürgerrechtler, Heinz Eggert, wird ein paar Jahre Innenminister seines Bundeslandes. Bürgerrechtler als Gestalter im vereinten Deutschland – sie bleiben Ausnahmen, und fast alle gelten an ihrer jeweiligen Wirkungsstätte als unbequeme Außenseiter. Wer sich einst von Stasi und SED nicht beugen ließ, der tut sich eben auch mit Fraktionszwang oder Hierarchien schwer.

Das Rennen machen überwiegend die einst »gemäßigten Opportunisten«, insbesondere die technische Intelligenz der DDR. Die neuen Parlamente füllen sich mit Ingenieuren und Ärzten, zum Regieren holt man sich keine Bürgerrechtler in den Stab, sondern die Verwaltungsjuristen aus dem Westen. Und in der Wirtschaft, in den maroden Staatsbetrieben, die von der Treuhand privatisiert werden, geht es über viele Jahre ohnehin nicht um Neueinstellungen, sondern nur um rapiden Stellenabbau. Wenn es wirklich mal einer der einstigen Bürgerrechtler geschafft hat, es bei einer Stellenausschreibung bis zum Bewerbungsgespräch zu bringen, dann weist ihn der neue, meist aus dem Westen kommende Personalchef nicht selten dezent auf seine Lücken im Lebenslauf hin, in denen er, statt Berufserfahrung zu sammeln, lieber Oppositionszeitungen im Kirchenkeller druckte. Das zählt, das merken die Betroffenen schnell, im neuen System eher wenig. Jahn ist einer der wenigen »Wendegewinnler« unter den Bürgerrechtlern, seit 1991 fest angestellt als Redakteur der ARD, ein Job, den er 19 Jahre lang machen wird und der ihm, dem schon fast 40-Jährigen, zum ersten Mal in seinem Leben ein sicheres und auskömmliches Einkommen beschert. Doch sein Bürgerrechtlerdasein, das merkt er schnell, ist trotzdem noch lange nicht zu Ende. Wieder ist er einer der wenigen, die provokant die Finger in die Wunden legen, die 40 Jahre SED-Diktatur in die ostdeutsche Gesellschaft gerissen haben.

Wider das Vergessen

Mangelnden Aufklärungswillen wirft Jahn im Sommer 1993 der Justiz in seinem Heimatland Thüringen vor. Dort sind die Staatsanwälte drei Jahre nach der Wiedervereinigung dabei, das Ermittlungsverfahren gegen die Stasi-Offiziere, denen Mitverantwortung für den Tod von Jahns Weggefährten Matthias Domaschk 1981 vorgeworfen wird, einzustellen. Der Thüringer Justiz-Staatssekretär Karl-Heinz Gasser, ein West-Import, den Jahn in einem Interview zur Rede stellt, bestätigt, dass das Verfahren »kurz vor dem Abschluss« stehe. Ihm sei nicht bekannt, dass bei den Ermittlungen dabei irgendetwas Wichtiges versäumt worden sei.

Bei seinen Recherchen stößt Jahn dagegen auf skandalöse Fakten und Justizschlamperei. Einer der beschuldigten Stasi-Offiziere, Horst K., der laut Akte Domaschk kurz vor dessen Tod als Inoffizieller Mitarbeiter geworben hat und damit vermutlich der Letzte war, der ihn lebend gesehen hat, ist bis dato überhaupt nicht vernommen worden. Angeblich kann die Staatsanwaltschaft seine Adresse nicht ermitteln. Mit einem schnellen Blick ins Telefonbuch findet Reporter Jahn den Mann, er arbeitet inzwischen bei einer renommierten West-Berliner Immobilienfirma. Natürlich schlägt er Jahn die Tür vor der Nase zu, als der dort klingelt. Von einem zweiten Stasi-Offizier, der laut Aktenlage Domaschk damals erhängt aufgefunden haben soll, haben die Ermittler zwar die Meldeanschrift, aber bisher keine Anstalten unternommen, den Mann zu einer Vernehmung zu laden. Es wird noch Jahre dauern, bis es zu einem Prozess kommt.

Ein Thema für Roland Jahn bleibt, wie es einstige Mitarbeiter der DDR-Staatssicherheit unbehelligt ins neue Deutschland geschafft haben. Der Bundesgrenzschutz (BGS) hat beim Aufbau seiner Diensteinheiten in den neuen Bundesländern mehr als 1000 ehemalige Angehörige der »Passkontrolleinheit« der Staatssicherheit übernommen, sie sollen Beamte auf Lebenszeit werden. Bei seinen Recherchen findet Jahn heraus, dass die Überprüfung ihrer Vergangenheit zumeist nur sehr oberflächlich verlief. Im Sommer 1991 interviewt er dazu den Staatssekretär im Bundesinnenministerium,

Studium der Stasi-Akten nach Öffnung der Archive, 1993

Eduard Lintner (CSU), nun Dienstherr der übernommenen Stasi-Leute. Der wiegelt ab und hört sich in diesem Interview geradezu wie ein SED-Funktionär an. Die DDR sei ja zuletzt ein völkerrechtlich anerkannter Staat gewesen und habe deshalb selbstverständlich »mit einem gewissen Spielraum« die Frage selbst regeln können, unter welchen Voraussetzungen ihre Bürger das Land verlassen dürften, meint Lintner. Ein leitender Beamter beim Bundesgrenzschutz drückt sich vor Jahns Kamera klarer aus. Man brauche die Leute dringend, um die weitläufige neue Ostgrenze der Bundesrepublik zu schützen. Zur Aufrechterhaltung der Sicherheit sei man daher auf ehemalige Mitarbeiter aus dem Sicherheitsapparat der DDR angewiesen. Individuell hätten sich die Stasi-Passkontrolleure keine menschenverachtenden Handlungen zuschulden kommen lassen, so könne man sie übernehmen.

Akten der für die Grenzübergänge und die Stasi-Passkontrolleinheit zuständigen Stasi-Hauptabteilung VI, die Roland Jahn ausgräbt, belegen, dass die Passkontrolleure jährlich Tausende von Menschen an der Grenze verhafteten. Daneben hatten sie auch ganz offiziell den Auftrag, unter den Menschen, die sie kontrollierten, nach möglichen neuen Inoffiziellen Mitarbeitern für die Staatssicherheit zu suchen oder Menschen herauszufiltern, die für die Stasi »operativ« interessant sein könnten. Sie waren somit als Agentenwerber im Einsatz, sogar gegen ihren neuen Dienstherren, den Bundesgrenzschutz. »Zur zielstrebigen Aufklärung der gegnerischen Kontrollstellen sind Angehörige der gegnerischen Grenzüberwachungsorgane abzuschöpfen beziehungsweise ist in diese Organe einzudringen«, so steht es in den Dienstanweisungen der Stasi-Passkontrolleinheit. Und warum es kein Wunder ist, dass bei den Einzelfallüberprüfungen der Stasi-Kontrolleure nichts herauskommt, berichtet eine daran beteiligte Sachbearbeiterin vor laufender Kamera. Die Kaderakten, die zur Prüfung vorgelegt wurden, seien allesamt gesäubert worden und bestünden nur noch aus wenigen Blatt Papier. Offensichtlich sind jene Personalakten der Passkontrolleinheiten vernichtet worden, die belegen, welcher Kontrolleur wann welche Fluchtwilligen festgenommen hat.

Nahe dem Grenzübergang Schönberg im Erzgebirge trifft Jahn einen früheren Mitarbeiter der Passkontrolleinheiten. Dieser berichtet, am Grenzübergang Schönberg habe es in seinem Kollektiv einen regelrechten Wettbewerb gegeben, möglichst viele Menschen festzunehmen, die unter dem Verdacht standen, die DDR illegal verlassen zu wollen, beispielsweise Reisende, die eine Touristikfahrt nach Osteuropa unternahmen und verdächtigt wurden, diese zur weiteren Flucht in den Westen nutzen zu wollen. Da bis Mitte der 80er Jahre die innerdeutsche Grenze noch mit Minen und Selbstschussanlagen gespickt war, versuchten viele Republikflüchtlinge damals, über Drittstaaten zu entkommen, etwa über die tschechische Westgrenze nach Bayern, durch den Schilfgürtel im ungarischen Teil des Neusiedler Sees nach Österreich oder über das bulgarische Pirin-Gebirge nach Griechenland. Einige schwammen auch, wie die frühere DDR-Journalistin und heutige »Tagesschau«-Moderatorin Susanne Daubner, über den Grenzfluss Drau von Ungarn nach Jugoslawien. Alle seine 49 Kollegen am Grenzübergang Schönberg hätten bei diesen Verdachtsfestnahmen mitgemacht, berichtet der Kontrolleur. Zwei Festnahmen pro Tag waren das Soll. Mitte 1991 sind rund die Hälfte von ihnen weiter an der Grenzübergangsstelle tätig, nun in bundesdeutscher Uniform als Kontrolleure des Bundesgrenzschutzes BGS.

Jahn stellt einige vor der Kamera zur Rede. Einer von ihnen sagt, er habe sich nichts vorzuwerfen, und solange man ihm nichts Handfestes nachweisen könne, sei doch alles in Ordnung. Ein anderer früherer Stasi-Passkontrolleur meint, seine Akten seien überprüft, und er sei übernommen worden. Ansonsten beantworte er keine Fragen. Und ein früherer Kompaniechef der DDR-Grenztruppen, der in dieser Funktion den Grenzsoldaten jeden Morgen bei der sogenannten Vergatterung den Schießbefehl auf Flüchtlinge erteilte, trägt jetzt ebenfalls die BGS-Uniform. »Ich brauche mir nichts vorzuwerfen, ich habe nur gemacht, was der Staat von mir verlangt hat«, meint er zu Roland Jahn.

Doch nicht nur die Erfüllungsgehilfen, die Stasi-Offiziere oder die Grenzkommandanten lehnen eine persönliche Verantwortung für das DDR-Unrecht ab und berufen sich bei der Frage nach individueller Schuld darauf, nur Befehlen von oben gefolgt zu sein. Selbst Angehörige der politischen Spitze der SED sehen keinerlei juristische Schuld in ihrem Tun, wie Jahn und Kollegen 1997 in einem »Kontraste«-Beitrag berichten. Nur drei der 21 Politbüromitglieder der DDR von 1989 stehen zuletzt überhaupt vor Gericht: der letzte SED-Chef Egon Krenz, im Politbüro zuständig für Sicherheitsfragen, der Berliner SED-Chef Günter Schabowski und das für Außenwirtschaft und Handel zuständige Politbüromitglied Günter Kleiber. Alle anderen sind vorher wegen Krankheit, Tod oder Verhandlungsunfähigkeit ausgeschieden, nur Politbüromitglied Heinz Kessler, der Verteidigungsminister, wird in einem abgetrennten Verfahren angeklagt. Alle haben Ausreden. Kleiber ist der Meinung, dass er für die Todesschüsse an der Mauer, wegen denen die drei SED-Spitzenpolitiker angeklagt sind, keine Verantwortung trage, er sei für die Zusammenarbeit im östlichen Wirtschaftsblock zuständig gewesen, nicht für das Grenzregime. Günter Schabowski bekennt sich zwar moralisch schuldig, meint aber, juristisch unschuldig zu sein. Außerdem, rühmt er sich, habe er ja am Ende die Mauer »gegen Widerstand und Skepsis im Politbüro« geöffnet, was eine Geschichtslegende ist. Und SED-Chef Egon Krenz lehnt nicht nur jede Verantwortung für die Mauertoten ab, sondern stilisiert sich selbst zum Opfer einer angeblichen »Siegerjustiz«, berichtet Roland Jahn in dem TV-Beitrag von 1997, der kurz vor der Verurteilung von Krenz (sechseinhalb Jahre Haft, von denen er rund vier Jahre absitzt, überwiegend im offenen Vollzug) gesendet wird. Am 8. November 1999 bestätigt der Bundesgerichtshof die Urteile gegen Krenz, Kleiber und Schabowski in letzter Instanz.

Einen Tag später feiert Deutschland am Brandenburger Tor den zehnten Jahrestag des Mauerfalls. Roland Jahn ist mit dabei, dienstlich. Als Redakteur des Senders Freies Berlin betreut er einen der Ehrengäste, die am Abend bei einer Podiumsdiskussion sprechen sollen, direkt am Brandenburger Tor, live vom Fernsehen übertragen. Der Ehrengast ist ausgerechnet der tags zuvor zu drei Jahren Haft verurteilte Günter Schabowski. Der ehemalige SED-Chef von Berlin und frühere Chefredakteur der SED-Parteizeitung »Neues Deutschland« scheint dem Sender interessanter für das Podium zu sein als der ehemalige Bürgerrechtler, der ihn nun betreuen soll. Zehn Jahre später ist die Situation eine andere. Zum 20. Jahrestag des Mauerfalls am 9. November 2009 steht Roland Jahn im Rampenlicht und wird im Rahmen einer großen, bundesweit übertragenen TV-Gala vor dem Brandenburger Tor von Thomas Gottschalk interviewt. Schabowski ist zu der Veranstaltung noch nicht mal eingeladen, kann sich zu Hause im Fernsehen das große Feuerwerk am Brandenburger Tor anschauen, mit dem Deutschland den 20. Jahrestag des Endes der deutschen Teilung feiert.

Einer, der anders als Schabowski nach wie vor auf vielen Gästelisten steht, ist hingegen Gregor Gysi, als SED/PDS-, dann PDS- und nun Linkspartei-Frontmann ein quirliger Medienliebling. Daran ändern auch die Stasi-Akten über seine zweifelhafte Vergangenheit wenig und auch nicht ein Fernsehbericht von Jahn, der 2001 über den Sender läuft. Da amtiert Gysi gerade als Berliner Wirtschaftssenator einer rot-roten Koalition, was viele der Bürgerrechtler, die sich von ihm verraten fühlen, schockiert. Als Kronzeugin präsentiert Jahn Katja Havemann, die Witwe des Dissidenten Robert Havemann, der sich von Anwalt Gysi beraten ließ, als das SED-Regime ihn kriminalisieren wollte und unter Hausarrest stellte. Katja Havemann wirft Gysi mit Verweis auf zahlreiche Berichte eines Stasi-Mitarbeiters mit den Decknamen »Notar« und »Gregor« in Havemanns Akten vor, Mitarbeiter des Staatssicherheitsdienstes gewesen zu sein. Gysi bestreitet diese Vorwürfe und sagt, er habe nie wissentlich für die Stasi gearbeitet. Katja Havemann weist dagegen Berichte von Vier-Augen-Treffen zwischen Havemann und Gysi vor, die sich in den Stasi-Akten als Tonbandabschriften von Berichten des »Notar« wiederfinden. Bezüglich solcher Dokumente vertritt Gregor Gysi bis heute die Meinung, sie könnten nur das Ergebnis von Abhörmaßnahmen sein, er selbst sei von der Stasi ausgespitzelt worden. Roland Jahn zitiert indes aus dem Bericht des Immunitätsausschusses des Deutschen Bundestags über die Untersuchungen des Beziehungsgeflechts zwischen Gregor Gysi und der Stasi, worin es heißt, der Ausschuss habe eine inoffizielle Tätigkeit von Gysi für die Staatssicherheit als erwiesen festgestellt. Dann zitiert Jahn weiter: »Ziel dieser Tätigkeit unter Einbindung von Dr. Gysi war die möglichst wirksame Unterdrückung der demokratischen Opposition in der DDR.« Und weiter: »Gregor Gysi hat in der Zeit seiner inoffiziellen Tätigkeit Anweisungen seiner Führungsoffiziere über die Beeinflussung seiner Mandanten ausgeführt und über die Erfüllung seiner Arbeitsaufträge berichtet.« Mit dieser Stasi-Vergangenheit, so ätzt Berlins damaliger stellvertretender Landesbeauftragter für die Stasi-Unterlagen in Roland Jahns Fernsehbericht, könne Gysi sicherlich noch als Haushandwerker bei der Senatsbauverwaltung im Öffentlichen Dienst tätig sein, aber nicht als Senator. Berlins Regierender Bürgermeister Klaus Wowereit sieht das anders. Das sollten die Berliner entscheiden, meint er, und die hätten offenbar keine Probleme damit. Nicht nur Katja Havemann, auch Roland Jahn staunt über dieses kurze Gedächtnis.

Ist alles schon vergessen? Was wissen die Menschen nur ein oder zwei Jahrzehnte nach dem Untergang der DDR noch über die SED-Diktatur? Und was wird eigentlich der nächsten Generation darüber in den Schulen vermittelt? 2004 macht Roland Jahn in einem Beitrag, der genau am 7. Oktober, dem 55. Gründungstag der DDR, ausgestrahlt wird, den Praxistest. Er geht mit der Kamera in einige Schulklassen und fragt Neuntklässer nach ihrem Wissen. Das Ergebnis ist niederschmetternd. Mit dem Begriff »Berliner Mauer« können die meisten Schüler gar nichts anfangen. Sagt ihnen der Name Erich Honecker etwas? »Nee, nicht wirklich«, »Sagt mir nichts«, antworten die 15-Jährigen, geboren im Jahr des Mauerfalls. Wie hieß die größte Partei in der DDR? Wann wurde die Mauer gebaut und wann fiel sie? Die meisten Schüler haben keine Ahnung. Und wissen sie, was die Staatssicherheit war? Die Antwort: »Nein, das hatten wir noch nicht!« Eine Lehrerin meint zur Erklärung, für die Behandlung der DDR-Vergangenheit fehle einfach die Zeit. Und ein Geschichtslehrer findet, dass die Geschichte der Antike oder die Französische Revolution auch wichtig seien, da bleibe einfach keine Zeit, den Schülern noch zu erklären, was gestern war. Viele Schüler zeichnen denn auch ein äußerst verklärtes Bild der DDR. Da habe es keine Arbeitslosen gegeben, meint eine Schülerin, eine andere sagt, ihre Eltern schwärmten davon, dass in der Bäckerei die Streuselschnecken nur zehn Pfennig gekostet hätten. Und wer damals nichts gegen den Staat gesagt habe, der hätte auch ein angenehmes Leben gehabt, meint eine Dritte.

Der Kampf der Opfer

Während nicht wenige Täter aus der früheren DDR trotz systematischer Stasi-Überprüfungen in neue Funktionen der Bundesrepublik gelangt sind – selbst in Sicherheitsorgane und zur Rechtspflege –, kämpfen Mitte der 90er Jahre viele Opfer der Staatssicherheit vergeblich um Rehabilitierung und Entschädigung. An zwei Fälle erinnert Roland Jahn 1994 mit Fernsehbeiträgen. Einer ist Gert Köckritz, der Ende 1980 verhaftet wurde, weil er äußerte, er plane in den Westen abzuhauen, und ein Spitzel ihn verriet. Nur vier Monate nach seiner Verhaftung bekam seine Mutter die Nachricht, dass der 29-jährige Bauarbeiter in der Haft gestorben sei. Die Mutter vermutete damals, er sei von den Wärtern erschlagen worden. Die Wahrheit erfährt sie erst 14 Jahre später aus den Stasi-Akten. Während der Haft setzte man Köckritz als Zwangsarbeiter im Bitterfelder Chemiekombinat ein, wo er an einer uralten Elektrolyseanlage aus den 20er Jahren arbeiten musste. Dort war alles hochgradig mit Quecksilber verseucht, Köckritz wurde durch die Arbeit vergiftet und ging elend zugrunde. Die Stasi-Akten, die Jahn in der Unterlagenbehörde aufspürt, belegen, dass die Staatssicherheit und die Betriebsleitung über die gesundheitsschädlichen Wirkungen der maroden Elektrolyseanlage Bescheid wussten. Schuld an dem Tod von Gert Köckritz sei, so die Stasi-Akte, eine »fehlende Zwangsabsaugung von Quecksilberdämpfen« sowie ein »durch metallisches Quecksilber verseuchter defekter Fußboden«. Doch nichts passierte, die Anlage wurde weiterbetrieben, der tote Häftling einfach durch einen neuen ersetzt. Ein Jahr später starb ein weiterer dort eingesetzter politischer Gefangener, der erst 20-jährige Hartmut Krenz. Gert Köckritz und Hartmut Krenz sind Opfer der skandalösen Bedingungen, unter denen Tausende von politischen Häftlingen als Zwangsarbeiter in staatlichen Betrieben eingesetzt wurden. Die Gefangenen produzierten Materialien, die später in Praktika-Kameras oder Elektroherden Verwendung fanden, die gegen Devisen in den Westen verkauft wurden. Im Chemiekombinat Bitterfeld waren ständig rund 520 Häftlinge in der Chlorchemie im Einsatz, viele davon an der museumsreifen quecksilberverseuchten Elektrolyseanlage. Der langjährige Chef des Chemiekombinats Heinz Schwarz, inzwischen Rentner, den Roland Jahn und sein Kamerateam bei Gartenarbeiten zu Hause antreffen, sagt, die gesundheitsgefährdenden Arbeitsbedingungen seien in Kauf genommen worden, weil kein Geld für moderne und sichere Anlagen vorhanden gewesen sei. Immerhin, ein offenes Wort. Beim Produktionsleiter des Kombinats und bei der leitenden Betriebsärztin klingelt Jahn hingegen vergeblich, sie wollen über den Fall nicht sprechen. Vergeblich bemüht sich Roland Jahn bei der zuständigen Staatsanwaltschaft Magdeburg um ein Ermittlungsverfahren gegen die Verantwortlichen für den Tod der beiden politischen Häftlinge. Ihr Tod bleibt ungesühnt, trotz der Beweise in den Stasi-Akten.

Auch für ehemalige Häftlinge, die über Jahre mit den restriktiv entscheidenden Behörden um Haftentschädigung oder Schadensersatz ringen, setzt Roland Jahn sich ein. 1996 recherchiert er den Fall von Jörg Walter. Walter wurde 1963 von der Stasi verhaftet und bei einem Verhör in der Untersuchungshaftanstalt Potsdam zusammengeschlagen, so brutal, dass er eine Querschnittslähmung erlitt. Er ist seitdem ein Pflegefall. Bis zum Ende der DDR schwieg er aus Angst. Voller Hoffnung stellte er dann 1990 einen Antrag auf Rehabilitierung und auf Anerkennung seiner Querschnittslähmung als Folge seiner politischen Haft. Sechs lange Jahre wartete er auf einen Bescheid der Behörden, vergeblich. Die Ämter, so meint Walter frustriert vor der Kamera, hofften wohl auf eine »biologische Lösung«. Wenige Wochen nach dem Interview mit Roland Jahn nimmt sich Jörg Walter verzweifelt das Leben.

Vergessene Opfer des SED-Regimes wie Jörg Walter gibt es in Ostdeutschland zu Tausenden. 2003 berichtet Roland Jahn über das Schicksal von Heinz Grünhagen, Arbeiterführer beim Volksaufstand des 17. Juni 1953, einem der wenigen Akteure, die von dem Volksaufstand vor 50 Jahren noch am Leben sind. Grünhagen berichtet, wie er von den Stasi-Schergen damals verhaftet und so lange verprügelt wurde, bis er ein »Geständnis« unterschrieb, dass er und seine Kollegen, die gegen die Normenerhöhungen, die Misswirtschaft und die Gängelung durch die SED-Funktionäre demonstriert hatten, in Wirklichkeit im Auftrag westlicher Geheimdienste tätig waren. Der Bauarbeiter aus Strausberg bei Berlin ver-

Roland Jahn als Redakteur des ARD-Magazins »Kontraste«, 2003

suchte, sich danach in der Haft das Leben zu nehmen. Er schluckte einen scharf gespitzten Löffelstiel – und überlebte. Fünf Jahre saß er noch im Zuchthaus. Im Interesse seiner Frau und seiner Kinder legte er sich nie mehr mit dem Regime an und führte als Arbeiter im Straßenbau ein unauffälliges Leben. Nach 1990 kämpfte er in seiner Heimatstadt Strausberg elf Jahre lang darum, dass für die Opfer des 17. Juni eine kleine Gedenktafel aufgestellt wird. Das ist, wie Roland Jahn berichtet, in der Kreisstadt östlich von Berlin, wo einst das DDR-Verteidigungsministerium seinen Sitz hatte und wo bis dato noch viele frühere NVA-Offiziere leben, auch im Jahr 2001 keine Selbstverständlichkeit, sondern heftig umstritten. Obwohl ein ehemals politisch Verfolgter, bekommt Heinz Grünhagen nach der Wende nur eine sehr kleine Rente und ist zusätzlich auf Sozialhilfe angewiesen. Auf diesen traurigen Alltag vieler Verfolgter des SED-Regimes weist Roland Jahn als Journalist immer wieder hin.

Bis 2006 gestaltet er als Redakteur von »Kontraste« regelmäßig TV-Beträge, die sich mit der DDR-Vergangenheit befassen, danach ist er als »Chef vom Dienst« der ARD-Sendung zwar nicht mehr selbst als Redakteur unterwegs, sorgt aber mit dafür, dass die Aufarbeitung ein Thema bleibt. So gibt es in dem Fernsehmagazin Beiträge zur Diskussion über die Zukunft der Stasi-Unterlagenbehörde und die 2009 im Rahmen des »Dritten SED-Unrechtsbereinigungsgesetzes« vom Deutschen Bundestag verabschiedete Ehrenrente für politisch Inhaftierte, für die sich auch Roland Jahn einsetzt. Er selbst gehört nicht zu den Begünstigten, seine politische Haft währte 1982/83 fünf Monate und drei Wochen, eine Woche weniger, als zur Anerkennung einer solchen Ehrenrente nötig gewesen wäre.

Ehrenamtlich engagiert er sich seit Mitte der 90er Jahre beim Aufbau der Robert-Havemann-Gesellschaft in Berlin, die in ihrem Archiv, das nach Matthias Domaschk benannt ist, umfangreiche Dokumentensammlungen zur Geschichte der DDR-Opposition, insbesondere auch Nachlässe von Bürgerrechtlern sichert und zum 20. Jahrestag des Mauerfalls 2009 auf dem Berliner Alexanderplatz eine von Hunderttausenden besuchte Ausstellung zur Geschichte der friedlichen Revolution von 1989 gestaltet. Außerdem wirkt er im Beirat der Bundesstiftung zur Aufarbeitung der SED-Diktatur mit, die jährlich mit rund fünf Millionen Euro Projekte der gesellschaftlichen Aufarbeitung der SED-Diktatur finanziert, sowie im Beirat der Stiftung Berliner Mauer, die u. a. die Gedenkstätte in der Bernauer Straße in Berlin betreut.

Streit mit der Behörde für
die Stasi-Unterlagen

Als Journalist, aber auch als Teil des manchmal spöttisch sogenannten »Kombinats Aufarbeitung« gerät er dabei das ein oder andere
Mal in Konflikt mit Marianne Birthler, die von Oktober 2000 bis
zum März 2011 die Stasi-Unterlagenbehörde leitet. Gleich nach ihrem Amtsantritt ging es um die Frage, ob Stasi-Akten an Journalisten herausgegeben werden dürfen, die sich mit der Bespitzelung
und Telefonüberwachung von Bundeskanzler Helmut Kohl in den
80er Jahren beschäftigen. Juristisch berührt das die Frage, ob der
als Feindperson bespitzelte Helmut Kohl dulden muss, dass Teile
seiner »Betroffenen-Akte« ohne sein Einverständnis an Journalisten
herausgegeben werden, weil er als einstiger Kanzler presserechtlich
eine »Person der Zeitgeschichte« ist und nicht denselben Persönlich-
keitsschutz genießt wie Otto Normalbürger.

In den Jahren zuvor hatte die Behörde schon mehrmals Stasi-
Akten von bespitzelten West-Politikern mit dieser Begründung und
unter Berufung auf einen entsprechenden Passus im Stasi-Unterla-
gengesetz herausgegeben, ohne dass die prominenten Betroffenen
daran Anstoß genommen hätten. Im Fall Kohl hat die Sache allerdings besondere Relevanz. Kohl und mehrere seiner engsten Mitarbeiter sind über Jahre von der Stasi abgehört worden, die bei der
Behörde vorhandenen Gesprächsprotokolle enthalten Hinweise auf
mögliche Schwarzgeldkonten der CDU, die mit seinem Wissen in
der Schweiz existiert haben sollen. Die Stasi-Akten könnten damit
Hinweise dafür liefern, wie genau es Kohl mit dem Parteienfinan-
zierungsgesetz genommen hat. Kohl klagt vor Gericht. Er argumen-
tiert, als Bespitzelter der Stasi sei es im Geiste des Stasi-Unterlagen-
gesetzes sein alleiniges Recht, zu entscheiden, ob und welche Teile
seiner Akte der Öffentlichkeit zugänglich gemacht werden. Stasi-
Unterlagenbeauftragte Marianne Birthler sieht damals durch Kohls
Klage die Weiterführung der Stasi-Akteneinsicht an sich bedroht.
Sie mobilisiert insbesondere Historiker und Journalisten mit dem

Argument, sollte Kohl vor Gericht recht bekommen, könne die Stasi-Unterlagenbehörde künftig zahlreiche Stasi-Akten über »Personen der Zeitgeschichte«, möglicherweise selbst die über einstige führende Funktionäre in der DDR, nicht oder nur noch sehr eingeschränkt zugänglich machen. Roland Jahn widerspricht Marianne Birthler vehement. Als Betroffener und Bespitzelter der Staatssicherheit habe Kohl mit seiner Argumentation recht. »Jedem seine Akte«, die Forderung der Bürgerrechtler von 1990 bedeute definitiv nicht, allen alle Akten zugänglich zu machen, die Sicht der Opfer, der Bespitzelten habe Vorrang vor jedem öffentlichen Aufklärungsinteresse. Es könne nicht sein, dass Stasi-Akten zum Schaden der Opfer verwendet würden. Nach dreijährigem Rechtsstreit entscheidet das Gericht 2004 zugunsten von Helmut Kohl. Der Stasi-Unterlagenbehörde ist es danach untersagt, ohne die Einwilligung Kohls ihn betreffende personenbezogene Tonbänder, Wortlautprotokolle oder Informationen zugänglich zu machen, die sein Privatleben betreffen. Vorwürfe, Jahns damaliges Eintreten für Kohls Rechtsposition sei möglicherweise politisch motiviert und Ausdruck politischer Nähe zum »Kanzler der Einheit«, weist Jahn bis heute zurück. Als im Jahr 2010 Kulturstaatsminister Bernd Neumann (CDU) und die CDU-Bundestagsfraktion Roland Jahn als »ihren« Kandidaten für die Birthler-Nachfolge präsentieren, kommt die Sache natürlich wieder auf den Tisch. Einige, auch in der Bürgerrechtsbewegung, sehen ihn seither als CDU-Parteigänger, auch wenn er bei der Abstimmung zu seiner Person im Bundestag die Unterstützung von allen dort vertretenen Parteien erhält, selbst von Teilen der Linkspartei.

Meinungsverschiedenheiten zwischen Roland Jahn und dem ersten Stasi-Unterlagenbeauftragten, Joachim Gauck, der von 1992 bis zum Jahr 2000 amtierte, gibt es um die Frage nach den zahlreichen, in der Amtszeit von Joachim Gauck in die Stasi-Unterlagenbehörde übernommenen Mitarbeitern von DDR-Behörden und dem Ministerium für Staatssicherheit. Roland Jahns enger Freund und Vertrauter Jürgen Fuchs, der als einer der wenigen Bürgerrechtler nach 1991 Mitarbeiter der Stasi-Unterlagenbehörde wird, wirft der Gauck-Behörde – unter anderem in seinem 1998 erschienenen Buch »Magdalena« – vor, die von der Bürgerrechtsbewegung geforderte Öffnung der Stasi-Akten bürokratisch auszubremsen. Aus Protest dagegen, dass die Unterlagenbehörde zahlreiche ehemalige Stasi-Mitarbeiter beschäftigt, insbesondere auch zwei Offiziere, die ungehinderten Zugang zum Archiv haben und damit theoretisch auch Manipulationsmöglichkeiten, tritt Fuchs 1997 aus dem Beirat der Stasi-Unterlagenbehörde aus. Roland Jahn unterstützt Jürgen Fuchs damals in seinen Positionen. Er selbst ist in den 90er Jahren mit seinem Drehteam im zentralen Archiv der Stasi-Behörde unterwegs und erinnert sich, wie unerträglich er selbst es empfunden hatte, dort ausgerechnet von einem einstigen Stasi-Oberst empfangen und während der Dreharbeiten beaufsichtigt worden zu sein. Wegen der Stasi-Mitarbeiter und den weit zahlreicheren einstigen DDR-Verwaltungskräften in der Behörde auf der einen Seite und diversen Abmahnungen und Kündigungen gegenüber den wenigen DDR-Bürgerrechtlern in der Behörde auf der anderen Seite kommt es im Laufe der Jahre zu einem gewissen Bruch zwischen Teilen der DDR-Bürgerrechtsbewegung und der Führung der Stasi-Unterlagenbehörde. Ein Bruch, den Roland Jahn nach seiner Wahl zum neuen Bundesbeauftragten für die Stasi-Unterlagen ab März 2011 zu kitten sucht. Seine ersten Antrittsbesuche führen ihn zu den Verbänden der Opfer des SED-Regimes und in die Gedenkstätte Hohenschönhausen, die in der früheren Stasi-Untersuchungshaftanstalt eingerichtet worden ist. Ihr Leiter ist Hubertus Knabe, Sohn von Roland Jahns einstigem Verbindungsmann zur Grünen Partei, Wilhelm Knabe.

Neue Akzente in neuer Funktion

Bereits bei seinem Amtsantritt vor versammelter Politprominenz im Berliner Zeughaus lässt Roland Jahn Mitte März 2011 deutlich werden, worum es ihm vordringlich geht. Im Interesse der Glaubwürdigkeit der Stasi-Unterlagenbehörde und der Aufarbeitung der DDR-Vergangenheit sollten die 47 ehemaligen Stasi-Leute, die dort noch immer tätig sind, in andere Bundesbehörden versetzt werden. Ihre Anwesenheit, egal ob als Pförtner oder gar Sachbearbeiter, sei ein »Schlag ins Gesicht der Opfer«, meint er.

Durch die Reihen der Journalisten und Politiker im festlichen Saal des Schlüterhofs des Deutschen Historischen Museums in Berlin geht in diesem Moment ein Raunen. Und die Retourkutsche lässt nicht lange auf sich warten. Als »Rache an den kleinen Würstchen« bezeichnet Heribert Prantl, Ressortleiter Innenpolitik der »Süddeutschen Zeitung«, Jahns Forderung. Sie entspringe einer »anti-sozialistischen Moral«, die den Rechtsstaat, in dem Fall das Arbeitsrecht, ignoriere, das die Kündigung der Stasi-Mitarbeiter nach so langer Zeit ausschließe. Denn anders als enttarnte Inoffizielle Mitarbeiter im Öffentlichen Dienst wurden sie ja bereits im Wissen um ihre einstige Stasi-Tätigkeit eingestellt, ihre Vergangenheit ist damit nicht per se ein Kündigungsgrund.

Das mit der »Rache an den kleinen Würstchen« will Roland Jahn nicht gelten lassen. Er verweist im Interview mit der Zeitschrift »SUPERillu« im Mai 2011 darauf, dass ein Großteil der von der Behörde 1991 zunächst befristet, dann unbefristet eingestellten und heute noch dort tätigen Stasi-Leute zu DDR-Zeiten nicht bei Schnee und Regen im Pförtnerhäuschen gestanden hätten, wie das zum Zeitpunkt der Einstellung offenbar der Eindruck auch der West-Juristen vom Bundesministerium des Innern war, die die Sache damals entschieden. Sondern dass es überwiegend Offiziere der 3700 Mann starken Hauptabteilung Personenschutz des Ministeriums für Staatssicherheit gewesen seien. Die Offiziere dieser Truppe dienten unter anderem als persönliche Leibwächter der Staats- und Parteiführung, von Staatsgästen und Diplomaten. Sie waren für die

Nach der Wahl zum Bundesbeauftragten für die Stasi-Unterlagen im Deutschen Bundestag, Januar 2011

persönliche Betreuung der Mitglieder des SED-Politbüros zuständig, die in der hermetisch von der Außenwelt abgeriegelten Waldsiedlung bei Wandlitz in der Nähe von Berlin lebten. Sie saßen im Regierungs-Volvo bewaffnet auf dem Beifahrersitz oder begleiteten die Staatsführung bei Auslandsbesuchen.

Angegriffen wird Jahn im Mai 2011 auch vom innenpolitischen Sprecher der SPD-Bundestagsfraktion, Dieter Wiefelspütz. Er wirft ihm vor, er agiere mit seiner Forderung, die früheren Mitarbeiter der DDR-Staatssicherheit aus der Behörde zu entfernen, »mit Schaum vor dem Mund«. Es fällt das schlimme Wort »Menschenjagd«, ein Wort, das bisher nur im Zusammenhang mit den mörderischen Übergriffen Rechtsradikaler gegen Ausländer, wie sie insbesondere in Ostdeutschland nach 1990 immer wieder vorkommen, gebraucht wird. Der Abgeordnete Dieter Wiefelspütz aus Nordrhein-Westfalen, Jahrgang 1946, ist einer jener Linken aus dem Westen, die bereits kurz nach der Wiedervereinigung in der Aufarbeitung der SED-Diktatur eher einen Störfaktor für das neue deutsche Miteinander sahen. Schon 1994, fünf Jahre nach dem Mauerfall, forderte er erstmals einen teilweisen Schlussstrich. Der Bundestag müsse eine »Brücke zur inneren Versöhnung« bauen und deshalb prüfen, ob nachrangige Straftaten einstiger DDR-Funktionäre noch weiter verfolgt werden müssten.

Für eine juristische »Amnestie«, wie sie immer wieder aus verschiedenen politischen Lagern gefordert wird, besteht jedoch kein Anlass, zumal die gerichtliche Aufarbeitung der SED-Diktatur ohnehin höchst schleppend verläuft. Von rund 270 000 offiziellen und inoffiziellen Mitarbeitern der DDR-Staatssicherheit wurden nur wenige Dutzend überhaupt vor Gericht gestellt, und dies überwiegend nicht für Verbrechen wie Psychoterror, Hausfriedensbruch, Freiheitsberaubung, Körperverletzung oder gar Totschlag. Nie versuchte ein Gericht, die Frage zu klären, ob es sich beim Ministerium für Staatssicherheit nicht insgesamt um eine »kriminelle Vereinigung« gehandelt habe. In den wenigen Prozessen, die es überhaupt gegen Stasi-Offiziere gab, ging es nur um sogenannte Exzesstaten. So wurde in Güstrow ein Stasi-Wachmann verurteilt, weil er betrunken zwei Passanten erschossen hatte. Der Stasi-Chef von Schwerin wurde nicht etwa dafür verurteilt, dass während seiner Amtszeit Tausende von Menschen schikaniert oder ihrer Freiheit beraubt wurden, sondern weil er sich ein Ferienhaus privat unter den Nagel riss.

Am bizarrsten jedoch ist der Prozess gegen Erich Mielke, den Chef der DDR-Staatssicherheit. Mielke wird für zwei Polizistenmorde verurteilt, an denen er als junger Mann und Angehöriger einer kommunistischen Gruppe 1931 in der Zeit der Weimarer Republik, also 58 Jahre vor dem Mauerfall, beteiligt war. Seine Verbrechen in den 32 Jahren als Minister für Staatssicherheit bleiben dagegen ungesühnt. Schon 1995 ist Mielke wieder »auf Bewährung« frei. Als er im Jahr 2000 im Berliner Altersheim »Kyritz« stirbt, gilt er nicht mehr als vorbestraft. Das Polizistenmord-Urteil gegen ihn ist 1997 aus dem Strafregister gelöscht worden, getreu Paragraph 24 des Bundeszentralregistergesetzes: »Eintragungen, die eine über 90 Jahre alte Person betreffen, werden aus dem Register entfernt.« Beerdigt wird Mielke auf dem Friedhof in Berlin-Friedrichsfelde, nahe der dortigen »Gedenkstätte der Sozialisten«.

Auch ansonsten hält sich die »Siegerjustiz«, wie sie der letzte SED-Chef Egon Krenz den bundesdeutschen Behörden vorwirft, in Grenzen. Ingesamt werden für das Unrecht in der DDR lediglich 40 Personen aus dem ehemaligen Staatsapparat zu Haftstrafen verurteil. Diese betragen im Durchschnitt 46 Monate, wovon in der Regel nur die Hälfte verbüßt wird. Als im Jahr 2009 die Diskussion um zahlreiche ehemalige Stasi-Mitarbeiter, die in den öffentlichen Dienst übernommen worden waren, wieder aufflammt, nimmt Wiefelspütz sie erneut in Schutz. Für die Täter von einst könne es kein »lebenslänglich« geben, sagt er. Es sind dieselben Argumente, die in der alten Bundesrepublik einst zugunsten ehemaliger Nazi-Täter vorgebracht wurden, die dort, oft erst nach Jahrzehnten, mit ihrer dunklen Vergangenheit konfrontiert wurden. Auch in Ostdeutschland wird – insbesondere von ehemaligen Tätern des Regimes – regelmäßig das Argument bemüht, es werde »mit zweierlei Maß gemessen«. Im Westen habe man die ehemaligen Nazi-Täter »laufen lassen«, jetzt werde das damals Versäumte an den DDR-Verantwortlichen besonders streng nachgeholt. Diese Argumentation ist vor allem deshalb interessant, weil sich viele ehemalige Systemträger somit selbst mit den Nazis und ihrer, selbstverständlich ungleich größeren, Schuld gemein machen. Tatsächlich gibt es jedoch auffällige Ähnlichkeiten zwischen der Aufarbeitung der ersten und der zweiten deutschen Diktatur. Schon bald nach 1945 kam es in der Bundesrepublik nach einer Aufklärungswelle der Entnazifizierung zu einer Phase des gesellschaftlichen Schweigens. Der Wiederaufbau stand im Mittelpunkt der Aufmerksamkeit, die Abschaffung der Lebensmittelrationierung, die Rückkehr gut gedeckter Abendbrottische und die aufstrebende Wohlstandsgesellschaft. Das Interesse an einer Aufarbeitung der dunklen Epoche wuchs erst 20 bis 30 Jahre später, als dieser Wohlstand eingekehrt war. Dies ähnelt der Tatsache, dass nach dem Ende der zweiten deutschen Diktatur in den neuen Bundesländern nach einer kurzen Phase großen öffentlichen Aufklärungsinteresses 1989/1990 die Bewältigung des wirtschaftlichen Zusammenbruchs der ostdeutschen Wirtschaft im gesellschaftlichen Fokus stand, der für die Masse der Ostdeutschen mit großen persönlichen Herausforderungen verbunden war. Viele verloren den gewohnten Arbeitsplatz, mussten sich beruflich neu orientieren, für nicht wenige kamen auch langjährige Arbeitslosigkeit oder Vorruhestand, verbunden mit einer gefühlten Entwertung der eigenen Lebensleistung. Die Arbeit der Stasi-Unterlagenbehörde und die Aufarbeitung der SED-Vergangenheit, bei der Revolution 1989/90 noch das wichtigste Thema, rückten schon bald in den Hintergrund. Prominente Aufarbeiter, wie der erste Bundesbeauftragte für die Stasi-Unterlagen, wurden als Störer diffamiert, Joachim Gauck selbst als »Pfarrer Gnadenlos« denunziert. Bürgerrechtler, Historiker und auch Journalisten wie Roland Jahn, die auf Aufklärung drängen, mussten sich anhören, sie seien »Möchtegern-Historiker«, »einäugige Bürgerrechtler« oder »Dampfschreiber«, die eine »vergiftete Atmosphäre« geschaffen hätten, die der »mentalen Einheit« in Deutschland entgegenstehe. So schreibt der letzte DDR-Innenminister Peter-Michael Diestel (CDU) im Vorwort zu einem Buch, in dem zahlreiche frühere Stasi-Offiziere 2002 ihre einstige »Arbeit« rechtfertigen und in höchst geschönten Farben erscheinen lassen, die »Politik« habe es auf die »Auflösung der DDR-Eliten« abgesehen. Er ruft zum Gedenken an die »Opfer« der Gauck-Behörde auf und prangert das »Ausgrenzen von Menschen und Menschengruppen aus politisch-ideologischen Gründen« an – gemeint sind die Stasi-Mitarbeiter.

In der Politik, aber auch in den Medien finden die Opfer der DDR noch zu Beginn des neuen Jahrtausends wenig Gehör. Das scheint sich inzwischen zu ändern, denn offenbar nimmt 20 Jahre nach dem Mauerfall die öffentliche Wahrnehmung für das DDR-Unrecht wieder zu. Ähnlich wie 1978 die US-Filmserie »Holocaust« zum ersten Mal ein Massenpublikum, rund 15 Millionen Deutsche, vor den Bildschirm zog, feierte im Jahr 2006 der deutsche Filmemacher Florian Henckel von Donnersmarck mit seinem Stasi-Drama »Das Leben der Anderen« einen überwältigenden Publikumserfolg, der nicht nur viele der schon fast verzweifelnden Aufarbeiter wie Roland Jahn überraschte, sondern auch die Filmbranche im Ganzen. Denn Filme, die sich mit der Darstellung des DDR-Unrechts beschäftigen, galten noch wenige Jahre zuvor als Kassengift, auch wenn einzelne, aktionsreiche Fluchtdramen mitunter Quotenerfolge erzielen konnten. Ende 2007 zog Veronica Ferres als »Die Frau vom Checkpoint Charlie« neun Millionen Fernsehzuschauer vor die Bildschirme. Ein Jahr später wird Roland Jahns Leben Teil einer Verfilmung. Ohne sein Zutun inszeniert SAT.1 einen Wendethriller, an dessen dramatischem Höhepunkt sein Kameramann Siegbert Schefke, gespielt von Ronald Zehrfeld, die Fernsehaufnahmen von der Leipziger Montagsdemonstration zu einem Fernsehredakteur nach West-Berlin schmuggelt. Im Film wird der Redakteur Jahn von

Hans-Werner Meyer gespielt. Die Geschichte läuft unter dem etwas schwülstigen Titel »Wir sind das Volk – Liebe kennt keine Grenzen« als Blockbuster im Abendprogramm.

Ausschlaggebend für die zunehmende gesellschaftliche Sensibilisierung für die einstigen Abgründe der SED-Diktatur ist neben dem stattfindenden Generationswechsel auch die wirtschaftliche Konsolidierung der östlichen Bundesländer, die viele Ostdeutsche, die sich in den 90er Jahren vor allem mit der Restrukturierung ihrer persönlichen Existenz beschäftigen, inzwischen entspannter und mit Abstand zurückblicken lässt. Mit den Jahren in der neuen Republik machen auch die einst von der SED-Propaganda geschürten Feindbilder einem realistischeren Blick auf die westliche Gesellschaft Platz. Die neue Zeit wird mehr und mehr angenommen, und die durchsichtigen Argumente einstiger systemnaher Funktionäre und früherer Staatssicherheitsmitarbeiter, mit der Aufarbeitung werde Jagd auf Ostdeutsche gemacht, verblassen. Der Großteil der Ostdeutschen reflektiert zunehmend, wie sehr auch ihr eigenes Leben von der DDR-Diktatur bestimmt wurde. Das gesellschaftliche Klima scheint sich dahin zu verändern, dass sich die Kinder und Enkel der früheren Mitläufer nicht mehr mit den Verstrickten und Tätern identifizieren, sondern mit den Opfern und Widerständlern.

Dieses Umdenken zeigt sich im Frühjahr 2011 auch an der Breite der Unterstützung, die Roland Jahn nach den Anwürfen von Dieter Wiefelspütz, er sei ein »Eiferer« mit »Schaum vor dem Mund«, parteiübergreifend erfährt. Da sind zum Beispiel zwei ostdeutsche Politiker im Deutschen Bundestag, die für Jahns Amt eine wichtige Rolle spielen. Der CDU-Obmann im für die Stasi-Unterlagenbehörde zuständigen Bundestagsausschuss für Kultur und Medien, Marco Wanderwitz, ein Sachse, der beim Mauerfall erst 14 Jahre alt war, sagt: »Ich habe Jahn auch deshalb gewählt, weil ich derselben Ansicht wie er bin, dass es für die Opfer des SED-Regimes unerträglich ist, ausgerechnet in der Stasi-Unterlagenbehörde auf Täter von damals zu treffen.« Ähnlich äußert sich auch der FDP-Obmann im Kulturausschuss, Rainer Deutschmann. Auch er ist ein Ostdeutscher, derselbe Jahrgang wie Roland Jahn, fast 37 Jahre lang hat er im SED-Staat gelebt. Im Mai 2011 sagt er: »Ich frage mich, was den Kollegen Wiefelspütz da geritten hat. Sein Vorwurf ist nicht nur lächerlich, er ist geradezu unterirdisch. Roland Jahn hat zu Recht auf einen unhaltbaren Zustand in der Stasi-Unterlagenbehörde hinge-wiesen und deshalb ein Gutachten in Auftrag gegeben, um die un-terschiedlichen gesetzlichen Möglichkeiten auszuloten. Es ist skan-dalös, dass noch immer 47 ehemalige Stasi-Mitarbeiter in genau der Behörde arbeiten, die mit der Aufklärung der Stasi-Verbrechen be-traut ist. Jahn hat unsere volle politische Unterstützung.« Wander-witz und Deutschmann sind zwei von vielen Politikern, die die Stasi-Unterlagenbehörde keineswegs als »Jagdverein gegen Ostdeutsche« begreifen, sondern die Aufklärung und Offenheit für ein wichtiges Instrument halten, um die gesamtgesellschaftlichen und die indivi-duellen psychosozialen Folgen der SED-Diktatur zu überwinden.

Unerwartete Unterstützung bekommt Jahn von der Linkspartei, von deren 76 Abgeordneten im Deutschen Bundestag ihn im Ja-nuar 2011 zu seiner eigenen Überraschung rund die Hälfte wählt. Lukrezia Jochimsen, Obfrau der Linkspartei im Kulturausschuss und einflussreiche West-Linke, sagt, sie habe überhaupt nicht den Eindruck, dass Jahn mit »Schaum vor dem Mund« agiere oder gar eine Menschenjagd veranstalten wolle. Auch wenn Jochimsen an-ders als Jahn der Ansicht ist, mit den in der Stasi-Unterlagenbehör-de angestellten früheren MfS-Mitarbeitern müsse man leben. Dies sei schließlich »Teil der Schizophrenie«, mit der die Behörde vor 20 Jahren aufgebaut worden sei. Man habe diese Leute einst enga-giert, weil sie aufgrund ihres Fachwissens gebraucht wurden. Nun könne man sie nicht nach dem Motto »Der Mohr hat seine Schul-digkeit getan, der Mohr kann gehen« rausschmeißen.

Lukrezia Jochimsen spielt darauf an, dass die seit 1990 im Auf-bau befindliche Stasi-Unterlagenbehörde mehrere Archivexperten der Stasi übernahm und diese sich damals zur loyalen Zusammen-arbeit bereiterklärten. Doch die meisten der früheren Mitarbeiter der Staatssicherheit waren keineswegs unersetzbare Experten. Dies belegt ein Gutachten, das 2007 im Auftrag des Kulturstaatsminis-ters Bernd Neumann entstand. Darin heißt es, dass sich unter den ersten 500 Mitarbeitern der Behörde, die bis Jahresmitte 1991 ange-stellt wurden, 67 hauptamtliche und fünf inoffizielle Stasi-Mitarbei-ter befanden, weit mehr also als eine »kleine Handvoll« dienstbarer Geister, die sich in den Stasi-Archiven auskannten.

In dem sogenannten Klein-Schroeder-Gutachten wird den in der Behörde tätigen früheren hauptamtlichen Staatssicherheitsmitarbeitern nicht unterstellt, sich in ihren rund 20 Jahren Dienst für die Behörde illoyal verhalten zu haben. Und Roland Jahn sagt im Interview mit der Zeitschrift »SUPERillu« im Mai 2011: »Ich finde es wichtig, dass man respektiert, was auch sie in der Stasi-Unterlagenbehörde geleistet haben.« Doch es sei den Opfern der einstigen SED-Diktatur, denen die Behörde ihre Akten zur Verfügung stellt, nicht zuzumuten, dort – egal in welcher Funktion – immer noch auf ehemalige Täter zu treffen. Jahn: »Ich kann die Gefühle der Opfer nicht ignorieren. Diese Menschen erwarten, dass wir glaubwürdig arbeiten.« Aus diesem Grund bleibe kein anderer Weg, als sich von den Staatssicherheitsleuten zu trennen. Dass dies aus arbeitsrechtlichen Gründen nicht per Rauswurf gehe, sei ihm wie schon seiner Vorgängerin Marianne Birthler klar. Vehement wehrt er sich gegen den Vorwurf, sein diesbezügliches Vorgehen gefährde den Rechtsstaat. Jahn: »Mein Grundsatz heißt strikte Rechtsstaatlichkeit. In der DDR saß ich im Gefängnis, weil ich für Rechtsstaatlichkeit eingetreten bin. Genau deshalb sage ich heute: Denen, die uns den Rechtsstaat damals vorenthalten haben, denen gönnen wir ihn.«

Wenige Tage nach seinem Amtsantritt hat er deshalb das erwähnte Rechtsgutachten in Auftrag gegeben. Parallel versucht er in Einzelgesprächen mit den betroffenen Mitarbeitern, Kompromisslösungen zu finden. Einige sind schon kurz vor dem Ruhestand, andere äußern ihre Bereitschaft, sich in andere, weniger sensible Bundesbehörden versetzen zu lassen, von denen es in der Hauptstadt Berlin viele gibt. Wieder andere werden ihr Bleiberecht wohl bei Gericht einklagen, falls sie gegen ihren Willen versetzt werden sollten. Wie die Sache ausgeht und ob der »Widerständler im Behördensessel« die Ankündigung in seiner Antrittsrede, »Wo ein Wille ist, ist auch ein Weg«, umsetzen kann, ist im Sommer 2011 noch völlig offen.

»Rache ist nicht mein Sinnen«

Eifernde Rache, wie ihm zuweilen unterstellt wird, sei nicht sein Sinnen, sagt Jahn in einem Interview Anfang 2011: »Ich bin nie verbittert, bin auch denen, die mir Schlimmes angetan haben, immer mit Ruhe begegnet. Ich wünsche mir Versöhnung. Obwohl ich ein politischer Häftling bin. Und obwohl sie mich damals, 1983, sogar mit Gewalt aus meiner Heimat in den Westen abgeschoben haben. Das war für mich sehr, sehr schmerzlich. Natürlich nicht, weil ich die DDR so toll fand. Aber weil Thüringen meine Heimat war, weil dort meine Freunde waren, meine Familie. Weil ich dort aufgewachsen bin und viele schöne Dinge erlebt habe. Auch in einer Diktatur scheint bekanntlich die Sonne.«

Auch Jahre nach dem Ende der kommunistischen Herrschaft in Mittelosteuropa sind die gesellschaftlichen Wunden immer noch tief, es mangelt an Versöhnung. In einigen der einstigen »Bruderländer« sind sie noch deutlicher zu sehen als in Ostdeutschland. Oft sind diese Wunden sogar Auslöser nackter Gewalt zwischen jenen, die sich als frühere Unterdrückte fühlen, und jenen, denen man vorwirft, sie seien die Täter gewesen. Dies gilt zum Beispiel für Ungarn. Statt gemeinsam des 50. Jahrestags des 1956er-Volksaufstandes zu gedenken, liefern sich Ende Oktober 2006 Anhänger der konservativen, bekennend antikommunistisch und in der Wendezeit 1988/89 entstandenen Fidesz-Partei im Herzen von Budapest eine erbitterte Straßenschlacht mit Polizei und Anhängern der gerade wieder regierenden Reformsozialisten unter dem einstigen kommunistischen Jugendfunktionär Ferenc Gyurcsany. In Polen spielen die mehrfach organisatorisch umfirmierten Reformkommunisten von einst zwar politisch keine große Rolle mehr, die Fragen nach dem Umgang mit der Vergangenheit jedoch schon, sie sind immer wieder Gegenstand erbitterten Ringens zwischen der Partei für Recht und Gerechtigkeit (PiS) des EU-Kritikers Jarosław Kaczyński und der liberalkonservativen Regierungspartei Bürgerplattform (PO) von Donald Tusk. Beide Parteiführer waren in den 80er Jahren in der einstigen »Solidarność«-Bewegung aktiv. Was sie inzwischen trennt, und mit

Auszeichnung durch den polnischen Staatspräsidenten Komorowski mit der »Solidarność«-Medaille, September 2010

ihnen das ganze Land, ist unter anderem die Frage nach dem Verhältnis zur kommunistischen Vergangenheit und zu den belasteten Funktionären. Dabei hätte es Polen eigentlich leichter haben können. Anders als im Osten Deutschlands brachen zahlreiche einstige hohe kommunistische Funktionäre in Polen öffentlich mit der Vergangenheit. General Wojciech Jaruzelski, der mit einem Militärputsch und der Ausrufung des Kriegsrechts 1981 die Kommunisten an der Macht hielt, bekennt heute, als 87-jähriger Rentner, Reue und Umkehr: »Das Kriegsrecht war ein Übel. Es gab Internierungen, Verhaftungen, Repressalien. Der Sicherheitsapparat und auch ein Teil der Partei haben sich ausgetobt an ihren Gegnern und Rache geübt für erlittene Demütigungen. Das war schlimm, und vielen Menschen ist hier großes Unrecht geschehen. Ich entschuldige mich, ich bedauere es. Ich bitte dafür um Verzeihung«, sagt er 2010 der Zeitschrift »SUPERillu«. Doch während die einen ihm verzeihen würden, sogar der unter Jaruzelski internierte »Solidarność«-Führer Lech Wałesa, treiben die anderen, vor allem auch Jarosław Kaczyński, einen Prozess voran und wollen ihn noch immer ins Gefängnis bringen. Versöhnung ist in Polen noch nicht in Sicht.

Der Gedanke, dass Versöhnung zu Lebzeiten von Opfern und Tätern optimaler ist als die »biologische Lösung« des Wegsterbens, ist so alt wie das Gedächtnis der Menschheit. Im Judentum gilt »Yom Kippur« als höchster Feiertag, es ist der Tag der Versöhnung. Zehn Tage nach dem Neujahrsfest, die der Reue und Buße dienen sollen, so der Brauch, solle man nicht nur Gott um Verzeihung und Versöhnung bitten, sondern auch den Nächsten, dem man Unrecht getan hat. Versöhnung erscheint hier als ein wichtiger Gedanke, der jedoch ohne Reue und Buße nicht möglich ist. So sieht dies auch Roland Jahn: »Viele ehemalige Stasi-Offiziere haben in den letzten 20 Jahren ihren Mann gestanden, ihre Arbeit ordentlich gemacht. Aber glaubhaft zu bereuen würde darüber hinaus heißen, die Empfindungen der Opfer ernstzunehmen und danach zu handeln. Davon sieht man bis heute wenig. Das fängt schon damit an, dass zur Reue ein Bekenntnis zur eigenen Biografie gehört. Viele ehemalige Staatssicherheitsleute, insbesondere ehemalige Inoffizielle Mitarbeiter, lügen bis heute. Sie müssten offen darüber sprechen, was sie gemacht haben, und sich nicht herausreden, sie hätten doch keinem direkt geschadet. Sie müssten sich bewusst machen, wem sie gedient haben und in welchem Unterdrückungsapparat sie gearbeitet haben. Sie müssten Verantwortung übernehmen, das heißt auch Respekt zeigen für die Menschen, die ihren Kopf hingehalten haben in der DDR. Die Opfer der SED-Diktatur sind diejenigen, die sich unter hohem Risiko für die Freiheit eingesetzt haben, die dafür verfolgt wurden und im Gefängnis saßen. Ihnen haben wir alle unsere Freiheit zu verdanken. Auch die Stasi-Offiziere, die heute nach Gran Canaria in Urlaub fahren können.«

Privates Ringen um Versöhnung

Das offene Bekenntnis und die offene Reue, das ist Roland Jahns Ziel. Doch die meisten Inoffiziellen Mitarbeiter der Staatssicherheit verschwiegen ihre Verstrickungen, so lange es irgend ging. Das erfuhr auch Jahn gleich nach der Wende. Als im Frühjahr 1990 Wolfgang Schnur, der ihn 1983 als Anwalt in Gera vor Gericht vertreten hatte, als Inoffizieller Staatssicherheitsmitarbeiter enttarnt wurde, flehte er mit großen Augen: »Roland, wenigstens du musst mir glauben!« Seine Spitzeltätigkeit leugnete auch der Schriftsteller Sascha Anderson, der als IM »David Menzer« Roland Jahn und andere Bürgerrechtler in West-Berlin ausspioniert hatte und nun angeblich nur das Beste gewollt und keinem geschadet haben will. Da ist Versöhnung menschlich schwierig. Trotzdem geht Roland Jahn immer wieder offen auf die Täter von einst zu. Er habe heute in seinem Freundeskreis einige, die damals als Inoffizielle Mitarbeiter gegen ihn gespitzelt hätten, sagt er. »Denen habe ich verziehen, weil sie mir erklärt haben, warum sie das gemacht haben, in welchen Zwängen sie waren. Und weil sie glaubhaft bereuen. Mit denen kann ich heute wieder ein Bier trinken gehen. Das ist ein wunderbares Gefühl, wenn Menschen sich wieder so begegnen können.« Vor allem aber bei jenen, die mit seiner ganz persönlichen Geschichte zu tun hatten, wartet er bis heute vergeblich auf angemessene Zeichen zur Versöhnung. Kein Einziger davon fand bisher den Weg zu ihm. Gern, so sagt er, würde er sich auch mit seinen früheren Mitstudenten aussöhnen, die ihn aus Angst oder Anpassung 1976 fallenließen und seiner Exmatrikulation zustimmten. Doch keiner hat sich je bei ihm gemeldet.

Im November 2000 ist Roland Jahn dabei, als drei der Stasi-Offiziere, die seinen Freund Matthias Domaschk im April 1981 in der Haft vor seinem Tod drangsalierten, in Gera vor Gericht stehen. Weil die drei eisern schweigen, kann auch das Gericht nicht klären, ob es nun ein Unfall, Totschlag oder Selbstmord war. Auf der Straße vor dem Gerichtsgebäude fängt Jahn einen seiner ehemaligen Stasi-Vernehmer ab. Der ist in feinem Zwirn unterwegs und hat

30 Jahre nach dessen Tod weiht die Stadt Jena im April 2011 ein Ehrengrab für Matthias Domaschk ein.

sich inzwischen eine neue Existenz als Geschäftsmann aufgebaut. Er ist kein Angeklagter in diesem Verfahren, sondern lediglich Zeuge. Anders als seine drei Mitangeklagten wollte er das lästige Verfahren schnell loswerden und hat schon vorab einen Strafbefehl akzeptiert. Die beiden reden lange miteinander. Am Ende drückt Jahn seinem einstigen Stasi-Peiniger einen Packen Videokassetten in die Hand. Es sind die Beiträge für das ARD-Magazin »Kontraste«, die Jahn in den zurückliegenden Jahren über die Stasi-Krake und den SED-Staat gemacht hat. »Hier, die sind für Ihre Kinder. Ich habe Ihnen doch versprochen, dass ich denen eines Tages erzähle, was Sie getrieben haben.«

Er wünscht sich, sagt Jahn, dass auch in solchen Familien die Eltern und Kinder darüber reden können, wie es damals gewesen

Matthias Domaschks Tochter Julia Ellmenreich im Gespräch mit Roland Jahn, 2011

ist. Der tiefe Riss durch die ostdeutsche Gesellschaft, nicht nur zwischen Tätern und Verfolgten, sondern auch zwischen den damals Angepassten und den weniger Angepassten, geht, sagt Jahn, quer durch viele Familien. Nicht wenige der vielen jungen DDR-Bürger, die 1989 über Ungarn oder die Prager Botschaft in den Westen flohen oder die dablieben, um bei den Montagsdemos dabei zu sein, waren sogar Kinder von SED-Funktionären, Staatssicherheitsmitarbeitern oder angepassten Parteimitgliedern. Oft mussten sich die Kinder auch aus Rücksicht auf ihre Eltern anpassen, die Angst vor der allgegenwärtigen Sippenhaft hatten. Und nicht wenige Eltern erlitten wegen ihrer politisch aktiven Kinder Repressalien. »Ich wünsche mir, dass in diesen Familien darüber geredet wird, dass Verletzungen benannt werden und man sich damit bewusst wird, was geschehen ist«, sagt Jahn.

Wie schwierig, aber auch wie befreiend dies sein kann, hat er in seiner eigenen Familie erlebt. Nach der Wende haben er und sein Vater Walter sich endlich ausgesprochen. Jahn: »Ich habe ihm gesagt, wie leid es mir tat, dass er wegen mir Nachteile hatte. Und er meinte zu mir: ›Roland, du hattest recht, und es war ein Fehler,

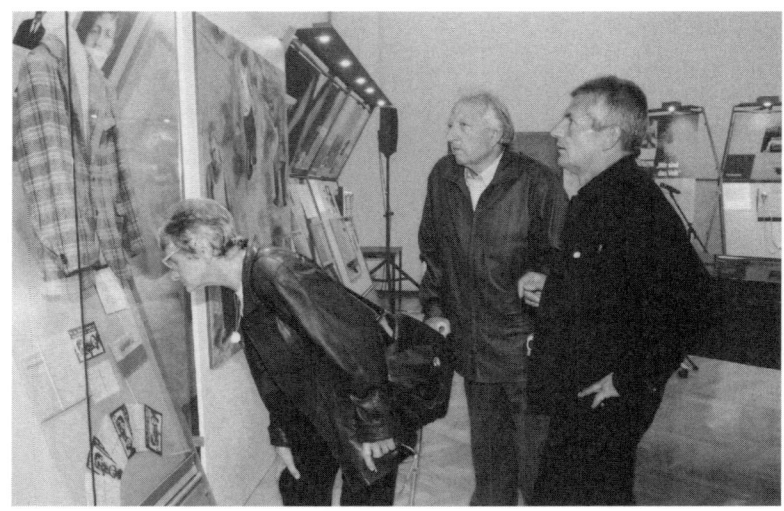

Gemeinsam mit seinen Eltern Lieselotte und Walter Jahn besichtigt Roland Jahn 2003 eine Ausstellung im Rathaus zur Geschichte des Widerstandes in Jena.

dass ich dich davon abhalten wollte.‹ So haben wir uns versöhnt. Es wäre toll, wenn in allen Familien so offen darüber geredet und um Versöhnung gerungen wird, wie das meinem Vater und mir gelungen ist.«

Ende der 90er Jahre engagiert sich Walter Jahn bei der Aufklärung der Stasi-Verstrickung von mehreren Funktionären aus der Vereinsspitze des FC Carl Zeiss Jena, erarbeitet dazu eine umfangreiche Dokumentation und erntete dafür im Verein hitzige Diskussionen. Aus Anlass des 50. Jahrestags des Volksaufstandes in der DDR von 1953, bei dem Jena einer der Hauptschauplätze war, erinnert die Stadt im Jahr 2003 mit einer Ausstellung im Rathaus auch an den Widerstand gegen das SED-Regime in den 80er Jahren, an die Jenaer Friedensgemeinschaft und an Roland Jahn, der sich in Gegenwart seines Vaters ins Goldene Buch der Stadt einträgt. Sein kariertes Jackett und die Fotos von ihm, mit Hitler- und Stalinbart, haben sie in einen Schaukasten gehängt, in einem anderen liegt eine der damals von ihm in die DDR geschmuggelten Videokameras, mit der die Aufnahmen von der Leipziger Montagsdemo entstanden. Beim Rundgang mit seinen Eltern durch die Ausstellung fühlt er sich nicht recht wohl, der Rummel um seine Person ist ihm offenbar zu viel, schließlich war er nur einer von vielen jungen Jenaern, die sich damals wehrten und auf die Straße gingen.

Die Ausstellung ist vor allem eine Genugtuung und Rehabilitierung für Jahns Vater Walter und seine Mutter Lieselotte, die erleben, wie ihr einst verfolgter und geschmähter Sohn, für den sie selbst in Sippenhaft genommen wurden, nun in seiner Heimatstadt geehrt wird. Zwei Jahre später stirbt Walter Jahn 78-jährig in Jena, Lieselotte Jahn lebt 2011 weiterhin in ihrer Heimatstadt.

Die Frage nach der Verantwortung

Bei der für Roland Jahn so wichtigen Versöhnung scheinen dem Stasi-Aktenhüter die Akten sogar manchmal lästig. Dass es in Sachen Aufarbeitung der Diktatur vor allem um die Rolle und die Abgründe des Ministeriums für Staatssicherheit geht, liegt nicht nur daran, dass die Stasi als Unterdrückungsapparat der SED tatsächlich die perfideste Ausformung der sozialistischen Diktatur war, sondern auch daran, dass es dazu eine hervorragende Akten- und Beweislage gibt. Dass vor allem die Inoffiziellen Mitarbeiter, die Spitzel, moralisch verurteilt werden, liegt somit auf der Hand. Und doch erscheinen einige davon wie der berühmte Sündenbock, der, vom Rabbiner symbolisch beladen mit den Sünden des vergangenen Jahres, an »Yom Kippur« in die Wüste gejagt wird. Die Aufarbeitung fokussiere sich zu stark auf die Geschichte der (Stasi-)Täter und ihrer Opfer, die zusammen nur wenige Prozent der Bevölkerung der DDR ausmachten, kritisieren neben Jahn auch viele andere Experten wie der Berliner Historiker Ilko-Sascha Kowalczuk.

»Es war nicht an allem Elend in der DDR die Stasi schuld«, sagt Jahn dazu. Jeder müsse sich für sich selbst die Schuldfrage stellen, »auch jene, die einfach nur als Angepasste den Mund gehalten haben, sollten selbstkritisch damit umgehen und es als Chance zur Befreiung sehen, wenn sie heute offen damit umgehen. Jeder hatte doch die Chance, bei bestimmten Dingen Nein zu sagen. Ein Stückchen waren wir also alle daran schuld, dass diese Diktatur so lange funktioniert hat. Der vorauseilende Gehorsam hat dieses System doch maßgeblich stabilisiert, nicht nur die Stasi. Viele hätten sich mutiger verhalten können, ohne dass ihnen gleich Nachteile gedroht hätten. Da schließe ich mich ein. Ein kleines Stück Schuld an der Diktatur tragen wir alle. Ich war doch auch nicht immer mutig. Als Jugendlicher war ich bei der FDJ, wollte dazugehören. Später ging ich brav zum Wehrdienst, weil ich studieren wollte. Als sie einen Freund aus dem Studium warfen, habe ich geschwiegen«, sagt Roland Jahn. Auch er trage ein Stück individueller Verantwortung. Darüber müsse frei gesprochen werden.

Roland Jahn vor der Gedenktafel für die politisch Verfolgten der DDR-Zeit im Foyer der Friedrich-Schiller-Universität von Jena

In der Berliner Mauergedenkstätte sagt er 2011 dazu, er sei im Nachhinein darüber erschrocken, wie sehr die SED-Propaganda auch bei ihm verfangen habe. So sei er zum Beispiel noch in den 80er Jahren der Meinung gewesen, der Volksaufstand vom 17. Juni 1953 sei zumindest in Teilen von »faschistischen Kräften« gesteuert gewesen, so wie das die SED darstellte. Jahn: »Man war durch die Mauer im wahrsten Sinne des Wortes beschränkt, nicht nur im Reisen. Sondern vor allem auch im Denken. Es gab keine freie Information und Literatur durch diese Mauer, trotz des West-Fernsehens. Erst als ich im Westen war, habe ich gemerkt, dass ich in der DDR nicht frei hatte denken können und in meinem Geist beschränkt war. Dass wir in unserem Mief ersticken würden, wenn es nicht bald einen Aufbruch gäbe, wie das 1987 die Ost-Berliner Initiative Absage an Praxis und Prinzip der Abgrenzung um Ludwig Mehlhorn und Wolfgang Ullmann formuliert hat.«

»Die Wahrheit wird euch frei machen«, steht heute auf einer Gedenktafel für die politisch Verfolgten in der DDR am Eingang der Friedrich-Schiller-Universität in Jena. Jener Universität, die ihn 1976 exmatrikulierte und wo Roland Jahns politischer Weg begann.

Lebensstationen Roland Jahn

14.7.1953	in Jena geboren, Vater Konstrukteur beim VEB Carl Zeiss Jena, Mutter Buchhalterin
1972	Abitur
1972–74	Grundwehrdienst bei der Bereitschaftspolizei in Rudolstadt
1975	Aufnahme des Studiums der Wirtschaftswissenschaften in Jena
1977	Exmatrikulation nach Protesten gegen die Biermann-Ausbürgerung, danach »Bewährung in der Produktion« als Transportarbeiter im VEB Carl Zeiss Jena
1979	Geburt der Tochter Lina
1980/81	öffentliche Unterstützung der polnischen Gewerkschaftsbewegung »Solidarność«, Protest gegen das Kriegsrecht in Polen
1982	mehrmalige Festnahmen, u. a. wegen Protesten gegen die Militärparaden in der DDR zum 1. Mai; Verhöre durch Polizei und Staatssicherheit, sechsmonatige Untersuchungshaft
1983	Verurteilung wegen »öffentlicher Herabwürdigung der staatlichen Organe« und »Missachtung staatlicher Symbole« zu 22 Monaten Freiheitsentzug; nach internationalen Protesten vorzeitige Haftentlassung; Mitbegründer der Oppositionsgruppe »Friedensgemeinschaft Jena«, Demonstration mit dem verbotenen Plakat »Schwerter zu Pflugscharen«
8.6.1983	Ausbürgerung und Zwangsabschiebung in die Bundesrepublik Deutschland
1984–89	Organisation von Veröffentlichungen über die DDR-Bürgerrechtsbewegung in der Bundesrepublik u. a. im ARD-Magazin »Kontraste«
1985–87	Studienprojekt »Opposition in der DDR« am Hamburger Institut für Sozialforschung

1989–2010	Redakteur des ARD-Magazins »Kontraste«
1996	Mitglied im Beirat der Robert-Havemann-Gesellschaft
1998	Bundesverdienstkreuz
1999	Mitglied des Fachbeirats der Stiftung zur Aufarbeitung der SED-Diktatur
2005	Einheitspreis der Bundeszentrale für politische Bildung
2011	Bundesbeauftragter für die Unterlagen des Staatssicherheitsdienstes der ehemaligen DDR

Nachbemerkung und Dank

Die vorliegende, von Roland Jahn nicht autorisierte Biografie stützt sich neben vielen veröffentlichten Interviews mit Roland Jahn auf öffentlich zugängliche Quellen, Reden und zeitgeschichtliche Bücher sowie auf Interviews mit Weggefährten Jahns. Mein besonderer Dank gilt hier Rüdiger Rosenthal, Petra Falkenberg, Siegbert Schefke, Ulrich Schwarz, Rainer Eppelmann, Tom Sello und Lutz Rathenow für ihre Geduld und ihr Vertrauen.

Wichtige Publikationen, aus denen ich Informationen zog, sind im Quellen- und Literaturverzeichnis erwähnt, besonders wichtig erschien mir dabei das bis heute übrigens nie öffentlich aufgeführte Theaterstück »Jena-Paradies« von Martin Morgner, dem ich wünsche, dass es bald mehr Aufmerksamkeit erhält.

Mein besonderer Dank gilt der Robert-Havemann-Gesellschaft Berlin mit ihrem Geschäftsführer Dr. Olaf Weißbach und den Mitarbeitern Frank Ebert und Tom Sello, die mir die dort im Matthias-Domaschk-Archiv aufbewahrten Dokumenten zu Roland Jahn zur Verfügung stellten und mich auch bei der Foto- und Faktenrecherche für dieses Buch unterstützten. Voraussetzung dafür war, dass Roland Jahn seine dort archivierten Stasi-Akten, Privatfotos und Dokumente im Herbst 2010 generell für die Öffentlichkeit freigegeben hat.

Für das sorgfältige Lektorat bedanke ich mich bei Verleger Christoph Links und seinen Mitarbeitern. Für eventuelle Fehler bin ich natürlich allein verantwortlich und bedanke mich schon jetzt für ergänzende Hinweise und mögliche Korrekturen.

Berlin, im August 2011   Gerald Praschl

Literaturverzeichnis

Bundeszentrale für politische Bildung: Auf den Spuren einer Diktatur, 39 Beiträge des ARD-Magazins Kontraste 1987–2001, DVD, Berlin 2005

Matthias Domaschk. Sonderheft der Aufarbeitungszeitschrift Horch und Guck, Berlin 2003

»Du bist wie Gift«. Der Friedensaktivist Roland Jahn über seine Vertreibung aus der DDR, in: Der Spiegel, Heft 25/1983, Seite 78 ff. und Heft 26/1983, Seite 68 ff.

Renate Ellmenreich: Matthias Domaschk. Die Geschichte eines politischen Verbrechens in der DDR und die Schwierigkeiten, dasselbe aufzuklären (Hrsg. vom Landesbeauftragten des Freistaats Thüringen für die Unterlagen des Staatssicherheitsdienstes der ehemaligen DDR), Erfurt 1996

Enquete-Kommision des deutschen Bundestages: Widerstand, Opposition, Revolution. Bericht der Enquete-Kommision »Aufarbeitung von Geschichte und Folgen der SED-Diktatur in Deutschland«, Frankfurt a. M. 1995, Band VII, Seite 143 ff.

Ralf Huisinga: Roland Jahn und die Jenaer Friedensgemeinschaft, München 2006

Walter Jahn: »Du bist wie Gift«. Erinnerungen eines Vaters (Hrsg. vom Landesbeauftragten des Freistaats Thüringen für die Unterlagen des Staatssicherheitsdienstes der ehemaligen DDR), Erfurt 1996

Hans H. Klein, Klaus Schroeder: Gutachten über die Beschäftigung ehemaliger MfS-Angehöriger bei der BSTU, Berlin 2007

Freya Klier: Matthias Domaschk und der Jenaer Widerstand, Leipzig 2001

Hubertus Knabe: West-Arbeit des MfS. Das Zusammenspiel von »Aufklärung« und »Abwehr«, Berlin 1999

Ilko-Sascha Kowalczuk: Freiheit und Öffentlichkeit. Politischer Samisdat in der DDR 1985–1989 (Schriftenreihe der Robert-Havemann-Gesellschaft), Berlin 2002

Ilko-Sascha Kowalczuk: Endspiel. Die Revolution von 1989 in der
DDR, München 2009

Martin Morgner: Jena-Paradies. Theaterstück, basierend auf den
Protokollen der DDR-Staatssicherheit über die Verhöre mit
Roland Jahn 1982/1983, Jena 2001

Helmut Müller-Enbergs u. a. (Hrsg.): Wer war wer in der DDR?
Ein Lexikon ostdeutscher Biographien, 5. aktualisierte und erweiterte Neuausgabe, Berlin 2010

Ehrhart Neubert: Geschichte der Opposition in der DDR
1949–1989, Berlin 1997

Sandra Pingel-Schliemann: Zersetzen. Strategie einer Diktatur,
(Schriftenreihe der Robert-Havemann-Gesellschaft), 3. Auflage,
Berlin 2004

Udo Scheer: Vision und Wirklichkeit. Die Opposition in Jena in
den siebziger und achtziger Jahren, Berlin 1999

Udo Scheer: Jürgen Fuchs. Ein literarischer Weg in die Opposition,
Berlin 2007

Wolfgang Schuller: Die deutsche Revolution 1989, Berlin 2009

Heinz Voigt: 20 Jahre Städtepartnerschaft Jena–Erlangen, in: Ger-
bergasse 18, Heft 1/2007. (Hrsg. Geschichtswerkstatt Jena e.V.)

Bildnachweis

Archiv des Autors: S. 83

Archiv des Bundesbeauftragten für die Stasi-Unterlagen: S. 43, 58,
123

Bundesarchiv: S. 106 (183-1990-0217-005)

Robert-Havemann-Gesellschaft: S. 12, 14, 16, 19, 22, 29, 32, 34
(Hildebrandt/Jahn), 39, 47 (Hildebrandt/Jahn), 48, 49, 52, 58,
66 (Rolf Walter), 70, 75 (Albrecht/Kleindienst), 82, 90, 95, 98,
99 (Rosenthal), 120 (Schefke), 139 (Radomski), 159, 199 (Wensierski), 207, 224

Nikola Kuzmanic: S. 172, 186, 213, 225, 226, 229

Ullstein-Bild: S. 151

Yorck Mäcke: S. 221

Personenregister

Kursive Seitenangaben beziehen sich auf Bildunterschriften.
Roland Jahn, von dem das ganze Buch handelt, wurde nicht einzeln ausgewiesen.

Abbe, Ernst 9
Ammer, Thomas 8
Anderson, Sascha (»David Menzer«, »Fritz Müller«) 188, 223
Apelt, Andreas 114
Auerbach, Thomas 23, 28, 43 f., 74, 101, 180
Axen, Hermann 117

Bahr, Egon 117
Bahro, Rudolf 46, 105, 119
Barbe, Angelika 169
Bastian, Gert 75, 115
Baum, Karl-Heinz 132
Becker, Jurek 27 f.
Beckmann, Lukas 95, 115 f.
Benjamin, Hilde 190 f.
Berg, Hermann von 129
Biermann, Pamela 178
Biermann, Wolf 25 f., 30, 42, 46, 118, 178
Birthler, Marianne 209 f., 219
Blumhagen, Michael 44, 87, 89
Bohley, Bärbel 95, 106, 115 f., 145–147, 150 f., 155, 158,

161, 164, 168, 177, 187 f., 191, 196
Böhme, Manfred 169 f.
»Böll, Roswitha« 102
Böttger, Horst 194
Brandt, Willy 128, 169
Bräutigam, Hans-Otto 193 f.
Breschnew, Leonid 68
Brosche, Karl 27
Bub, Dieter 129
Bußmann, Gudrun 108

Daubner, Susanne 200
Deutschmann, Rainer 217 f.
Diener, Alfred 8, 35
Diepgen, Eberhard 175
Diestel, Peter-Michael 185, 216
Diete, Maria 20 f.
Diete, Wolfgang 20
Domaschk, Matthias 28, 37–42, 44, 56, 99, 198, 208, 223, 224
Donnersmarck, Florian Henckel von 216
Dzierżynski, Feliks 41

Ellmenreich, Julia 28, 37, 39, 42, 225
Ellmenreich, Renate 28, 38–40, 42
Engert, Jürgen 111, 128, 146 f., 155